127 HEURES

Aron RALSTON

127 HEURES

Traduit de l'anglais (États-Unis)
par Yves Forget-Menot

Michel LAFON

Titre original :
Between a Rock and a Hard Place

7-13, boulevard Paul-Émile-Victor - Île de la Jatte
92521 Neuilly-sur-Seine Cedex

Dès que vous aurez navigué au-delà, je ne puis te dire, des deux voies que tu trouveras, laquelle choisir ; mais tu te décideras dans ton esprit. Je te les décrirai cependant. Là, se dressent deux hautes roches, et contre elles retentissent les grands flots d'Amphitrite aux yeux bleus. Les Dieux heureux les nomment les Errantes. [...] Jamais aucune nef, ayant approché ces roches, n'en a échappé ; et les flots de la mer et la tempête pleine d'éclairs emportent les bancs de rameurs et les corps des hommes. [...]

Tels sont ces deux écueils. L'un, de son faîte aigu, atteint le haut Ouranos, et une nuée bleue l'environne sans cesse, et jamais la sérénité ne baigne son sommet. [...] Au milieu de l'écueil il y a une caverne noire dont l'entrée est tournée vers l'Érébos et c'est de cette caverne, illustre Odysseus, qu'il faut approcher ta nef creuse. [...] Et c'est là qu'habite Skyllè qui pousse des rugissements et dont la voix est aussi forte que celle d'un jeune lion. C'est un monstre prodigieux, et nul n'est joyeux de l'avoir vu, pas même un Dieu. Elle a douze pieds difformes, et six cous sortent longuement de son corps, et à chaque cou est attachée une tête horrible, et dans chaque gueule pleine de la noire mort il y a une triple rangée de dents épaisses et nombreuses. [...] Chaque tête enlève un homme hors de la nef à proue bleue.

L'autre écueil voisin que tu verras, Odysseus, est moins élevé, et tu en atteindrais le sommet d'un trait. Il y croît un grand figuier sauvage chargé de feuilles, et, sous ce figuier, la divine Kharybdis engloutit l'eau noire. Et elle la revomit trois fois par jour et elle l'engloutit trois fois horriblement. Et si tu arrivais quand elle l'engloutit, celui qui ébranle la terre, lui-même, voudrait te sauver, qu'il ne le pourrait pas. Pousse donc rapidement ta nef le long de Skyllè, car il vaut mieux perdre six hommes de tes compagnons, que de les perdre tous.

L'Odyssée
HOMÈRE

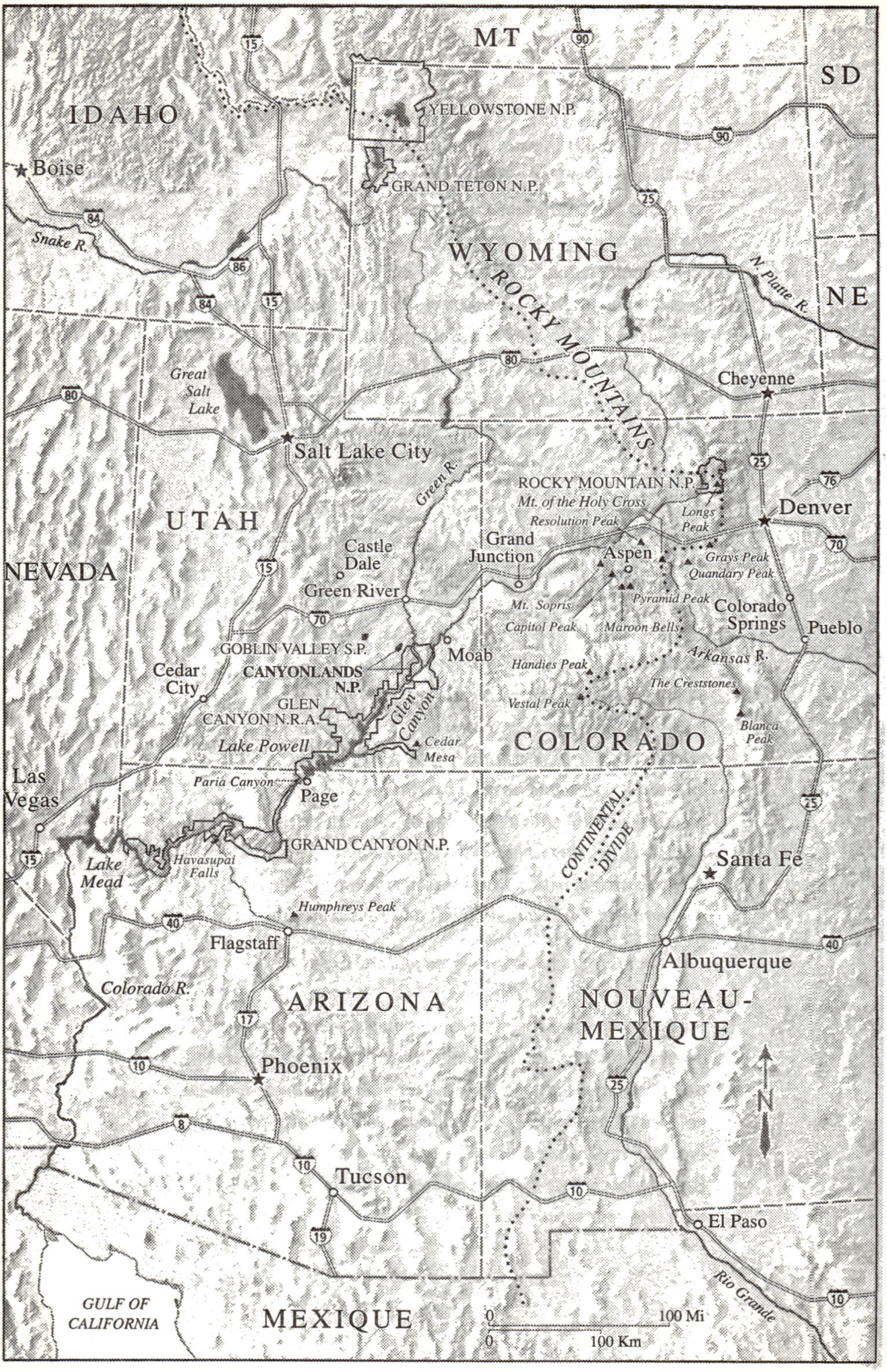

MT
SD
IDAHO
YELLOWSTONE N.P.
Boise
GRAND TETON N.P.
Snake R.
WYOMING
ROCKY MOUNTAINS
N. Platte R.
NE
Great Salt Lake
Cheyenne
Salt Lake City
Green R.
ROCKY MOUNTAIN N.P.
Mt. of the Holy Cross
Resolution Peak
Longs Peak
Denver
UTAH
Castle Dale
Grand Junction
Aspen
Grays Peak
Quandary Peak
NEVADA
Green River
Mt. Sopris
Pyramid Peak
Colorado Springs
Capitol Peak
Maroon Bells
Pueblo
GOBLIN VALLEY S.P.
Moab
CANYONLANDS N.P.
Arkansas R.
Cedar City
Handies Peak
The Crestones
GLEN CANYON N.R.A.
Glen Canyon
Vestal Peak
Blanca Peak
Lake Powell
Cedar Mesa
COLORADO
Las Vegas
Paria Canyon
Page
GRAND CANYON N.P.
CONTINENTAL DIVIDE
Lake Mead
Havasupai Falls
Santa Fe
Humphreys Peak
Flagstaff
Albuquerque
Colorado R.
ARIZONA
NOUVEAU-MEXIQUE
N
Phoenix
Tucson
El Paso
Rio Grande
GULF OF CALIFORNIA
MEXIQUE
0 100 Mi
0 100 Km

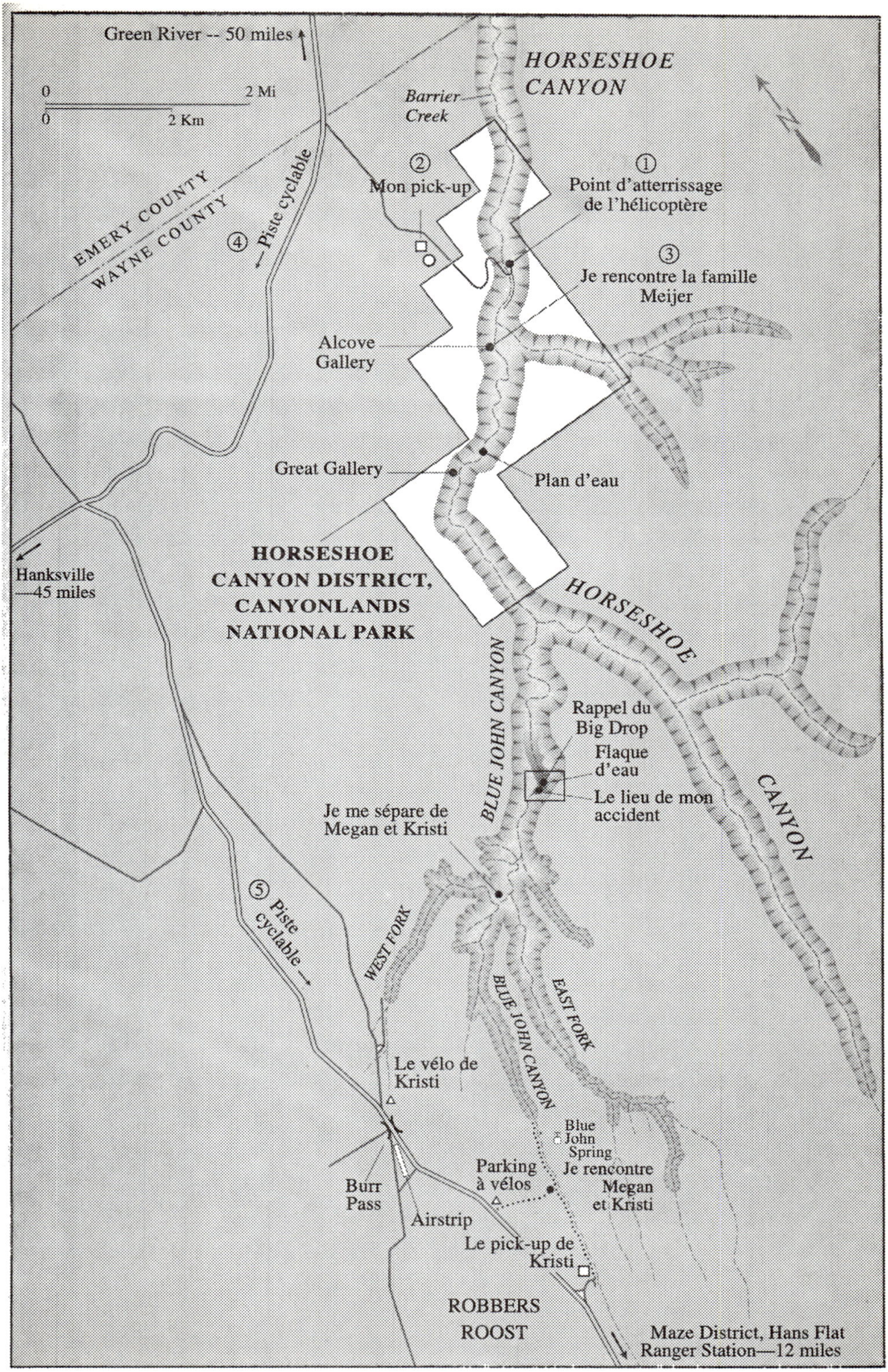

Green River -- 50 miles
0 2 Mi
0 2 Km
HORSESHOE CANYON
Barrier Creek
① Point d'atterrissage de l'hélicoptère
② Mon pick-up
③ Je rencontre la famille Meijer
④ Piste cyclable
EMERY COUNTY
WAYNE COUNTY
Alcove Gallery
Great Gallery
Plan d'eau
HORSESHOE CANYON DISTRICT, CANYONLANDS NATIONAL PARK
Hanksville —45 miles
HORSESHOE CANYON
BLUE JOHN CANYON
Rappel du Big Drop
Flaque d'eau
Le lieu de mon accident
Je me sépare de Megan et Kristi
⑤ Piste cyclable
WEST FORK
BLUE JOHN CANYON
EAST FORK
Le vélo de Kristi
Blue John Spring
Parking à vélos
Je rencontre Megan et Kristi
Burr Pass
Airstrip
Le pick-up de Kristi
ROBBERS ROOST
Maze District, Hans Flat Ranger Station—12 miles

PROLOGUE

En balade avec la Horde sauvage

Blue John, de son vrai nom John Griffith, était meilleur cuisinier que bandit de grands chemins. Pourtant, avec ses yeux vairons, il entra dans la légende du Far West, parmi les seconds couteaux de la Horde sauvage. À l'époque, la célèbre bande de Butch Cassidy et du Kid hantait la vaste forteresse naturelle connue sous le nom de Robber's Roost – le perchoir des voleurs – dans le sud de l'Utah.

Au printemps 1890, après deux ans passés aux fourneaux d'un ranch de Cisco, Blue John participa à un grand rassemblement de bétail. Pendant ce pénible voyage, il fit la connaissance de deux brigands, Jim Wall, alias Silver Tip, et Indian Ed Newcomb et s'installa avec eux au Roost, dans cette région bordée par les rivières Dirty Devil, San Rafael, Green et Colorado où la Horde bivouaquait entre deux mauvais coups.

Ainsi Blue John, Silver Tip et Indian Ed écumèrent-ils la région, monnayant leurs services au plus offrant : vols de chevaux ou de bétail, cambriolages, règlements de comptes. En 1898, ils dérobèrent des chevaux dans le Wyoming. Après les avoir convoyés jusque dans le Colorado, Silver Tip, Indian Ed et Blue John récidivèrent et s'approprièrent les plus beaux pur-sang des ranches de Moab et Monticello.

La Horde sauvage n'avait cure des adjoints du shérif – qui prenaient d'ailleurs soin de ne pas trop s'approcher du Roost. Mais ce coup d'éclat local fut l'affront de trop. À compter de ce jour, les forces de l'ordre n'eurent de cesse que de mettre un terme à leurs activités illégales.

En février 1899, à l'aube, dans un canyon adjacent au Roost Canyon, Indian Ed escaladait les rochers surplombant l'endroit où le trio infernal avait passé la nuit avec son butin – deux animaux de trait et une demi-douzaine de chevaux. Soudain, un coup de fusil déchira le silence. La balle calibre 38 ricocha sur la pierre avant de blesser Ed à la cuisse. Il roula sur le sable, puis rampa vers un maigre bouquet d'arbustes pour se mettre à couvert. Blue John et Silver Tip répliquèrent aux tirs de leurs assaillants, tout en maudissant les traces de pas qu'ils avaient laissées et la lueur du feu de camp qui les avait trahis. Pendant que Blue John vidait ses dernières cartouches, Silver Tip se faufila hors de leur cachette et grimpa jusqu'au bord du Roost Canyon. De là-haut, il tira trois coups de feu au-dessus des têtes des hommes du shérif qui prirent leurs jambes à leur cou, enfourchèrent leurs montures qui partirent au galop. Le récit de leur rencontre avec la Horde sauvage fit le tour des saloons.

Après cette mésaventure, les trois hors-la-loi raccrochèrent leurs fusils. Ils ne firent plus parler d'eux, ou fort peu ; d'autres légendes du Far West prirent le relais. On raconte qu'Indian Ed, une fois sa jambe guérie, retourna dans son Oklahoma natal. Silver Tip s'évada de prison après avoir purgé deux ans et coula des jours paisibles dans le Wyoming jusqu'à sa mort. Quant à Blue John, il fut repéré pour la dernière fois en 1899 alors qu'il quittait Hite, une bourgade sur les rives du Colorado, et se dirigeait vers Lee's Ferry, l'un des sites les plus fabuleux du fleuve. On suppose qu'il bifurqua ensuite vers l'Arizona ou le Mexique. Toujours est-il qu'il n'arriva jamais au Lee's Ferry et qu'on perdit sa trace.

Des trois gaillards, seul Blue John laissa son empreinte dans l'histoire de l'Utah. Blue John Canyon et Blue John Springs, juste de l'autre côté de la cascade où eut lieu la fameuse embuscade, perpétuent la mémoire de celui qui fut cuisinier, postillon, voleur de chevaux et qui écuma le Roost pendant les dernières années du XIXe siècle.

1

« Le temps géologique, c'est aussi maintenant »

C'est le plus bel endroit au monde. Chacun porte en soi l'image d'un paysage idéal, connu ou inconnu, réel ou imaginaire... Il n'y a pas de limite dans la capacité humaine du sentiment du « chez-soi ». Théologiens, pilotes d'avions, et même les astronautes, ont ressenti l'appel d'un « chez-soi » tout là-haut, dans l'obscurité froide de l'espace interstellaire.

Pour ma part, je choisirais Moab, dans l'Utah. Je ne parle pas de la ville elle-même, bien entendu, mais des terres qui l'entourent, de ses canyons. Le désert rocheux. La poussière rouge et les falaises brûlées, les ciels vides – tout cela situé juste au-delà des chemins.

Edward ABBEY, *Désert solitaire*

Des traînées blanches d'avion s'effilochent, rayant une fois de plus le ciel d'azur au-dessus du plateau rouge du désert, et je me demande combien de journées brûlantes ces terres damnées ont subi depuis leur création. Nous sommes samedi matin, 26 avril 2003, et je fais du VTT sur une piste poussiéreuse au fin fond de l'Emery County, dans le centre de l'Utah. J'ai laissé mon pick-up, il y a une heure, dans le parking au début de la piste menant au Horseshoe Canyon. Cette zone isolée du parc national de Canyonlands est située à environ cinquante kilomètres du légendaire Maze District, à soixante kilomètres au nord-ouest de l'immense crête en lame de rasoir du San Rafael Swell, à trente kilomètres à l'ouest de la Green River, et à quelque soixante kilomètres au sud de l'I-70, ce couloir des commerces de la dernière chance (prochaine épicerie : pas moins de deux cents kilomètres). Les hauts plateaux se succèdent entre la chaîne enneigée des Henrys au sud-ouest – la dernière partie montagneuse des États-Unis explorée et cartographiée – et les La Sals à l'est. Un vent violent souffle du sud, la direction vers laquelle je fais route. Ma progression s'en ressent. Malgré le dérailleur en démultiplication maximale, je pédale comme un fou pour avancer péniblement. Le vent déverse des minces filets de sable rougeâtre sur la route délavée. De temps en temps, ils recouvrent la piste et mon vélo s'enlise. Par trois fois déjà, j'ai dû descendre et pousser mon spade dans de longues ornières sableuses.

Tout irait mieux si je n'avais pas ce lourd sac à dos sur mes épaules. En temps normal, je n'emporte pas douze kilos de matériel pour une simple randonnée à vélo, mais j'ai concocté un parcours de cinquante kilomètres de VTT et de canyoning – une enfilade de canyons profonds et étroits. Une bonne journée de balade. En plus des trois litres d'eau stockés dans ma poche hydratante Camelbak et de ma bouteille en Lexan d'un litre, j'ai casé cinq barres de chocolat, deux burritos et un muffin au chocolat, le tout bien emballé dans un sac en plastique au-dessus de mon paquetage. J'aurai l'estomac dans les talons ce soir, mais ces provisions suffiront pour la journée.

Ce qui pèse lourd, c'est mon matériel de rappel : trois mousquetons à verrouillage automatique, deux mousquetons ordinaires, un ensemble léger d'arrimage et de rappel, deux élingues jumelles de sangles de 12,5 millimètres, une longueur supplémentaire de sangle de 12,5 millimètres avec dix anneaux cousus qui forment une sorte d'échelle, la daisy-chain, mon harnais de grimpe, soixante mètres de corde de 10,5 millimètres, plus 7,5 mètres de sangle tubulaire de 25 millimètres, et mon outil multi-usage Leatherman (trois lames et une pince). Je l'utilise rarement, mais je l'emporte toujours, au cas où je devrais couper une sangle pour constituer un ancrage. Sans oublier ma lampe frontale, mon casque et mon lecteur CD ainsi que quelques albums des Phish, des piles de rechange, mon appareil photo numérique, ma petite caméra DV et leurs batteries dans des pochettes protectrices.

Cela pèse lourd, certes, mais tout m'est indispensable – y compris l'appareil photo. J'adore photographier les couleurs et les formes incroyables cachées au fin fond de ces canyons sinueux, les peintures rupestres préservées dans leurs niches de pierre. Cette randonnée traverse quatre sites archéologiques du Horseshoe Canyon ornés de centaines de peintures et gravures. Je bous d'impatience à l'idée de les contempler. Le Congrès des États-Unis a décidé d'adjoindre ce canyon isolé au Parc national afin de protéger les dessins et peintures vieux de cinq mille ans, témoignages silencieux d'une peuplade primitive. Dans la Great Gallery, des dizaines de géants de près de trois mètres de haut dominent des groupes d'animaux indistincts, toisant les visiteurs de notre époque de leurs corps bruns longilignes, avec leurs larges épaules et leurs yeux obsédants. Ces apparitions gigantesques représentent le plus ancien et le meilleur exemple de ce style dans le monde. Spécimens d'une telle importance que les anthropologues qualifient ce type de représentation artistique, à l'aspect plutôt pesant et sinistre, de style « Barrier Creek ». Certaines de ces statues ressemblent à des chasseurs armés de lances et de massues ; d'autres, sans jambes et sans bras mais munies de cornes, flottent comme des démons de cauchemar. Quelle que soit leur signification, ces formes mystérieuses nous interpellent à travers les millénaires. Elles ont survécu plus longtemps que les plus anciens objets de la civilisation occidentale. Ce qui force la réflexion : que restera-t-il de nos sociétés si avancées dans cinq mille ans ? Il est peu probable que ce soit notre production artistique. Ni les vestiges du temps de loisirs incroyablement long dont nous disposons (pour la simple raison que la plupart d'entre nous dilapidons ce luxe en restant plantés devant nos téléviseurs).

Prévoyant l'humidité et la boue au fond du canyon, je porte une paire de vieilles chaussures de jogging et d'épaisses chaussettes de laine. Ainsi isolés, mes pieds transpirent pendant que je pédale ferme. Mes cuisses aussi, compressées dans le short de cycliste en Lycra extensible que je porte sous un autre short de nylon beige. Bien qu'elle soit doublement rembourrée, la selle de mon vélo martèle mon arrière-train. J'ai enfilé mon T-shirt préféré, à l'effigie des Phish, et j'arbore une casquette de base-ball bleue. J'ai laissé mon blouson imperméable dans mon pick-up ; la journée promet d'être chaude, comme c'était le cas hier, lors de ma randonnée de vingt kilomètres sur le Slickrock Trail, à l'est de Moab. Si la météo avait annoncé de la pluie, je ne me serais pas aventuré dans une gorge aussi étroite, avec ou sans blouson.

J'aime voyager léger et j'avais calculé mon équipement au plus juste. Hier, je n'avais que ma caméra, ma petite poche à eau Camelbak et quelques outils de secours pour mon vélo, à peine cinq kilos d'équipement pour un parcours de quatre heures. Le soir, me délestant du matériel pour le vélo, j'ai encore fait huit kilomètres pour contempler une arche naturelle, près de Castle Valley. Là, je n'emportai que trois kilos au total : de l'eau et mon appareil photo. La veille, avec mon copain d'Aspen, Brad Yule, j'étais monté au sommet du mont Sopris, cette majestueuse montagne de 3 960 mètres qui domine l'ouest du Colorado ; je l'ai redescendue à ski. J'avais quelques vêtements de rechange, une couverture de survie en cas d'avalanche, mais mon chargement ne dépassait pas sept kilos.

Mon périple de cinq jours dans le Parc national s'achèvera dimanche soir, quand je tenterai à nouveau, en solitaire, la traversée en VTT de la White Rim Road (cent soixante-treize kilomètres). Si j'emportais tout l'approvisionnement que j'avais utilisé la dernière fois, en l'an 2000 – il m'a fallu trois jours – j'aurais sur les épaules un sac de vingt-sept kilos qui me scierait les épaules avant d'avoir parcouru quinze kilomètres. Selon mes estimations, sept kilos seraient suffisants pour effectuer le trajet en moins de vingt-quatre heures. Pour cela, je me suis fixé un protocole de gestion de l'eau très précis, afin d'exploiter au mieux les rares points de réapprovisionnement. Pas question de dormir. Pauses réduites au minimum. Ma plus grande inquiétude n'est pas tant la fatigue des jambes – je sais comment gérer ce problème – mais l'état de mes... « parties intimes ». J'ai peur qu'elles ne deviennent trop sensibles pour me permettre de continuer. Le « coma de l'entrejambe », comme on l'appelle chez les sportifs, provient d'une surstimulation du périnée. Et, comme je n'ai pas fait de long parcours à vélo depuis l'été dernier, mon seuil de tolérance est assez faible.

J'ai planifié mes vacances à l'improviste, il y a deux jours. L'excursion en montagne programmée avec quelques amis avait été annulée le mercredi, au dernier moment : du coup, j'ai opté pour une retraite dans le désert, un pèlerinage vers la chaleur afin de refaire connaissance avec un paysage différent de la montagne enneigée. Au lieu de peaufiner mon circuit dans ses moindres détails, j'ai pioché dans les suggestions proposées par des guides de canyoning et de randonnées posés sur le siège avant de mon pick-up, pendant que j'effectuais le parcours entre le mont Sopris et l'Utah. D'habitude, j'aurais pris la précaution de laisser un itinéraire détaillé à mes colocataires, mais comme je suis parti d'Aspen sans idée précise, la seule indication de ma destination était : l'Utah.

Il est 10 h 30. Je pédale vers un genièvre solitaire pour profiter d'un peu d'ombre et observer le paysage brûlé par le soleil. La broussaille laisse place à une succession de dômes rocheux aux couleurs vives, de falaises masquées, d'escarpements déformés par l'érosion, de canyons tortueux et de monolithes brisés. C'est la terre de la malchance ; la terre de la malédiction. C'est le désert rouge conté par Abbey, mon poète favori. Hier soir, la nuit est tombée à mon arrivée et je n'ai pas pu distinguer nettement le paysage. Tout en scrutant le terrain pour essayer de repérer le canyon, je sors un muffin au chocolat acheté à la boulangerie de Moab. Il est déjà tout desséché, comme l'est ma bouche, à cause du vent brûlant. Je remarque des traces de bétail, appartenant sans doute à un fermier obstiné qui tente de gagner sa vie malgré les caprices du désert. Les bovins ont tracé des pistes sinueuses parmi la rare végétation qui parvient à pousser dans cette immense étendue aride : une dentelle d'herbes diverses, quelques cactus, et des croûtes moussues parsèment la terre rouge. Je fais passer le reste du muffin en aspirant des gorgées d'eau avec le tube de mon Camelbak fixé à la bretelle de mon sac à dos.

L'estomac calé, j'enfourche mon vélo et dévale le chemin, protégé du vent par la crête qui me fait face. Mais dès la colline suivante je bataille de nouveau contre les bourrasques. Après vingt minutes de coups de pédale sur cette piste aussi brûlante qu'un gril, un groupe de motards me dépasse. Ils filent vers le Maze District. La poussière soulevée m'arrive en pleine figure et pénètre dans mon nez, mes yeux, mes canaux lacrymaux. Elle parvient même à se faufiler dans ma bouche. Grimaçant de dégoût au contact de cette matière abrasive, je me nettoie les dents d'un coup de langue puis j'accélère.

Je ne suis allé qu'une fois dans le Maze – le labyrinthe. C'était il y a dix ans, et je n'y suis pas resté plus d'une demi-heure. Avec des amis, lors d'un rafting dans le Cataract Canyon, nous avions bivouaqué sur une plage appelée Spanish Bottom, au bord du Colorado. J'avais escaladé trois cents mètres de rochers jusqu'à la Doll's House – la maison de poupée –, le point de vue qui surplombait le tout. Des centaines de blocs effrayants me dominaient pendant que je rampais sur les amas de grès et de granit, tel un lilliputien. Quand je m'étais enfin assis pour contempler la rivière, j'étais envahi par l'émotion. Pour la première fois, le spectacle du désert m'avait frappé au cœur. Je me rendis compte à quel point nous, les hommes, nous étions petits et courageux.

Tout en bas, le Colorado coulait dans un furieux bouillonnement ; soudain, je sentis cette force incroyable qui creuse inlassablement le canyon au milieu de cet immense plateau désertique. Et cela se produisait sous mes yeux, à ce moment précis. Debout sur la Doll's House, comme au bord d'un chaudron en ébullition, j'avais l'étrange impression d'observer la naissance infinie de tout un paysage. Ce panorama me donnait la sensation d'assister à l'aube des temps, d'être le témoin du commencement du monde. Certains scrutent la Voie lactée à l'aide d'un télescope en se demandant si nous sommes seuls dans l'univers ; quant à moi, ébloui par la lumière du désert, je compris soudain à quel point la vie est fragile et rare, à quel point nous sommes insignifiants face aux forces de la nature. Si, à moins de deux kilomètres de là, mon groupe avait décidé de poursuivre sa route, j'aurais été coupé de tout contact humain. En moins de trente jours, je serais mort de faim en tentant vainement de remonter les méandres du fleuve jusqu'à Moab. Et pourtant, immergé dans la solitude du désert, j'éprouvais cette sensation de triomphe qui fait craquer le vernis de notre délire égocentrique. Nous ne sommes pas remarquables parce que nous nous trouvons au sommet de la chaîne alimentaire, ni parce que nous modifions notre environnement – celui-ci nous survivra, avec ses forces incommensurables –, nous le sommes précisément parce que nous exerçons notre volonté dans cet univers en dépit de notre insignifiance comme de la fragilité et du caractère éphémère de notre existence. J'avais médité un court instant, exalté par l'immensité de cette vision grandiose, puis j'avais rejoint le campement afin de donner un coup de main pour le dîner.

Plongé dans mes pensées, je remarque malgré tout la canalisation en métal qui pointe la source asséchée du Blue John Canyon, puis je dépasse un panneau indicateur. Il signale que la piste se dédouble vers Hanksville, une petite ville située à une heure de là. Elle est l'agglomération la plus proche du Robbers Roost et du Maze District, et c'est là que se trouve la seule cabine téléphonique de tout le secteur. Un kilomètre plus loin, je longe une prairie inclinée qui servait d'aérodrome jusqu'au jour où les pilotes ont décidé d'aller voler dans un environnement plus civilisé. Pourtant, dans cette région accidentée, seuls les avions légers et les hélicoptères sont efficaces pour atteindre les endroits les plus reculés. Mais voilà, entretenir un avion dans ce but n'est pas rentable. Mieux vaut rester chez soi !

Les Mormons avaient fait de leur mieux pour quadriller la région de routes, mais eux aussi s'étaient retirés dans les villes de Green River et de Moab. Aujourd'hui, la plupart de ces pistes sont à l'abandon ; il ne reste que des chemins à moitié carrossables qui, paradoxalement, offrent moins d'accès qu'il y a cent ans, du temps des chevaux. Hier soir, j'ai parcouru avec mon pick-up quatre-vingt-onze kilomètres le long de la seule piste non goudronnée de ces deux comtés. Je n'ai vu aucune lumière, aucune maison. Si les éleveurs du temps du Far West, les voleurs de bétail, les chercheurs d'uranium et les pétroliers ont tous laissé leur empreinte dans ce pays, ils ont aussi tous dû abdiquer devant les vicissitudes de la vie dans le désert.

Ces aventuriers n'étaient pas les premiers à pénétrer dans ce pays pour très vite l'abandonner : des vagues successives de communautés primitives occupèrent les fonds de ces canyons à travers les âges. En général, une période de sécheresse sévère ou des incursions de bandes hostiles les obligèrent à quitter les lieux pour des régions plus hospitalières. Parfois, pourtant, on ne trouve aucune raison plausible pour expliquer l'exode soudain de toute une population. Il y a cinq mille ans, les habitants de Barrier Creek sculptèrent leurs gravures dans la Great Gallery et l'Alcove Gallery ; puis ils disparurent. Comme il n'existe aucune trace écrite, la cause de leur départ reste un mystère qui pique la curiosité. En contemplant leurs peintures, sur les lieux mêmes où ils ont vécu, cultivé la terre, je me sens relié à ces pionniers aborigènes qui, il y a si longtemps, vécurent dans ces canyons.

Je mouline toujours au milieu de l'immense mesa, le visage giflé par le vent. J'ai hâte d'en arriver à ma dernière étape à travers le Horseshoe Canyon, où je dois terminer ma balade. Je n'ai qu'une envie : ne plus subir l'agression de ce vent qui me fait souffrir.

D'après ce que j'ai pu voir jusqu'ici, rien n'a guère changé depuis l'époque de Blue John Griffith. Le Bureau de l'aménagement du territoire a classé la piste de chevaux et planté quelques panneaux indicateurs, un point, c'est tout. Même les omniprésentes clôtures, qui quadrillent le reste de l'Ouest, n'ont jamais été posées ici. Peut-être est-ce l'absence de barbelés qui rend l'endroit si désolé. J'ai beaucoup sillonné le pays – deux ou trois jours par semaine dans des lieux totalement sauvages, même en plein hiver – mais aucun ne m'a jamais donné l'impression d'être aussi isolé que cette piste. Alors que cette pensée me traverse l'esprit, tout à coup, la solitude devient plus pesante. Les villes avoisinantes ont beau avoir doucement prospéré depuis les cent vingt ans où le Robbers Roost – le nid de voleurs – avait reçu son appellation, le désert, lui, est toujours aussi brutal.

Peu après Burr Pass, mon périple contre ce vent frontal de cinquante kilomètres/heure touche à sa fin. Je descends de vélo, le pousse jusqu'à un genièvre et bloque la roue arrière avec mon cadenas en U. En fait, je ne vois pas qui pourrait tripoter mon VTT dans le coin mais, comme dit mon père : « Pas la peine de tenter le diable. » Je glisse les clés de l'antivol dans ma poche gauche et me dirige vers l'attraction principale, le Blue John Canyon. Tout en suivant une piste de cerfs qui raccourcit le chemin, j'écoute ma musique préférée sur mon lecteur CD, maintenant que le vent ne me souffle plus dans les oreilles.

Je progresse à travers des dunes de grès rouge pulvérisé et me voici devant un ravin sableux. J'ai trouvé le chemin qui mène au début du canyon. *Parfait, je suis sur la bonne voie*, me dis-je. Et c'est là que je remarque deux personnes qui marchent devant moi, à trente mètres en descendant vers le canyon. Je dévale la pente en sautant sur la mince couche de poussière et, une fois la dune contournée, je repère les randonneurs qui me semblent de loin être deux jeunes femmes.

Incroyable ! me dis-je, surpris de trouver des humains dans ce désert perdu. Finalement, je ne suis pas si seul. Je m'arrête pour enlever mes écouteurs et j'accélère le pas pour les rattraper. Elles avancent vite et il me faudrait presque courir pour les rejoindre. Au bout d'une minute, j'ai gagné du terrain. J'étais pourtant sûr de me retrouver seul dans la branche principale du Blue John Canyon, mais après tout, tomber sur des gens qui ont le même état d'esprit dans des endroits aussi sauvages ne peut qu'ajouter du sel à la balade, surtout si ces personnes vont bon train. De toute façon, maintenant, je ne peux plus les éviter, quand bien même je le voudrais. À la bifurcation suivante, elles se retournent, mais ne ralentissent pas. Je parviens enfin à les rattraper, mais je ne les dépasserai pas, à moins qu'elles ne fassent halte. Eh non, elles continuent !

Sachant que nous allons marcher ensemble pendant un bout de temps, je me dis qu'il serait temps d'amorcer la conversation.

– Salut ! Ça va ? tenté-je.

Je ne sais pas si elles ont envie de faire connaissance avec un étranger dans ce coin perdu. Elles répondent en chœur :

– Salut !

Un peu déçu, espérant une réponse plus engageante, je continue :

– Je ne m'attendais pas à tomber sur quelqu'un dans le canyon !

Nous sommes samedi, l'endroit est éloigné de tout – à deux heures de voiture et trois heures de vélo de la ville de Green

River, Utah, dernier refuge de la civilisation. En plus, c'est mal indiqué, à tel point qu'à partir de la piste de Robbers Roost j'ai eu du mal à savoir si j'étais bien là où je pensais me trouver, malgré les indications de ma carte marquant l'entrée du canyon.

– Vous nous avez fait peur, à vous pointer comme ça en catimini, répond la brune.

Mais elle a le sourire.

– Ah, désolé, j'écoutais de la musique, j'étais perdu dans mes pensées. Moi, c'est Aron, dis-je.

J'arbore moi aussi un sourire engageant.

Elles baissent la garde et déclinent leurs noms. La brune qui m'a répondu s'appelle Megan ; elle semble la moins timide. L'autre, c'est Kristi. Les cheveux de Megan sont coupés au niveau des épaules. Ils virevoltent en mèches ébouriffées encadrant ses yeux noisette et ses joues bronzées. Elle porte un haut bleu à manches longues, un pantalon de jogging bleu, son sac à dos est bleu – il semblerait que la jeune fille prise cette couleur. Quant à Kristi, ses cheveux blonds sont ramenés en queue-de-cheval, ce qui dégage un front couvert de taches de rousseur et des yeux gris-bleu. T-shirt blanc, short bleu par-dessus un caleçon noir. Je remarque qu'en plus elle a pris soin des accessoires : petits anneaux d'argent aux oreilles, sans oublier des lunettes de soleil en fausse écaille retenues par une dragonne façon peau de serpent. Pas très courant de porter des boucles d'oreilles pour une randonnée dans un canyon, mais moi, habillé comme l'as de pique, de quel droit puis-je jouer les critiques de mode ? Les deux jeunes femmes ont dans les vingt-cinq ans et j'apprends qu'elles sont de Moab. Je fais un effort pour retenir leurs noms afin d'éviter de futurs impairs.

Megan ne semble pas offusquée par mon intrusion – elle me raconte comment elle et Kristi ont commencé par dépasser l'entrée de piste de Granary Springs et se sont perdues en voiture dans le désert pendant près d'une heure avant de trouver l'accès du canyon. Je les rassure en disant que, pour moi, c'était plus facile à vélo parce que le paysage défile plus lentement.

– Oh ! là, là ! Si nous étions venues en VTT, nous serions déshydratées, réplique Megan.

La glace est rompue.

À cet endroit, le canyon est encore un petit arroyo peu profond – un ravin sableux et sec – niché entre deux dunes de sable de dix mètres de haut. Avant que le terrain ne devienne plus difficile, plus « technique », nous devisons amicalement sur nos conditions de vie dans les petites communautés des stations de sport de nature que sont Moab et Aspen. J'apprends que, comme moi, elles travaillent dans le milieu des loisirs de plein air. En tant que responsables de la logistique pour Outward Bound, elles équipent les expéditions à partir de l'entrepôt de la société situé à Moab. Je leur explique que je suis vendeur et réparateur chez Ute Mountainer, une boutique d'équipement de montagne à Aspen.

Les employés volontairement impécunieux de ces stations vouées aux loisirs partagent un même principe : mieux vaut être pauvre au vu du fisc et riche en expérience – c'est-à-dire vivre son rêve – qu'avoir des moyens financiers et ne pas assouvir sa passion. On peut dire qu'aux yeux des professionnels sous-payés des stations de montagne ceux qui paient pour vivre l'aventure portent sur le front la marque un peu honteuse de « touristes ». Mieux vaut faire partie de la petite communauté des pros sans un rond qu'être un richard en vacances. (Pourtant, et c'est bien là toute l'ironie, les « pros » dépendent bien sûr des « touristes » pour survivre, donc, cet élitisme affiché par les « saisonniers » manque de réalisme.) Mais, ces deux filles et moi, nous nous sommes tout de suite compris, nous sommes du même bord.

Il en est de même pour notre fibre écologiste. Nous tenons Edward Abbey pour un sage. L'essayiste, défenseur des ressources naturelles, dénonçait le développement, le tourisme ou l'exploitation minière. Grand buveur de bière et partisan de l'écoterrorisme, il admirait les grands espaces et les femmes (de préférence les femmes du désert qui, malheureusement, sont rares). Une citation d'un de ses ouvrages me revient à l'esprit. Elle montre à quel point il adorait pousser les choses à l'extrême.

– Je crois que, dans un de ses essais, il a écrit : « Bien sûr, nous sommes tous des hypocrites. Le seul acte sensé d'un défenseur de l'environnement serait de se tirer une balle dans la tête. Sinon, il contamine les lieux par sa seule présence. » Ce ne sont pas les mots exacts, mais c'est ce qu'il voulait dire.

– Un peu morbide, commente Megan.

Sa moue quelque peu honteuse indique qu'elle n'aurait pas le courage de se suicider...

Nous abandonnons Ed Abbey pour nous découvrir une passion commune pour le canyoning. Kristi me demande quels sont mes endroits préférés pour pratiquer ce sport. Sans hésiter, je lui décris mes expériences dans le Neon Canyon, un bras de l'Escalante River, dans le sud de l'Utah. Je deviens lyrique en parlant de ses cinq rappels, du Keeper Pothole – un goulet étroit et profond, aux parois lisses, qui vous retient au fond si vous n'avez pas un partenaire pour vous épauler –, de la Golden Cathedral – un passage bizarre à travers un tunnel de grès sur le haut d'un renfoncement aussi grand que la basilique Saint-Pierre de Rome. On se retrouve éloigné des parois sur près de vingt mètres avant de plonger dans une large étendue d'eau et de nager vers les berges.

– C'est fabuleux. Il faut y aller, dis-je.

Kristi dévoile son coin favori, de l'autre côté du chemin, à l'entrée de piste de Granary Springs. C'est une des fourches supérieures du drainage de Robbers Roost. L'endroit est surnommé le Mindbender – le casse-tête – par les guides d'Outward Bound. Elle me décrit un passage dans cette gorge où l'on traverse le canyon calé entre les parois à cinq mètres du sol, le ravin en V se refermant jusqu'à quelques dizaines de centimètres à vos pieds, et se rétrécissant encore plus au-dessous.

Je prends note mentalement de le retenir comme futur but de randonnée.

Quelques minutes plus tard, juste avant midi, nous voici devant une pente rocheuse bien lisse. Elle annonce le premier ravin et les sections plus profondes, plus étroites, celles qui nous ont attirés dans le Blue John Canyon. J'effectue une descente de cinq mètres en glissade, le long d'une paroi rocheuse. En dérapage sur les semelles de mes baskets, je laisse deux traces noires le long du grès rose et je me laisse tomber sur le sable, au bas de la pente. En entendant le bruit, Kristi s'approche du coin et, me voyant étalé dans la poussière, croit que je suis tombé.

– Oh, bon Dieu ! Ça va bien ? demande-t-elle.

– Oui, oui, pas de lézard. Je l'ai fait exprès, affirmé-je le plus sérieusement du monde.

La glissade était intentionnelle. Je capte son regard – il dit clairement qu'elle me croit sur parole, mais que j'aurais pu trouver un moyen plus facile de descendre. Je regarde autour de moi ; c'est vrai, j'aperçois un accès moins risqué qui m'aurait évité ce dérapage contrôlé. Je me sens un peu stupide.

Cinq minutes plus tard, nous arrivons à la première section de descente difficile où il vaut mieux s'accrocher face au rocher et s'y prendre comme si l'on grimpait une paroi abrupte. Je descends le premier, puis bascule mon sac à dos pour sortir ma caméra et filmer Megan et Kristi. Celle-ci est en train d'extraire une sangle rouge de cinq mètres de son sac de montagne assorti. Elle la passe dans un anneau de métal que des randonneurs précédents ont accroché à une boucle de corde serrée autour d'un rocher. Le gros bloc de pierre est coincé solidement dans un creux, derrière le bord du ravin. Le système peut retenir sans problème le poids d'une personne. Tenant la corde, Megan commence à descendre. Elle doit contourner une grosse pierre calée entre les parois du canyon qui bloque un passage plutôt facile dans la gorge. Une fois Megan en bas, Kristi la suit sans enthousiasme : elle n'a pas une confiance absolue dans l'arrimage des cordes. Lorsqu'elle pose le pied, je remonte pour décrocher la sangle de Kristi. Nous nous sommes rendu compte qu'elle était bloquée.

Nous parcourons dix mètres avant de tomber sur un autre escarpement. Les parois sont maintenant beaucoup plus rapprochées puisque moins d'un mètre les sépare. Megan largue son sac à dos vers le fond avant de se faufiler entre les murs rocheux pendant que Kristi prend quelques photos. Je surveille la descente de Megan et je l'aide à trouver les meilleurs points d'appui. Quand elle touche le fond et récupère son paquetage, elle découvre qu'il est tout mouillé : sa gourde souple a perdu son embout quand elle a jeté son sac. L'eau se déverse dans le sable. Elle retrouve tout de suite le petit bec en plastique bleu et parvient à arrêter la fuite, ce qui lui évitera de retourner au point de départ chercher le précieux liquide. Elle peut continuer sa progression dans le canyon. Le fait que son sac soit trempé n'a pas grande importance, mais la perte d'eau est plus fâcheuse car elle en aura besoin au cours de la journée. Je descends le dernier. À cause de mon sac à dos, je reste plusieurs fois coincé lorsque les parois de la gorge se resserrent. Évitant les petits éboulis, je me glisse à travers les ouvertures, entre les bords, pour suivre le fond du canyon. Un peu plus loin, je trouve un rondin calé entre les parois et je m'en sers comme d'une échelle pour descendre un passage facile de cette promenade décidément réservée aux personnes minces.

Alors qu'une chaleur implacable assomme le désert, l'air dans le fond du canyon se rafraîchit à mesure que nous pénétrons dans un boyau de quatre cents mètres où les parois atteignent plus de soixante mètres de haut. À cet endroit, la largeur du couloir ne dépasse pas cinq mètres. Ici, le soleil n'atteint jamais le fond. Nous ramassons des plumes de corbeau que nous fixons à nos chapeaux lors de la petite pause que nous nous accordons pour prendre des photos. Huit cents mètres plus loin, encore un arrêt pour partager deux de mes plaques de chocolat qui commencent à fondre. Kristi en offre à Megan, qui refuse.

– Je ne vais jamais pouvoir ingurgiter tout ce chocolat à moi toute seule... Bon, tant pis pour moi ! dit-elle.

Nous rions de bon cœur.

Plusieurs canyons annexes se jettent dans la Main Fork, notre chemin, alors que les parois s'ouvrent pour révéler le ciel et une perspective plus large des falaises, en aval du canyon. Nous finissons par supposer que la dernière branche à gauche de la Main Fork doit être celle de West Fork, ce qui signifie que c'est là où Kristi et Megan doivent bifurquer pour terminer leur circuit en rejoignant la piste principale, à six kilomètres de là. Nous avons un peu de mal à nous séparer, quand Kristi suggère :

– Allez, Aron ! Viens avec nous – on te ramène à ton camion, et on se boit une petite bière tranquille.

Je suis déterminé. Je veux finir le circuit prévu et je dois décliner l'offre.

– Attendez, les filles ! Vous avez des harnais, moi, j'ai une corde – vous devriez m'accompagner dans le goulet inférieur et faire le rappel du Big Drop. On peut repartir... voir la Great Gallery... et je vous ramène ensuite à votre camion.

– C'est encore loin ? demande Megan.

– À peu près douze kilomètres, je crois.

– Quoi ? Mais tu ne seras jamais rentré avant la nuit ! Allez ! Viens avec nous.

– J'ai vraiment envie de faire ce rappel, et de voir les pétroglyphes. Alors je vous fais une proposition : on se retrouve au Granary Springs à mon retour.

Elles acceptent. Nous nous asseyons pour revoir une fois de plus les cartes. Nous confirmons notre position sur le plan du Blue John Canyon du guide de canyoning – nous avons utilisé le même pour trouver cette gorge hors des sentiers battus. Dans cette dernière édition du *Canyon Hiking Guide to the Colorado Plateau* de Michael Kelsey, on trouve plus d'une centaine de plans de canyons dessinés à la main. Ces cartes, illustrant les itinéraires proposés par l'auteur d'après ses propres excursions, sont de véritables œuvres d'art. Avec des coupes des endroits délicats, des indications pour trouver les pétroglyphes les mieux dissimulés, des détails sur le matériel de rappel nécessaire, sur les ancrages, les points d'eau, il y a toujours assez de renseignements pour prendre une décision, se repérer, sans aucune information superflue. Nous rangeons nos cartes, nous relevons, et Kristi me dit :

– Cette photo dans le guide... On dirait des fantômes sur ces peintures murales ; elles donnent froid dans le dos. Quelle énergie crois-tu qu'il se dégage dans la Great Gallery ?

Je réfléchis avant de répondre :

– Je ne sais pas... Je me suis senti connecté à chaque fois que j'ai vu les pétroglyphes ; c'est une sensation puissante. J'ai vraiment envie de les revoir.

Megan tient à vérifier que ma décision est définitive.

– Tu es sûr que tu ne veux pas venir avec nous ?

Je suis aussi déterminé qu'elles.

Quelques minutes avant leur départ, nous confirmons notre projet de nous retrouver au crépuscule, là où elles campent, près des Granary Springs. Quelques amis d'amis, venus d'Aspen, organisent une soirée « Scooby-Doo » ce soir à environ quatre-vingts kilomètres, juste au nord du Goblin Valley State Park. Nous convenons de nous suivre en pick-up jusque là-bas. La plupart des groupes se servent d'assiettes en carton comme panneaux de signalisation improvisés pour diriger les copains jusqu'à l'endroit désigné ; mes potes, eux, ont un grand chien en carton « Scooby-Doo », qui indiquera la bonne direction pour la fête. Après tout ce que j'aurai fait dans la journée – une expédition de vingt-cinq kilomètres de VTT, plus vingt-cinq kilomètres de canyoning – j'aurai bien mérité un peu de repos et, j'espère, une bonne bière. Ce ne sera pas désagréable non plus de retrouver ces deux ravissantes femmes du désert. Nous adjoignons à notre programme, pour le lendemain, une petite balade dans le Little Horse Canyon, un parcours pas trop technique dans la Goblin Valley. Me voilà avec deux nouvelles copines. Nous nous séparons à 14 heures, sourire aux lèvres, en nous faisant de grands signes de la main.

Je suis de nouveau seul. Je descends le canyon, poursuivant mon but. En chemin, je pense à la suite de mes vacances. Maintenant que j'ai un plan confirmé pour dimanche, avec cette virée jusqu'à Little Wild Horse, je prévois mon retour à Moab le soir même vers les 19 heures. J'aurai juste le temps de tout préparer : équipement et approvisionnement pour ma randonnée à vélo sur le White Rim, dans le Canyonlands National Park. Je ferai un petit somme avant de démarrer vers minuit. Je pense effectuer les cinquante premiers kilomètres de ce tour en VTT à la lumière de ma lampe frontale et des étoiles. En tout, cent quatre-vingts kilomètres. Je compte rentrer lundi, en fin d'après-midi, juste à temps pour la petite soirée que nous avons prévue avec mes colocataires. Soudain, mes pieds s'enfoncent dans une masse de galets déposés par la dernière crue. Je dois rétablir mon équilibre en écartant les bras. Le Blue John Canyon vient de se rappeler à mon attention sans crier gare.

Ma plume de corbeau est toujours coincée par la bande de serrage de ma casquette bleue ; je vois son ombre sur le sable. J'ai l'air d'un crétin – je m'arrête dans cette partie élargie du canyon pour prendre une photo de mon ombre avec la plume. Sans casser mon rythme, je détache la ceinture de mon sac à dos, je le fais basculer de mes épaules sur ma poitrine et je trifouille mon lecteur CD, dans la poche extérieure en filet, pour le mettre en marche. Les acclamations laissent place à une lente intro de guitare, puis les paroles commencent.

How is it I never see/ the waves that bring her words to me ?
Pourquoi je ne vois jamais/ les vagues qui me rapporteraient ses mots ?

J'écoute le concert des Phish, auquel j'ai assisté le 15 février à Las Vegas. Après avoir été absorbé un moment par la musique, me voilà tout souriant, heureux. C'est tout ce que j'aime. De la bonne musique, une solitude totale, de grandes étendues sauvages, la tête vide. Cette sensation revigorante de me promener tout seul, à mon propre rythme, me libère l'esprit. Un bonheur sans fondement – la simple sensation d'être heureux parce que l'on est heureux – voilà pourquoi je prodigue une telle énergie : avoir du temps à moi, et à moi seul. Sentir mon corps en harmonie avec ma tête me ressource. Parfois, quand je m'emballe un peu trop sur ce sujet, je pense que la randonnée en solitaire est ma méthode personnelle pour atteindre un état transcendant, comme une sorte de méditation en mouvement. Je ne parviens jamais à « cet état » lorsque je médite assis. L'effet ne se produit que quand je marche seul. Malheureusement, comme à chaque fois, dès que je me rends compte que j'en suis « arrivé là », la sensation s'estompe, les pensées reviennent au galop, la transcendance s'évanouit. Je suis prêt à beaucoup d'efforts pour obtenir cette impression de bonheur complet, mais, dès que j'en suis conscient, mon jugement intellectuel prend la place de la sensation elle-même. Même si elle est éphémère, cette expérience de bien-être total qui accompagne la marche stimule mon énergie vitale pour des heures, sinon des journées entières.

Il est maintenant 14 h 15. Entre le soleil et les fines couches de stratus, la température a atteint son point d'équilibre. Dans les sections ouvertes du canyon, elle est de quinze degrés supérieure à celle atteinte au fond des gorges étroites. Le ciel est parsemé de cumulus parfaits qui semblent de grands navires à la dérive. Pas un centimètre carré d'ombre. Sur ma droite s'ouvre un large arroyo jaune ; je vérifie sur ma carte. C'est bien l'East Fork. Kristi et Megan ont donc choisi la bonne route pour rentrer ; elles ont tourné là où il fallait et sont sorties par la West Fork. Le choix semblait alors aller de soi. Mais il ne faut pas croire : dans ce pays isolé, toute décision, même évidente, doit être vérifiée.

S'orienter au fond d'un canyon étroit peut s'avérer complexe. Parfois, je suis tenté de croire que c'est facile, qu'il suffit juste de continuer tout droit. Avec des parois hautes de cent mètres de chaque côté et environ un mètre cinquante d'espace de part et d'autre, on pense a priori qu'il est impossible de s'égarer au fond d'un canyon, comme il m'arrive parfois de me perdre sur une piste en montagne.

Je me rappelle pourtant une excursion de soixante kilomètres en solo dans le Paria Canyon qui me fit prendre conscience de la difficulté. Arrivé à un tiers du parcours, j'avais complètement perdu le sens de l'orientation. Je dus marcher pendant près de huit kilomètres en aval pour trouver un repère qui indiquait ma position exacte sur la carte. La situation devenait critique parce qu'il me fallait absolument trouver la piste de sortie avant la tombée de la nuit. Lorsqu'on cherche une voie de passage, une dérive de cinquante mètres peut vous masquer la sortie. Donc, maintenant, je vérifie toujours tout sur mon plan. Si je me dirige correctement dans un canyon, je consulte ma carte encore plus souvent qu'en montagne, peut-être tous les deux cents mètres.

If we could see the many waves/ that float through clouds and sunken caves,/ she'd sense at least the words that sought her/ on the wind and under water.

Si on pouvait voir les nombreuses vagues/ qui flottent à travers les nuages et les cavernes,/ elle sentirait au moins les mots qui la cherchaient/dans le vent et sous les eaux.

La musique devient presque atonale, douce mais comme irréelle autour de moi. À ce moment, je dépasse un autre embranchement qui vient de la droite. Je regarde sur ma carte : l'arroyo semble correspondre à ce que Kelsey, dans son guide, a surnommé la Little East Fork, débouchant sur une sorte de plateau baptisé par lui Goat Park. Je n'ai pas de carte topographique pour comparer, mais je suis certain que ce nom ne figure pas sur les relevés des Services officiels de géologie. Kelsey trace ses plans à la main, en ajoutant toute une série d'indications à l'attention des randonneurs de canyons. Tout est précis et très exact. Les renseignements les plus importants dépassent largement ceux des cartes topographiques. Kelsey mentionne les sites de rappel, les gouffres impraticables, comme celui que j'ai indiqué à Kristi dans le Neon Canyon.

Les reliefs tabulaires et les hauts plateaux envahis de genièvre de Goat Park, à ma droite, couvrent la Carmel Formation, un relief géologique vieux de cent soixante-dix millions d'années – un capstone en déclivité formé de strates alternées de limon rouge et brun, de calcaire et d'un dépôt de schiste. Le capstone résiste mieux à l'érosion que les grès Navajo déposés par le vent qui forment les falaises rougeâtres des gorges de canyon. À certains endroits, les différences d'érosion font surgir des sortes de tours rocheuses isolées et des excroissances en forme de tipis. Les parties hautes des escarpements des canyons sont ponctuées de grandes dunes de roches colorées. Ces textures juxtaposées, ces couleurs et les formes des couches de roc Navajo et Carmel témoignent des forces géologiques polarisées qui les ont pétries – la mer du jurassique antérieur et le désert de la fin du trias. Déposés par une grande mer, les sédiments ressemblent à de la boue solidifiée qui vient juste de sécher. En revanche, les motifs croisés du grès Navajo révèlent leur origine : des dunes de sable ayant glissé – une couche de cinq mètres dans les escarpements comporte des lignes penchées vers la droite, la couche suivante s'oriente au contraire vers la gauche et, au-dessus, les lignes de stratification sont parfaitement horizontales. À plusieurs reprises, au cours de millions d'années, les dunes ont changé de forme sous la poussée des vents dominants qui soufflaient sur ce désert de type saharien, vide de toute végétation. Les grandes formes de grès, selon qu'elles ont été modelées par le vent ou par l'eau, prennent l'apparence de dômes de sable sculptés par le vent ou de falaises polies. Ce paysage d'une beauté à couper le souffle me rend euphorique.

J'estime que la distance qui me reste à couvrir avant d'atteindre l'étroite gorge où se trouve le rappel Big Drop de plus de vingt mètres est d'environ huit cents mètres. Ce goulot de deux cents mètres de long marquera le mi-parcours de ma randonnée dans le Blue John et le Horseshoe Canyon. Je me trouve à environ onze kilomètres du lieu où j'ai laissé mon vélo et il me reste un peu plus de douze kilomètres à parcourir avant de retrouver mon pick-up. Lorsque j'aurai rejoint la partie étroite de la gorge, il me faudra effectuer une série de courtes descentes techniques, passer sur ou sous une série de gros blocs de pierre, puis je devrai m'engouffrer dans cent vingt-cinq mètres de goulot très étroit, dont certains tronçons font moins de quarante-cinq centimètres de large. Après cela, j'arriverai à la plate-forme où se trouvent deux pitons qui servent d'ancrage pour la descente en rappel du Big Drop. Les chevilles de rappel sont en général à expansion, longues de sept centimètres et demi et d'un diamètre de dix millimètres, enfoncées dans des trous percés à la main ou à la perceuse sans fil. Elles retiennent une plaquette métallique circulaire en forme de L, nommée amarrage. Ces amarrages comportent deux trous : l'un dans la section la plus large pour le passage de la cheville qui les maintient contre la paroi rocheuse, l'autre sur la partie repliée dans lequel on fixe un mousqueton, une chaîne ou une petite longueur de corde. Lorsqu'un amarrage est installé correctement sur du roc solide, on peut y suspendre plusieurs tonnes sans inquiétude, mais, dans ces ravins de canyon, la pierre se décompose souvent autour des percements à cause des crues fréquentes qui les inondent. Il est alors rassurant de disposer d'un double amarrage utilisé en tandem au cas où l'un d'eux viendrait à céder.

J'ai avec moi ma corde d'escalade, mon harnais, le système d'assurage et des sangles, juste pour le rappel. Je dispose aussi de ma lampe frontale pour éclairer les crevasses et vérifier qu'il n'y a pas de serpents avant d'y poser les mains. Je pense déjà à la balade qui va suivre le rappel ; en particulier la Great Gallery. Je suis curieux de voir ce que le guide de Kelsey décrit comme les plus belles peintures rupestres de tout le plateau du Colorado, en plus, dans le style Barrier Creek, le plus beau du monde, paraît-il.

Gold in my hair,/ in a country pool./Standing and waving,/ the rain, wind on the runway.

De l'or dans les cheveux/dans un lac de campagne./Un grand salut/la pluie, le vent sur la route.

Me voilà de nouveau envoûté par la musique. Je remarque à peine que les parois du canyon se resserrent. L'entrée du goulot me rappelle plus la contre-allée d'un entrepôt que les gratte-ciel du passage précédent. Un riff de guitare résonne dans mes écouteurs ; ma démarche devient conquérante, et je lève le poing droit en signe de triomphe. Puis j'atteins la première chute du canyon, une sorte de cascade asséchée. Une strate plus dure dans le grès a résisté à l'érosion due à l'écoulement des eaux et cet aggloméré sombre forme un surplomb. Depuis le rebord où je me tiens, je vois le fond du canyon trois mètres plus bas. Mais six mètres plus loin, en aval du canyon, j'aperçois, coincée entre les parois, une grosse branche en forme de S qui m'assurerait une descente plus facile si je pouvais y accéder. En fait, elle me semble plus difficile à approcher en marchant sur la mince plate-forme en pente d'aggloméré, à ma droite ; il me paraît plus simple de descendre les trois mètres jusqu'au fond du canyon en passant le rebord, juste devant moi.

Je me sers de quelques solides entailles dans le roc, à ma gauche, pour m'accrocher et passer le surplomb, en m'agrippant aux *huecos* – des cavités creusées par l'eau sur la paroi – comme à des anses de cruche. En extension maximale, mes jambes pendent à près d'un mètre du sol. Je lâche prise et me laisse tomber du rebord. J'atterris dans une baignoire sableuse, un peu plus profonde que les abords à force d'avoir été creusée par l'eau. Mes pieds touchent la boue séchée craquelée comme du plâtre ; je m'enfonce jusqu'à la cheville dans les plaquettes poudreuses. Ce n'est pas une manœuvre difficile, mais impossible maintenant de remonter sur le surplomb en me hissant ; je n'ai plus qu'à continuer, quoi qu'il arrive ; pas de retour en arrière possible.

Une nouvelle chanson vient de commencer au moment où je passe sous la grosse branche en S. Le canyon est maintenant profond de dix mètres.

I fear I never told you the story of the ghost/ that I once knew and talked to ; of whom I never boast.

Je ne t'ai encore jamais raconté l'histoire du fantôme/ que j'ai bien connu autrefois, ce dont je ne me vante jamais.

Le bleu du ciel est toujours visible par cette crevasse de trois mètres de large qui déchire la surface de la terre. Sur mon chemin, j'ai maintenant deux rochers de la taille d'une camionnette – des blocs coincés entre les parois du canyon – à quelques dizaines de mètres d'intervalle. Le premier se maintient à trente centimètres au-dessus du fond sableux du canyon, le suivant bloque totalement le corridor. J'escalade ces deux obstacles. Le canyon se rétrécit toujours. Un mètre vingt de large avec un parcours de plus en plus sinueux. Je dois suivre le lit asséché : à gauche, à droite, un petit passage linéaire, puis de nouveau à gauche, et à droite. La gorge est de plus en plus profonde.

Les courants puissants ont détaché des éboulis de la taille d'un ballon et coincé des troncs d'arbres à dix mètres au-dessus de moi. Ces ravins escarpés sont périlleux en cas d'orage. Parfois, le ciel semble dégagé, mais une averse un peu plus haut, du côté de la ligne de partage des eaux, même à quinze, vingt kilomètres, peut emporter et noyer des randonneurs imprudents, le sol ne pouvant absorber les trombes d'eau. Alors que dans l'est des États-Unis, il faut souvent des jours ou même des semaines avant que les sols soient saturés et que les inondations se produisent, dans ce désert, la terre cuite par le soleil se comporte un peu comme un toit de tuiles : quelques centimètres de pluie lors d'un violent orage peuvent provoquer une crue brutale. Les ruisseaux, en provenance des drainages convergents, s'additionnent et l'on atteint vite les trente centimètres d'eau dans un canyon de douze mètres de large. La même quantité se mue en un torrent dévastateur quand les parois se resserrent et que le canyon n'a plus qu'un mètre de large. Dans ces espaces confinés, la crue devient vite un tumultueux chaos : le torrent charrie de la boue, des détritus. Il est alors capable de déplacer des blocs de pierre, de sculpter les canyons, de coincer des débris dans les engorgements, et de tuer tout imprudent qui n'a pas eu le temps de grimper se mettre à l'abri.

Dans cette section sinueuse de l'étroit canyon, des résidus de limon de la dernière crue couvrent les parois rocheuses jusqu'à une hauteur de près de quatre mètres au-dessus du lit sableux. Des années d'érosion ont marqué les strates roses et pourpres de la roche dont les ondulations déforment les lignes régulières.

Mon attention se porte sur un point où les parois opposées semblent plonger l'une sur l'autre au passage d'un méandre en épingle à cheveux. Je m'arrête pour prendre quelques photos. En regardant l'image sur l'écran de mon appareil numérique, je constate que l'heure estampillée dans le coin de l'image est en retard d'une minute sur ma montre ; je lis sur l'écran 14 h 41, samedi, 26 avril 2003.

Je passe l'appareil de mon copain Joe autour de mon cou (j'ai perdu le mien – un modèle identique – lors d'une avalanche il y a deux mois). Je balance la tête au rythme de la musique et reprends la marche, pour rencontrer, vingt mètres plus loin, une série de trois gros éboulis que j'escalade. Mais j'en compte encore cinq devant moi, tous de la taille d'un réfrigérateur, coincés à des hauteurs variables au-dessus du lit du canyon : une vraie gageure. Il est étonnant de tomber sur autant d'éboulis espacés aussi régulièrement. Je n'ai que soixante centimètres pour passer sous la première pierre, je dois ramper à plat ventre pour y parvenir – je n'ai jamais eu à descendre si bas dans un canyon ! Mais je n'ai pas le choix. Le caillou suivant s'est arrêté un peu plus haut. Je me redresse et me nettoie un peu, avant de me baisser à nouveau et de pencher la tête pour passer sous le second obstacle de ce groupe de rochers qui me narguent. Un passage à quatre pattes, puis encore quelques courbettes et me voilà de l'autre côté de cette suite singulière.

Je suis maintenant arrêté par une brusque dénivellation. Celle-ci doit atteindre les quatre mètres de haut ; un peu plus élevée que celle que j'ai passée il y a dix minutes, et présentant une topographie différente. Encore un gros éboulis de la taille d'un réfrigérateur, coincé entre les parois, bloquant la voie à la même hauteur que la corniche où je me trouve. Il transforme la dénivellation en une sorte de petit tunnel étranglé. Ici, au lieu de s'élargir après la chute, ou de former une marmite au fond du canyon, la voie se resserre immédiatement, dès la corniche. Dans les passages étroits comme celui-ci, il est possible de se mettre en travers, les pieds poussant sur une paroi, le dos appuyé contre l'autre. En contrôlant la pression qui retient le corps et en synchronisant l'appui sur les mains et les pieds, on peut grimper ou descendre le long de la crevasse assez facilement tant que la pression du contact des pieds, des mains et du dos reste suffisante. On appelle cette technique la « cheminée », ou le « ramonage », car on s'imagine monter ou descendre à l'intérieur d'une cheminée comme un ramoneur.

Juste au-dessous de la corniche où je me tiens, j'avise un deuxième bloc d'éboulis aussi gros qu'un pneu de camion, bien calé entre les parois, à moins d'un mètre du rebord. Si je peux m'y poser, il me restera moins de trois mètres à descendre, ce sera plus facile que mon premier saut. Je me suspendrai à la grosse pierre et je me laisserai glisser sur les galets qui gisent au fond du canyon. Je me mets en travers du canyon, un pied et une main de chaque côté pour atteindre le rocher. Mon dos s'appuie sur la face sud et, en bloquant mon genou gauche, je maintiens en force mon pied sur la face nord. En déplaçant mon pied droit avec précaution, je tape contre le rocher pour voir s'il est bien bloqué. Oui, il est suffisamment maintenu pour supporter mon poids. Je descends en cheminée et me pose sur l'éboulis. Il tient, mais vacille un petit peu. Après m'être assuré que je ne descendrai pas en cheminée du haut de mon rocher, je m'accroupis et j'attrape l'arrière de la roche en me retournant face contre la pierre. En glissant mon ventre le long de la partie frontale, je peux finalement me laisser descendre et rester ainsi en suspens, bras tendus, comme si j'allais lâcher la gouttière d'un toit.

Pendant que je me balance dans cette position, je sens la pierre bouger sous le poids de mon corps et j'entends un raclement suspect. Le caillou a un soubresaut au moment où la masse de mon corps génère une force suffisante pour le faire basculer de sa position. D'instinct, je lâche prise pour me laisser rouler sur les galets, au fond du canyon. Un coup d'œil en l'air et je vois à contre-jour la grosse pierre : elle remplit le ciel, elle va me tomber sur la tête. Dans la panique, je me protège le crâne avec mes deux mains. Impossible de reculer, je risque de basculer en arrière. Mon seul espoir est de repousser la pierre en pleine chute pour dégager ma tête de sa trajectoire.

Les trois secondes qui suivent durent une éternité. Le temps se dilate, comme dans un mauvais rêve. Mes réactions sont engourdies. Comme dans un film au ralenti, le bloc de pierre écrase ma main gauche contre la paroi ; mes yeux perçoivent la collision et je retire d'un geste sec mon bras pendant que le rocher ricoche contre les parois de cet espace confiné ; il m'écrase ensuite la main droite et emprisonne mon bras droit au niveau du poignet, la paume coincée, pouce ouvert, doigts tendus ; la pierre continue sur sa lancée pendant environ trente centimètres en entraînant mon bras, écorchant toute la peau de mon avant-bras. Puis plus rien, silence.

Paralysé de stupeur, je regarde mon bras. Il a disparu dans un interstice incroyablement petit, entre la paroi du canyon et le rocher qui vient de tomber. Il ne faut pas longtemps pour que mon système nerveux réagisse à la douleur. Bon Dieu, ma main ! Je suis pris de panique, je grimace, je jure :

– Putain de merde !

Je tente de me ressaisir, je commande à mon corps :

– Sors ta main de là !

Par trois fois, je tire d'un coup sec sur mon bras pour tenter de le dégager, en vain. Je suis coincé, et bien coincé.

Me voici envahi par l'anxiété ; une douleur épouvantable remonte de mon poignet pour irradier dans tout mon bras. Je deviens hystérique. Je hurle :

– Bordel de merde ! Putain de merde !

Un fait divers me revient en mémoire : une mère dopée à l'adrénaline soulève une voiture renversée pour dégager son bébé. Je serais prêt à parier que je l'ai inventée de toutes pièces, cette histoire, mais je sais une chose : à ce point, mon corps est en ébullition, et je dois miser sur la force brute. Je pousse l'énorme rocher en m'appuyant dessus, j'utilise ma main gauche, je tente de soulever la pierre avec mes genoux. Grâce à une aspérité, juste devant mes pieds, je dispose d'un bon levier. J'arc-boute mes cuisses sous le rocher et pousse de toutes mes forces vers le haut à plusieurs reprises.

– Allez ! Bouge !

Rien.

Je reprends mon souffle avant d'affronter à nouveau l'inertie du rocher. Toujours rien. Je repositionne mes pieds. Cherchant une meilleure prise à la base du rocher, je place ma main gauche tournée vers le haut sur une excroissance. J'inspire un bon coup et force de tout mon poids sur la grosse pierre. Je pousse plus fort que lors de mes précédentes tentatives. Avec l'intensité de l'effort, j'expire bruyamment. Ce qui masque le petit bruit creux du rocher qui remue à peine. Le mouvement a été imperceptible ; il ne fait qu'accentuer ma douleur, qui était déjà insupportable.

– Ah ! Merde !

J'ai déplacé le rocher d'à peine un centimètre : il m'écrase encore plus le poignet. Cette pierre pèse beaucoup plus lourd que moi, d'où l'énergie que j'ai dû déployer pour la faire bouger. Maintenant, je n'ai plus qu'une envie, la remettre comme elle était. Je reprends ma position et je tire le haut du roc avec ma main gauche. Il bouge. Il s'est repositionné comme précédemment. La douleur s'estompe un peu. Mais, dans l'action, j'ai lacéré ma peau et luxé mon quadriceps, au-dessus du genou. Je transpire comme un bœuf. De la main gauche, je relève ma manche droite, avec laquelle je m'essuie le front. Je suis haletant. Il faut que je boive quelque chose. Mais quand j'aspire dans le tuyau de ma gourde, plus rien. La réserve de ma poche souple est vide.

Il me reste un litre d'eau dans une bouteille en Lexan rangée dans mon sac à dos, mais il me faut quelques secondes pour comprendre que je ne peux plus enlever la bretelle droite, puisque mon bras est coincé. J'enlève l'appareil de Joe et le pose sur le rocher. Je dégage la bretelle de mon épaule gauche, je desserre l'attache de la bretelle droite pour élargir le passage et je passe ma tête dans la boucle pour laisser passer mon torse. Le poids de mon équipement de rappel, de la caméra et de la bouteille d'eau fait glisser le sac au sol et je dégage mes deux pieds de la bretelle. J'extrais la gourde du fond de mon barda, dévisse le bouchon et, sans réfléchir, j'avale trois longues gorgées. Je m'arrête pour respirer. Et c'est là que je perçois les conséquences de ma précipitation : en cinq secondes, j'ai consommé le tiers de ma réserve.

– Mais imbécile, ferme ça et range-le ! L'eau, c'est fini pour l'instant.

Je revisse le bouchon, dépose la gourde dans le sac posé à mes pieds et inspire lentement. Trois fois.

– Bon, du calme. Ce n'est pas l'adrénaline qui va me sortir de là. Réfléchissons. Qu'est-ce qu'on peut faire ?

Incroyable ! Une demi-heure a passé depuis l'accident. Il est temps d'examiner objectivement la situation, inutile de m'escrimer à gaspiller mes forces. J'essaie de contrôler mon énergie. Rien ne va se résoudre en quelques instants. Il faut réfléchir ; et, d'abord, retrouver mon calme.

La première chose à faire est d'examiner l'endroit où le rocher a piégé mon poignet. La pierre se trouve bien coincée par la gravité et le frottement. Elle est suspendue à environ un mètre vingt au-dessus du fond du canyon, bloquée dans cette nouvelle position par quelques aspérités. Les parois retiennent le rocher en trois points. Côté aval du canyon, ma main et mon poignet constituent un quatrième point d'appui, là où ils sont enserrés par la pression de cette monstrueuse poigne de pierre. Je dis à voix haute :

– Ma main n'est pas juste coincée, en fait, c'est elle qui empêche le bloc de toucher la paroi. Bordel ! Je suis fait comme un rat.

Je tâte ce qui dépasse de ma main droite, coincée contre le mur nord du canyon. En pressant dans le minuscule interstice, je touche mon pouce, qui est devenu tout gris. Il semble étrangement penché, dans une position pas du tout naturelle. Je le redresse en le prenant entre le majeur et l'index gauche. Je ne sens plus rien du tout à la main droite. J'accepte la situation avec le détachement d'un médecin établissant son diagnostic au chevet d'un blessé. Cette objectivité clinique me calme. Comme ma main est insensible, je n'ai plus l'impression que c'est la mienne. En fait je ne sens rien au-delà de mon poignet, là où le rocher l'emprisonne. D'après ce que j'ai pu constater, d'une part à cause de l'absence de bruit d'os brisé au moment de l'accident, et d'autre part au toucher quand je la palpe avec mes doigts gauches, je n'ai probablement aucune fracture importante. Cependant, la nature de l'accident ne laisse aucun doute : les tissus doivent être fortement traumatisés et les petits os de la main en bouillie. Mauvais point.

En inspectant le dessous du rocher, j'arrive à toucher le petit doigt de ma main droite et, sentir sa position avec mon autre main. Il est replié dans la paume, comme quand on serre le poing ; mes muscles semblent être en état de contraction forcée.

Impossible de détendre ma main ou d'étendre aucun de mes doigts. Je tente de les remuer un par un. Aucun mouvement. J'essaie alors de serrer le poing, mais là encore rien ne se produit. Deuxième mauvais point.

Plus près de ma poitrine, le long de la paroi, en passant par-dessous avec l'index gauche, je n'arrive même pas à toucher mon poignet. Je parviens à peine à introduire mon petit doigt dans l'interstice entre le rocher et la paroi. J'effleure mon bras coincé au niveau de l'os du poignet. Après ce petit sondage, je regarde mon poignet gauche et j'estime qu'il est épais de sept centimètres. Mon poignet droit est comprimé à environ un sixième de son épaisseur normale ! Pour un peu, la masse du rocher m'aurait complètement écrasé l'avant-bras. Si j'en juge par la pâleur de ma main et le fait que je ne perds pas de sang, il est probable que la circulation sanguine ne se fait plus dans la partie piégée de mon bras. Je n'ai aucune sensation, je ne peux plus bouger mes doigts, mais ce ne peut pas être une blessure à la moelle épinière. Je pense que mes terminaisons nerveuses sont probablement atteintes. Quelles que soient les blessures, ma main droite semble coupée du reste de mon corps. Troisième point négatif sur ma check-list médicale. Soudain révolté, je m'écrie :

– Comment cela a-t-il pu se produire ? Bon Dieu de merde ! Comment ai-je pu me laisser coincer la main par cette saloperie de rocher ? Mais regarde-moi ça ! Ta main est tout écrabouillée ; elle est en train de mourir et tu ne peux rien faire. Si tu ne rétablis pas la circulation sanguine dans les deux heures qui suivent, elle sera foutue.

« Non, ce n'est pas possible. Je vais m'en sortir. Si je n'arrive pas à me dégager, je vais perdre davantage que ma main. Il faut que je sorte d'ici.

La raison me donne une réponse, mais ce n'est pas la raison qui contrôle la situation, ici. L'adrénaline ne s'est pas encore dissipée.

– Coincé ! Je suis coincé et c'est un coup de malchance !

Je déteste le pessimisme, mais le démon perché sur mon épaule gauche sait trop bien qu'il doit encore se tenir à carreau. Ce petit salopard n'a pas tort : la situation n'est pas brillante. Mais le moment n'est pas encore venu d'abdiquer. Surtout, ne pas désespérer.

– Bon ! Ça suffit ! Ça ne sert à rien de se lamenter.

Mieux vaut passer en revue les possibilités. L'ange gardien, sur mon épaule droite, avance quelques arguments raisonnables : ce n'est pas ma main dont je dois m'inquiéter pour le moment. J'ai des soucis plus graves. S'angoisser pour un problème superficiel use de l'énergie. Pour l'instant, je dois rassembler tous les éléments. En prenant cette décision, j'ai le sentiment d'accepter finalement les conséquences de l'accident.

Je regarde autour de moi. À trente centimètres au-dessus du rocher, sur la paroi nord, j'aperçois des petites traces de chair, des poils, des taches de sang étalées sur le grès. En entraînant mon bras dans sa chute, la pierre et le grès Navajo ont fait office de râpe, écorchant la couche externe de l'épiderme en fines bandes. J'inspecte mon bras, vérifie s'il y a encore du sang, mais je ne vois rien, pas même une goutte.

En relevant la tête, après avoir inspecté l'état de mon bras, je cogne le rebord de ma casquette contre la pierre et mes lunettes de soleil tombent sur mon sac à dos posé à mes pieds. Je les ramasse et remarque que les verres ont été rayés. Quand je traversais la partie ensoleillée du canyon, il y a une demi-heure, elles étaient intactes. *On s'en fout*, me dis-je, ce qui ne m'empêche pas de les poser délicatement sur le dessus du rocher.

Mes écouteurs sont toujours autour de mon cou et, maintenant que je suis calmé, j'entends distinctement les exclamations du public. Le bruit s'évanouit, le lecteur s'arrête et le silence soudain me rappelle ma situation. Je suis prisonnier, dans le fond d'un canyon mal éclairé. Je ne peux pas bouger de plus de quelques centimètres. Pour ajouter à ces circonstances déjà difficiles, personne parmi ceux qui pourraient suspecter ma disparition ne sait exactement où je suis. J'ai transgressé la règle élémentaire des randonnées en pays sauvage en ne laissant pas derrière moi un itinéraire détaillé. Je suis à douze kilomètres de mon camion, tout seul dans un endroit très rarement fréquenté, sans aucun moyen de communication en dehors de la portée de ma voix, disons cinquante mètres.

Tout seul face à la mort.

Ma montre indique 15 h 28. Cela fait maintenant près de quarante-cinq minutes que le bloc de pierre m'a emprisonné le bras. Je fais l'inventaire de ce dont je dispose ici, dans le canyon. Je vide mon sac à dos élément par élément, avec ma main gauche. Dans le sac en plastique réservé à la nourriture, en dehors de l'emballage des plaques de chocolat et du sachet en papier de la boulangerie, il me reste deux burritos aux haricots, à peu près cinq cents calories au total. Dans la pochette externe en filet, mon lecteur CD, quelques disques, des piles de rechange, mon Caméscope mini-DV. Sont aussi rangés là mon outil Leatherman et ma lampe frontale ; je fouille dans les accessoires électroniques puis je sors mon outil multilames et la frontale que je pose sur le dessus du rocher, à côté de mes lunettes de soleil.

Je range l'appareil numérique de Joe dans le sac en tissu que je garde pour protéger le petit matériel de la poussière et je glisse le tout dans la poche en filet, avec le reste des gadgets. Mis à part la gourde en Lexan et mon container à eau vide, je n'ai plus dans mon sac que de l'équipement d'escalade : les soixante mètres de corde de 10,5 millimètres tressée vert et jaune roulés dans leur sac spécial noir, mon harnais de grimpe et la petite pochette de matériel que j'ai apportée pour exécuter le rappel du Big Drop – environ six mètres de sangle tubulaire de 25 millimètres jaune fluo, deux anneaux de sangle violette de 12 millimètres, les accessoires d'arrimage, deux mousquetons à verrouillage auto, trois mousquetons simples et ma daisy-chain rouge qui constitue une petite échelle en sangle. Je sors le sac à corde et le laisse tomber sur le rebord, juste devant mes tibias, constituant ainsi un capitonnage de fortune qui va me servir d'appui pour reposer brièvement mes jambes. En fait, je suis coincé dans une position qui n'est pas trop inconfortable, c'est déjà ça. En revanche, mes jambes seront vite fatiguées car je ne peux pas m'asseoir.

Maintenant que j'ai inventorié mon approvisionnement, il est temps de passer en revue tous les moyens possibles de sortir de ce trou. Les idées optimistes me viennent en premier. Elles relèvent plus du désir que de la réalité. D'autres randonneurs vont passer par cette partie du canyon. Ils pourraient m'aider à me dégager, ou au moins me laisser des vêtements, de la nourriture et de l'eau avant d'aller chercher des secours. Megan et Kristi vont penser que j'ai un problème quand elles ne me verront pas apparaître au rendez-vous de ce soir. Peut-être iront-elles voir si mon camion est toujours là et le signaleront-elles à la sécurité du parc ? Mes potes, Brad et Leah, auront la même idée quand ils ne me verront pas à la grande fête « Scooby-Doo », cette nuit. En fait, ils ne m'attendent pas vraiment puisque je ne leur ai pas téléphoné de Moab hier. Demain, dimanche, ce sera toujours le plein week-end. Quelqu'un s'aventurera-t-il dans les parages ? Si je ne suis pas de retour lundi soir, mes colocataires se demanderont pourquoi, c'est certain – peut-être qu'ils appelleront la police. Sinon, mon patron, à la boutique, préviendra ma mère si je ne me présente pas au boulot mardi matin. Il leur faudra certainement quelque temps pour savoir où je suis allé, mais les recherches pourraient commencer mercredi et, s'ils repèrent mon camion, ils seront vite ici.

Le plus gros obstacle à ce scénario de sauvetage est l'eau : je n'en ai pas assez pour attendre aussi longtemps. Il ne me reste que soixante centilitres, après mon ingestion inconsidérée, il y a quelques minutes. Le temps de survie moyen sans eau, dans le désert, se situe entre deux et trois jours, quelquefois même un seul si on se fatigue par quarante degrés au soleil. J'estime que je peux tenir jusqu'à lundi soir. Si des secours arrivent avant, ce sera un coup de chance : un improbable randonneur qui tombera sur moi, et non pas une opération organisée par des services de sauvetage. En clair, l'espoir d'être secouru apparaît tout aussi aléatoire que de gagner au Loto.

Par nature, je suis un impatient ; quand je me trouve obligé d'attendre, je dois absolument trouver une occupation pour faire passer le temps. D'accord, je l'admets, je fais partie de la génération de la consommation immédiate. À moins que mon imagination n'ait été stimulée par un abus de télévision. Je ne tiens pas en place. Dans la situation présente, c'est peut-être une bonne chose. J'ai un problème à résoudre : me sortir de là. Et je vais consacrer toute mon énergie intellectuelle à trouver une solution pour me tirer de ce piège. Déjà, j'élimine quelques idées stupides (comme ouvrir mes piles sur le roc en espérant que l'acide qui en sortira attaquera la pierre sans bien sûr toucher mon bras). Je classe les autres options par ordre de préférence : creuser tout autour de ma main avec mon outil multilames ; trouver un ancrage au-dessus de moi et encorder le rocher pour le soulever et dégager mon poignet ; ou, dernière extrémité, m'amputer le bras. Très vite, je conclus qu'aucune de ces solutions n'est la bonne. Je n'ai pas les outils nécessaires pour gratter le roc. Je n'ai pas la puissance de levage suffisante pour soulever cette saloperie de bloc, même avec des poulies. Et si cela semble la seule option viable, je n'ai ni le matériel, ni le savoir-faire et encore moins la force de caractère pour couper moi-même ma propre chair.

Pour retarder le moment où il faudra envisager sérieusement l'amputation, je décide d'opter pour une solution plus acceptable. Je vais tâcher d'entailler le roc autour de ma main bloquée. J'attrape mon couteau Leatherman que j'ai posé sur le rocher. Je sors la plus longue des deux lames. J'avais emporté cet outil pour couper une longueur de sangle au cas où j'aurais dû installer un ancrage dans le rappel du Big Drop, qui fait plus de vingt mètres de dénivellation. Je me félicite d'avoir pensé à le joindre au matériel de grimpe.

Je choisis un endroit facilement accessible, juste devant ma poitrine, à quelques centimètres de mon poignet enserré, et trace une ligne avec la pointe de la lame. Si je réussis à enlever la roche au-dessous de cette marque sur environ quinze centimètres, ma main sera libérée. Mais il faut dégager une épaisseur de sept centimètres de pierre à certains endroits. Un sacré paquet de roche, d'autant que ce grès est particulièrement dur.

Ma première tentative qui consiste à tenter de scier le long de la ligne tracée n'entame même pas la roche. J'essaie encore une fois, en appuyant plus fort sur le manche de l'outil. Je change de prise ; je le tiens à la façon d'un poignard, style Norman Bates, l'assassin de *Psychose*, et je frappe sur le caillou au même endroit. Rien. Je cherche une faille dans la roche, une faiblesse que je pourrais exploiter, mais je ne vois rien. Même quand je repère une petite aspérité cristalline, juste au-dessus du poignet, dont je pourrais peut-être casser un morceau, je me rends compte qu'il faudra des heures de travail avant de pouvoir enlever cette petite parcelle.

À bout de nerfs, je frappe la roche avec ma main, le couteau toujours serré dans mon poing, et je hurle :

– Mais pourquoi ce grès est-il si dur ? Chaque fois que j'ai fait de l'escalade sur une formation de grès, j'avais l'impression d'agripper des appuis qui me restaient entre les mains et voilà qu'ici impossible d'entamer cette pierre.

Ah ! les parois ! Elles semblent être d'une roche beaucoup plus tendre. Je tente une petite expérience : tenant mon couteau comme un stylo, je trace un G majuscule sur la paroi nord, à trente centimètres au-dessus de mon bras droit. Lentement, je grave des lettres en minuscules, « g-e-o-l-o-g-i-q-u-e ». Puis je fais une petite pause pour mesurer l'espace et placer le reste des lettres dans ma tête. En moins de cinq minutes, j'ai écrit trois mots de plus et je retouche les « e ». Je peux enfin lire la phrase : « Le temps géologique, c'est aussi maintenant ».

Je viens de graver une citation de Gerry Roach, auteur de guides incontournables sur le Colorado, extraite de la liste des « Commandements de la Montagne ». Une façon élégante de dire : « Faites attention aux éboulis ». Comme la plupart des gens qui vivent sur des failles tectoniques le savent, le processus de formation de la croûte terrestre est constant. Les failles travaillent et font trembler la terre ; les volcans éteints depuis des siècles se réveillent et explosent ; les flancs de montagne se transforment en boue et s'affaissent. J'ai eu beau voir des glissements de terrain au bord des rivières, des glaciers bouger et provoquer des avalanches monstrueuses, des rochers dévaler brusquement de leurs perchoirs, je ne m'attendais pas à subir directement et de plein fouet l'action du temps géologique.

Je me souviens de randonnées avec mon copain Mark au milieu d'un paysage rocailleux. Il y avait un rocher particulièrement énorme – gros comme une maison – et l'on s'était dit : « Regarde ! Tu as vu la taille de celui-là ! » On avait ensuite imaginé le spectacle si un bloc de cette taille se détachait d'une falaise à trois cents mètres en surplomb. Dans notre esprit, les éclats ricochaient, le morceau de pierre s'écrasait avec une force apocalyptique.

Les escarpements ne se forment pas au milieu de la nuit, à l'insu de tous. Les commandements de Gerry Roach rappellent aux amateurs d'escalade que les éboulis se détachent sans arrêt. Parfois, les rochers tombent tout seuls ; parfois, des hommes provoquent leur chute. Parfois, ils se détachent quand on est tellement loin qu'on ne peut même pas les voir, mais on les entend. Parfois, ils vous tombent dessus quand vous ou votre partenaire vous trouvez juste dessous. Il arrive qu'un caillou s'arrache alors qu'on l'a tout juste effleuré. Parfois aussi, ils vous tombent dessus quand vous les avez utilisés comme plate-forme pour une manœuvre délicate. Vous prenez appui et ils se mettent à bouger... Juste au moment où votre tête est dans leur trajectoire. Alors, vous levez les mains pour vous protéger...

Cela arrive rarement, mais cela arrive. La preuve, ce bloc qui m'emprisonne le poignet.

Ce bloc n'est pas seulement tombé, il m'a immobilisé le bras de manière irréversible. Je suis abasourdi : comme si un piège de chasseur, placé là exprès, attendait ma venue. Cette randonnée se présentait comme un parcours facile, quasiment sans risques, bien en deçà de mes capacités de grimpeur. Je ne tentais pas d'escalader un haut sommet en plein hiver – je voulais juste prendre des petites vacances. Pourquoi la pierre n'a-t-elle pas été délogée par la personne passée juste avant moi ? Comment se fait-il que ce rocher, installé là depuis des centaines, voire des milliers d'années, se soit débloqué au moment précis – une fraction de secondes, un battement de cils – où ma main s'est trouvée sur son passage ?

2

Débuts

La montagne est un moyen, l'Homme est la fin. Le but n'est pas d'atteindre les sommets, mais d'améliorer l'Homme.

Walter BONATTI, alpiniste italien

En août 1987, mes parents se préparaient à déménager d'Indianapolis, Indiana, pour le Colorado où nous menait la carrière de mon père. Comme pour tout gamin de douze ans, la perspective d'un nouvel environnement m'angoissait. Lors d'une visite chez des amis dans l'Ohio, au mois de juillet, j'avais trouvé une encyclopédie et m'étais plongé dans l'étude de notre prochain lieu d'habitation. À l'époque, j'avais rarement dépassé la rive du Mississippi. Face à ce déménagement imminent vers l'ouest, je voulais savoir ce qui m'attendait là-bas. Je l'admets volontiers, j'avais mes préjugés – j'imaginais dans ma tête des cavaliers, des skieurs et tellement de neige que l'État en était couvert toute l'année.

Ce que je découvris dans le livre confirma mes craintes, j'étais terrifié. Je me souviens d'une photo du Pikes Peak, dont la vue avait inspiré la chanson *America the Beautiful*, selon la légende. À mes yeux de gamin de douze ans, cette montagne paraissait si haute que les arbres ne poussaient plus des milliers de mètres au-dessous du sommet ; la pointe en dent de scie représentait pour moi la caricature de la Nature féroce. Je ne savais pas alors qu'une voie ferrée et même une route menaient au sommet, avec un parking, un restaurant et une boutique de souvenirs. À ce stade de ma vie, les grands espaces étaient limités aux bois derrière chez nous, aux courses à vélo dans le champ derrière la maison de mon copain Chris Landis et à l'Eagle Creek Reservoir, autour d'Indianapolis. Dans mon petit monde, les grands espaces ne comprenaient pas de montagnes. Et certainement pas des chaînes dont le point culminant atteignait 4 300 mètres. Tout cela m'intimidait ; je tournai la page.

Les images représentaient des gens skiant sur des pentes incroyables, si abruptes qu'ils descendaient à des vitesses faramineuses. Moi qui avais traîné mon skate sur tous les trottoirs, les fossés et les rues de notre quartier d'Indianapolis, moi qui n'avais pas hésité à me risquer dans la descente d'une colline assez impressionnante du quartier voisin, au nord de chez nous, je pouvais racler la chaussée avec ma chaussure pour freiner. Mais comment faisaient-ils, eux, pour s'arrêter sur des skis ?

Fasciné, je passai à la page suivante ; cette dernière photo me donnait froid dans le dos. Elle représentait un groupe de skieurs traversant les rues de Denver après un orage d'hiver. Pas un véhicule dans les rues, seulement des files de gens sur leurs skis. Horrifié, je fermai le bouquin brusquement. Pour un gamin né dans l'Ohio, mais ayant passé son enfance dans l'Indiana, élevé dans le culte de la Sainte-Trinité du basket, encore du basket et des courses de voitures Indy, le ski, même sur terrain plat, était aussi exotique qu'une balade à dos de chameau.

Je commençai à me construire tout un monde de cet endroit où mes parents nous emmenaient. Je voyais le Colorado comme une région où il n'y avait que des skieurs, avec un paysage sillonné de pistes de ski, la vie sociale rythmée par la capacité de chacun à bien skier. Comment m'intégrer si je ne savais pas skier ? Je pleurais tous les soirs au fond de mon lit après avoir parcouru les pages de ce livre. Mes copains, bien qu'un peu tristes de me voir partir, étaient tout excités : j'avais une sacrée chance de m'installer dans le Colorado. Ils me disaient tous que ce serait génial de pouvoir aller skier. Ils ne se rendaient pas compte que c'était justement ça qui me terrifiait. Un soir, pendant le dîner, mes parents, ayant remarqué mes yeux rougis par les larmes, s'inquiétèrent.

– On dirait que tu as pleuré. Qu'est-ce qui ne va pas ? demanda mon père.

– J'ai peur, répondis-je.

En fait, je mentais, j'avais plus que peur, j'étais paralysé d'angoisse à l'idée de déménager dans le Colorado.

Mon père essaya de me consoler.

– Je sais, c'est dur de déménager. On va tous laisser nos amis. Mais ne t'en fais pas, tu te feras d'autres copains là-bas.

– Oui. Mais ce n'est pas ça qui me fait peur.

– Dis-moi ce qui t'effraie à ce point.

Quand j'eus expliqué ce que le livre m'avait inspiré, mes parents sourirent et me rassurèrent. Dans le Colorado, il ne neigeait pas au point où je devrais aller à l'école à ski. Je retrouvai un peu de ma bonne humeur. Un court voyage en avion me fit découvrir que le Colorado n'était pas si invivable que je l'avais cru. Une fois dans notre nouvel environnement, je rejoignis le club de ski de mon école et, dès la deuxième journée, en ce mois de décembre, je dévalais des pistes moyennes, dépassant tous mes nouveaux copains. Je finis même par descendre les pentes les plus difficiles de Winter Park-Mary Jane, la station qui allait devenir mon terrain favori pour avaler les bosses.

L'été suivant, je fis ma première expérience de randonnée, sac au dos, dans le Rocky Mountain National Park. Cette excursion de deux semaines, en compagnie d'autres gamins de treize, quatorze ans dans les étendues sauvages du parc reste mémorable. C'était la première fois que je portais de lourdes charges sur mon dos et aussi les premières nuits que je passais loin de chez moi, ou même d'un véhicule. Une pleine saison de ski avait dissipé mes craintes de la montagne. Sans le savoir, je débutais une grande histoire d'amour avec la Nature.

Dès le premier jour de cette expédition, je ressentis un tel enthousiasme au milieu de ce paysage grandiose que je sautais et courais le long de la piste, en dépit de mon lourd sac à dos. Mon énergie frénétique me fit hériter du surnom d'« Animal », comme le batteur du *Muppet Show*. Les deux moniteurs de notre groupe s'escrimaient à m'empêcher de foncer devant les autres. Après le déjeuner, ils ajoutèrent à mon sac l'énorme baquet de beurre de cacahuètes qui devait nourrir notre groupe de quinze pour les cinq prochains repas. Mais, même chargé comme un baudet, je courais jusqu'au tournant suivant et disparaissais de leur vue jusqu'à ce que l'un des moniteurs crie : « Animal... Attends ! »

Le premier soir, nous nous dispersâmes autour du camp, à 2 900 mètres d'altitude, au cœur de la Big Meadow, juste avant le crépuscule. Nous étions chacun munis de notre carnet de notes pour écrire ou dessiner tout ce qui nous passait par la tête. Assis dans les hautes herbes, au milieu de la prairie, le long du petit ruisseau caillouteux, je jouais avec l'eau. Après quelques minutes passées sur la berge, je vis une biche adulte sortir des bois et s'approcher du ruisseau. Elle remuait les oreilles et secouait la tête pour éloigner les insectes. Je restai immobile, ébloui par le spectacle, alors que la biche paradait dans la prairie. L'animal s'approcha de l'eau et je me penchai pour prendre mon carnet et l'ouvrir précautionneusement. Je craignais que le moindre bruit ne l'effraie. Pendant les cinq minutes qui suivirent, qui me parurent à la fois cinq heures et cinq secondes, la biche but et j'esquissai sa silhouette sur la page. Puis elle se retourna et repartit vers l'orée des bois.

Quand je rejoignis le camp, après nos quinze minutes de réflexion personnelle, tous les autres étaient silencieux et plongés dans leurs pensées. Enthousiaste, je fis part de ma rencontre avec la biche. Les autres étaient très impressionnés et je montrai mon dessin – ce n'était pas du grand art, mais, comme souvenir de mon émerveillement, il faisait l'affaire. Deux soirs plus tard, nous avions atteint 3 350 mètres, dans un champ de rochers, et j'expérimentai ma première escalade sur des rocs de la taille d'une maison. Puis nous nous baignâmes dans un petit lac si froid que des congères venaient mourir dans l'eau. Cette nuit-là, j'appris qu'il ne fallait pas laisser ses chaussures encore toutes chaudes à l'extérieur de la tente quand les porcs-épics rôdaient (ils mangèrent tout le cuir, les lacets et les languettes, transformant mes chaussures de montagne en tongs à semelles épaisses).

L'été suivant, en 1989, je partis en colo. Le programme était de traverser tout l'État, avec de l'escalade près de l'Estes Park, du rafting dans les torrents de la rivière Colorado, et de l'équitation dans un ranch près de Gunnison. Je n'étais pas encore un randonneur patenté, amateur de grands espaces, mais j'étais de plus en plus passionné. Quatre ans plus tard, quand je suis parti à Pittsburgh, à l'université Carnegie Mellon, je m'étais forgé une identité d'homme de l'Ouest. Au moment de ce grand changement dans ma vie, j'étais devenu citoyen de cœur du Colorado – un « natif transplanté », comme on a coutume de nommer ceux qui adorent le Colorado et s'y sont installés. En Pennsylvanie, quand j'avais le mal du pays, les grands espaces, le soleil et les montagnes de l'Ouest me manquaient. Quand on me demandait d'où j'étais, j'éprouvais toujours de la fierté en voyant leurs yeux briller à la simple mention : « du Colorado ». Pendant deux ans, je fus le seul étudiant en provenance du Colorado. Sans aucun gars du pays avec qui partager ma passion pour les Rocky Mountains, je languissais dans l'attente de dévaler à ski les pentes neigeuses.

En juillet 1994, j'ai escaladé mon premier sommet de plus de 4 000 mètres, le Longs Peak – un des cinquante-neuf sommets du Colorado dépassant le mythique 4 000. J'étais avec mon meilleur ami Jon Heindrich. Le Longs Peak domine la moitié nord de la chaîne du Front Range du Colorado, au nord-ouest de Boulder. Haut de 4 345 mètres, ce sommet est le seizième plus élevé de l'État, et l'un des plus renommés. Sa spectaculaire face est, surnommée le « Diamond » – le Diamant –, attire des alpinistes de réputation mondiale pour ses pentes de granit ; en revanche, la piste du Keyhole est relativement facile et des milliers d'amateurs d'escalade font l'ascension du sommet chaque été. Jon et moi avions pris quelques conseils de M. Rigo, le père de notre copain Brandon, qui avait longtemps été chef scout et qui avait escaladé plusieurs dizaines de ces fameux « 4 000 ». M. Rigo nous avait donné les principes de base de l'alpinisme en altitude : partir très tôt, emporter de l'eau et des vivres, des vêtements imperméables, une carte et redescendre du sommet avant midi pour éviter la foudre des orages d'après-midi quasi quotidiens. Bien sûr, nous avons fait l'impasse sur la plupart de ses conseils.

Malgré notre départ tardif, à 14 heures, nous redescendions déjà. Quelques nuages s'amoncelaient au nord-ouest, mais nous eûmes de la chance.

Nous marchâmes jusqu'au Granite Pass avant de couper par le flanc est du mont Lady Washington. Les nuages avançaient rapidement quand nous arrivâmes à la limite supérieure de la forêt. Il fallut se mettre à courir pour devancer la pluie. Quand nous rejoignîmes notre Toyota Land-Cruiser, j'étais à jamais marqué par cette expérience. J'avais vaincu mon premier 4 000 et je savais que, désormais, je voudrais en escalader d'autres.

En 1993, je suis parti faire du rafting avec mon père. J'en gardai un si bon souvenir que, deux ans plus tard, je repris contact avec les agences de rafting de Buena Vista. Moins d'une semaine après mon retour de Pittsburgh, où je venais de terminer ma deuxième année d'université, je décrochai un job d'été comme guide de rafting pour l'agence Independant Whitewater. À la fin de mai 1995, j'emménageai dans le bateau-hôtel qui servait de base opérationnelle à mon employeur, Bill Block. Cette petite agence ne gérait que deux ou trois radeaux par jour, alors que d'autres boîtes en affrétaient dix fois plus. Et, comme nous n'étions que trois guides, mon pote et compagnon de chambrée Pete et moi, nous « travaillions » presque tous les jours. Cet été-là, je n'ai pris que sept jours de vacances, mais j'adorais tellement mon boulot que cela me suffisait. Au cours de l'hiver, l'enneigement avait atteint quatre fois le niveau moyen des autres massifs montagneux, et cet été 1995 fut la meilleure saison dans l'histoire du rafting sur cette rivière. Les rapides, qui étaient habituellement classés catégorie III ou IV, étaient passés en catégorie V ou même étaient devenus de gigantesques torrents impraticables. Les portions comportant des obstacles techniques, comme le Graveyard et le Raft Ripper, disparaissaient complètement sous le niveau des eaux. Cette saison, trois personnes furent tuées dans la partie de la rivière que nous empruntions

– deux rafteurs seuls et une autre victime sur le radeau d'une des autres agences. Nous fûmes témoins de débits record grimpant à plus de deux cents mètres cube d'eau par seconde dans le canyon, environ quatre fois le débit maximal courant. Dans des conditions aussi exceptionnelles, j'avais l'impression de louper quelque chose quand je n'étais pas de service.

Même quand la plupart d'entre nous avions déjà accompagné deux descentes des rapides du Brown's Canyon dans la journée, c'était trop tentant. Nous étions expérimentés, en forme, nous avions tout le matériel à disposition. Avec quelques guides d'autres agences, après avoir chargé une camionnette de kayaks rigides ou de radeaux pneumatiques, je remontais la vallée pour parcourir d'autres sections excitantes des rapides, rendues plus fantastiques encore par le débit exceptionnel des eaux. Les jours où les patrons des agences de rafting estimaient la rivière trop vicieuse pour les touristes, nous organisions des expéditions entre guides pour affronter les parties les plus agressives du canyon. Parfois, nous partions de nuit, pour des descentes à la lueur de la pleine lune. La petite communauté du rafting de la haute vallée de l'Arkansas entretenait la culture du risque gratuit jusqu'à l'absurde. Par une fin d'après-midi de juillet, avec Steve, le troisième guide de la boîte, nous avions acheté deux petits radeaux pneumatiques pour enfants. Ces engins de piscine mesuraient un mètre de long, avec une chambre à air périphérique de trente centimètres de diamètre et un fond en plastique souple. Ils avaient coûté dix dollars chacun. Inutile d'ajouter qu'ils n'étaient pas sécurisés pour les rapides. Depuis que Pete avait mentionné les avoir vus dans une droguerie de Buena Vista, nous n'avions cessé de plaisanter à ce propos : « Et si nous faisions une petite descente du canyon avec ça ? » En fin de compte, nous avions embarqué à douze kilomètres au sud de la ville sur la bouillonnante rivière Arkansas, juste en amont d'une section de rapides de catégorie I-II. C'étaient les plus petits du cours, mais suffisamment larges pour nos minuscules et fragiles esquifs. Équipés d'un gilet de sauvetage, d'un bidon de plastique découpé en guise de bouée de sauvetage et de petites rames de kayak, Steve et moi entreprîmes notre « descente interdite ». Nous avons ainsi défié avec succès une des plus puissantes rivières de l'État avec nos ridicules embarcations.

En mai 1997, j'obtins mon diplôme d'ingénieur en mécanique. J'étais major de ma promotion, avec mention en français. Je fus embauché chez Intel, à Ocotillo, dans l'Arizona, une banlieue éloignée, au sud-est de la grande agglomération de Phoenix. Je fus muté à Tacoma, dans l'État de Washington, en mars 1999, puis à Albuquerque, au Nouveau-Mexique, en septembre de la même année. C'est aussi en 1997, juste à la fin de mes études, que ma passion latente pour les grandes étendues sauvages de l'Ouest commença à s'épanouir. Avant de partir pour l'Arizona, je voulais fêter mes succès universitaires et le début de ce que j'imaginais être une carrière prometteuse. Je décidai donc de partir en vacances. Ce seraient des vacances grandioses : la tournée des tournées. Je partirais au volant de ma Honda CRX de 1984, en direction des grands parcs nationaux : Le Grand Teton, le Yellowstone et le Glacier National Park. Ensuite je remonterais jusqu'au Canada, pour visiter le Banff National Park et l'Icefields Parkway. Je redescendrais par Vancouver pour rentrer aux États-Unis en passant par les Cascades, Olympic et Rainier National Parks. J'avais l'intention de terminer le périple par le Crater Lake Park, le Yosemite et enfin le Zion National Park. Trente jours, dix mille kilomètres, et dix parcs nationaux.

En fait, ce grand projet tourna court. Comme nous n'étions que fin mai, la neige était encore abondante, ce qui me cantonnait à des randonnées à pied à des altitudes moyennes. Lors de ma première expédition vers Phelps Lake, dans les Tetons, j'eus la chance de tomber sur un magnifique site au bord du lac où, le premier soir, la silhouette élégante d'un élan se dessina dans le soleil couchant. Le lendemain matin, j'aperçus un couple d'aigles chauves planer au-dessus de la cascade, puis, le surlendemain, j'épiai un grizzli dans la forêt, non loin de la piste. J'explorai les environs en voiture en prenant en photo les pics des Tetons qui se reflétaient dans les vitres d'une fenêtre brisée sur la façade d'une ferme abandonnée en plein milieu d'Antelope Flats. Ce même après-midi, je planifiai mon expédition suivante, une randonnée de deux jours vers Bradley Lake, où j'avais l'intention d'installer ma base pour tenter l'ascension du Middle Teton, le plus accessible des grands sommets du parc national. Quand je voulus me renseigner au poste des permis sur les possibilités d'escalader l'un des Tetons, le garde forestier de service m'a regardé d'un air surpris. Son expression trahissait la désapprobation, mais il me montra comment me rendre au Bradley Lake à l'aide de la carte posée sur le comptoir sous une protection en Plexiglas. Il m'expliqua que les pistes étaient recouvertes de plus d'un mètre de neige, avant de conclure :

– Si vous n'avez pas de raquettes, vous allez « laisser des trous » comme jamais.

Je ne savais pas alors ce que cela signifiait, mais je le remerciai tout de même.

Au début de l'après-midi, j'entamai mon ascension avec un sac à dos chargé pour trois jours – ma première randonnée en solitaire de plus d'une journée. Je portais dans mon sac mon matériel de camping et mes vêtements, tandis que la nourriture et le matériel de cuisine étaient rassemblés dans un petit sac à dos rouge que je portais à l'envers, contre ma poitrine. À moins de deux kilomètres du départ de la piste de Taggert Lake je ne voyais aucune trace de pas, j'étais donc le premier randonneur à emprunter cette piste depuis un bout de temps, peut-être de tout l'hiver. Je me débattais comme je pouvais avec mon lourd barda, m'enfonçant dans la neige jusqu'aux chevilles. Elle devenait de plus en plus profonde au fur et à mesure que je montais. Après une heure de progression laborieuse, j'approchai de la forêt à la crête de la moraine où se dressait une congère imposante. Mes chaussures s'enfonçaient de plus belle à chaque enjambée et les cristaux de glace au plus bas de la couche de neige commençaient à m'abraser sérieusement les mollets. Quinze minutes de plus avec de la neige dans mes chaussures me remontant dans les jambes de pantalon, et je commençais à ne plus rien sentir au-dessous de mes genoux. Le froid, curieusement, devenait moins gênant. Après m'être affalé plusieurs fois dans la neige, je changeai de stratégie et rampai sur les trois derniers mètres jusqu'à l'arête de la congère ; je me mis à califourchon sur la côte de neige compacte. Soufflant comme un bœuf après cet effort épuisant, je regardai derrière moi et, voyant le chapelet d'empreintes profondes qui formaient ma trace dans la neige, je compris ce que voulait dire « laisser des trous ».

Il me fallut plus de deux heures d'efforts acharnés pour atteindre un petit pont sur la berge nord du Bradley Lake. Je m'enfonçai jusqu'à la poitrine dans la neige qui encerclait le petit lac. Des nuages venaient lécher la cime des arbres et je ne voyais qu'à quelques dizaines de mètres au-dessus de moi, vers l'ouest, où les arbres disparaissaient dans les vapeurs de brume.

Quelques centaines de mètres après le pont, j'aperçus un panneau qui signalait l'emplacement pour camper. Il était presque totalement enfoui sous la neige à six mètres des berges du lac. J'étais soulagé d'être arrivé avant la nuit, après cette pénible progression de quatre heures dans la poudreuse. Je montai ma tente verte sur un petit espace dégagé couvert d'aiguilles de pin gelées. Mes pieds étaient tout endoloris par le froid. Je m'assis à l'entrée de ma tente et délaçai mes chaussures trempées. Un déluge de neige fondue se déversa sur le tapis de sol quand je les enlevai. J'étais tellement fatigué que je ne me souciai même plus de mes chaussettes dégoulinantes d'eau froide. J'étais en train de me frotter les orteils pour les réchauffer quand j'entendis un bruit tout proche. Un bruit de branche cassée. Je tendis l'oreille pour mieux distinguer des pas dans l'eau du lac, juste derrière un buisson. Était-ce un autre élan qui sortait dans le crépuscule, comme celui que j'avais vu à Phelps Lake ? Intrigué, je sortis la tête hors de la tente, et je vis un ours noir de taille moyenne s'avancer parmi les feuillages qui s'étendaient au-dessus de l'eau peu profonde du lac. Il devait peser dans les cent kilos. Il semblait encore tout jeune dans sa masse noire.

Je sortis en vitesse mon appareil photo du sac à dos et j'appuyai sur le déclencheur. Je craignais que l'éclair n'effraie l'animal. Tout au contraire, l'ours ne s'enfuit pas et il se dirigea droit vers ma tente. Un pas, deux pas, oui, il approchait délibérément de la tente.

– Eh ! L'ours !

Je bégayais, intimidé par la taille de la bestiole.

– Eh !! Oh !

Il continuait d'approcher. Il avait dépassé les buissons et sortait maintenant de l'eau. Il n'était plus très loin de la tente. *Peut-être que je ne suis pas dans le sens du vent et qu'il ne m'a pas encore senti ?* me dis-je. J'essayai de siffler pour intimider l'animal qui avançait d'un pas lourd, mais j'avais trop peur, j'étais incapable de placer mes lèvres correctement, je ne pus que postillonner sur mon appareil photo.

L'ours n'était plus qu'à sept mètres de moi, je savais qu'il pouvait me voir et qu'il ne venait pas me rendre une petite visite amicale. Il était décharné, et tout ce qu'il voulait, c'était ma réserve de nourriture comme premier repas à sa sortie d'hibernation. J'avais déposé mon petit sac rouge à l'entrée de la tente et, en le voyant là, juste en face de l'ours affamé, je compris qu'il ne me restait qu'une chose à faire. J'attrapai le sac de nourriture, sortis de la tente, et je fonçai sur ma droite. Mes pieds nus engourdis par le froid battaient le sol gelé. Je détalai derrière la tente et, sautant par-dessus un arbre couché, j'atterris pile dans une flaque de neige où mes pieds firent craquer la croûte de glace. Je sentis une douleur aiguë au niveau du pied gauche. Quand je le sortis de la neige, je vis qu'il était entaillé par une branche de l'arbre abattu. Je jetai un coup d'œil par-dessus mon épaule ; je n'avais pas le temps de m'apitoyer sur moi-même, encore moins de me soigner, il fallait courir pieds nus dans la forêt enneigée !

Je scrutai les arbres pour trouver un endroit où suspendre le sac. Mais je ne voyais rien qui soit à la bonne hauteur, c'est-à-dire au moins à deux mètres cinquante, et qui soit assez costaud pour résister au poids de l'objet si je le jetais sur une branche. En temps normal, j'aurais utilisé un filin pour hisser le sac sur une partie solide d'un arbre, mais je n'avais plus le temps pour ce genre de tactique. Je tournais en rond, essayant de trouver un refuge pour ma réserve de nourriture, et je me retrouvai vite devant ma tente. Le plantigrade suivait chacun de mes mouvements ; il ne s'éloignait jamais à plus de dix mètres de moi. Je remarquai enfin un grand arbre qui était tombé depuis longtemps. Ses épaisses racines s'élevaient tout autour du tronc. Elles n'étaient pas assez hautes pour être hors de portée, mais je pouvais au moins attacher mon sac à ce faisceau de racines et retourner à ma tente chercher mes bottes. Je pourrais ensuite plus facilement trouver une meilleure protection pour mon approvisionnement. Je fonçai vers l'arbre renversé et attachai le petit sac rouge autour de trois racines noueuses. Je planquai le sac derrière une autre racine afin qu'il soit plus difficile d'accès pour l'ours. Puis je filai prestement vers ma tente sur mes pieds engourdis.

Assis devant la porte de ma tente, j'examinai les coupures sous la plante de mon pied gauche avant d'enfiler mes chaussures encore trempées et de retourner au plus vite vers l'arbre. Pendant les trente secondes de mon absence, l'ours avait attrapé mon sac de nourriture avec ses dents. Il avait déjà réussi à dégager les bretelles des racines en secouant le sac en tous sens. En voyant l'animal briser la racine de la branche sur laquelle j'avais enroulé le plus solidement possible la bretelle, je compris que j'étais dans une situation désespérée. Il me fallait absolument me nourrir, même pour tenter de regagner mon véhicule. Si l'ours réussissait à s'emparer du sac, je serais bloqué là. Il avait déjà parcouru quelques mètres, le sac serré dans sa mâchoire, quand je me rendis compte que ma vie était en jeu et qu'il me fallait absolument récupérer mes provisions – par tous les moyens possibles. Je cassai une branche et la tins dans ma main comme une matraque, sautai sur le tronc d'arbre abattu et agitai mon arme de fortune au-dessus de ma tête, hurlant à tue-tête :

– Allez, l'ours, rend-moi mon sac !

Je ne sais pas à quoi je m'attendais, mais mon corps tremblait de trouille quand l'ours s'arrêta, tourna la tête vers moi, puis fit demi-tour sur ses pattes arrière pour me faire face et se figea. Cette fois, j'avais bien captivé son attention. Le moment de la confrontation était venu.

Je grondai, je hurlai, faisant des moulinets avec mon bâton au-dessus de ma tête.

– Je veux mes PROVISIONS !

Comme un chien qui conteste les ordres de son maître, l'ours secoua la tête d'un air interrogateur et j'eus même l'impression de voir son front se plisser. Comme il ne bougeait pas, je rassemblai mon courage et je frappai du pied sur le tronc d'arbre.

Criant de nouveau, je m'approchai pas à pas de l'animal immobile et lui ordonnai :

– Tu t'es trompé de client. Ce n'était pas à moi qu'il fallait voler de la nourriture – LÂCHE-LA !

À ce dernier mot, je sautai des deux pieds sur le tronc. L'ours lâcha le sac à provisions, puis se tourna et s'éloigna d'un pas tranquille vers la forêt. Je n'en croyais pas mes yeux ! Je criai encore :

– Fous le camp, l'ours !

Puis je me dirigeai vers mon sac rouge qui traînait dans la neige. Avant de le ramasser, je lançai mon morceau de bois dans la direction de l'animal ; il s'écrasa contre des branches de pin au-dessus de la tête de l'ours, qui partit en trottant.

Cinq minutes plus tard, je chauffai de l'eau du lac sur mon réchaud de camping. J'attendis anxieusement qu'elle commence à bouillir, pensant que l'ours n'allait pas tarder à revenir. Deux minutes plus tard, dès que l'eau fut prête, j'avalai mon bol de soupe de nouilles. Jamais je n'avais mangé si vite. J'examinai le petit sac à dos rouge. Je vis quatre trous distincts, là où les dents de l'animal avaient déchiré le tissu. Quand j'eus hissé le sac dans un endroit sûr, la nuit était tombée et je me recroquevillai dans ma tente. L'ours tenait sa revanche ; j'étais laminé par la trouille. Dans l'obscurité, je m'allongeai dans mon sac de couchage. Mais, au moindre bruit, je devenais paranoïaque. Pendant sept heures, dès qu'une feuille se posait sur la neige, dès qu'une aiguille de pin tombait dans le lac ou qu'un arbre craquait dans la brise, mon imagination s'emballait comme une voiture de course, accélérant de zéro à « déchiqueté à mort par un ours » en une fraction de seconde. Plouf ! Un poisson sautait dans le lac et aussitôt dans ma tête : *Bon Dieu ! revoilà l'ours ; il va me bouffer, il va me tuer !* Je retenais ce que je croyais être mon dernier souffle. Je restai aux aguets, terrorisé, jusque vers 3 heures du matin quand je finis par m'endormir d'un œil.

Le lendemain matin, je démarrai tard, mais je parvins néanmoins à patauger dans la couche de poudreuse qui m'arrivait aux hanches jusqu'à une altitude de 3 200 mètres. Les nuages bouchaient totalement le paysage. La journée était déjà trop avancée pour aller à l'aventure et je décidai de redescendre par le chemin que j'avais tracé en grimpant. Deux heures plus tard, je me retrouvai en bordure du Bradley Lake. J'avançai péniblement sous la pluie vers le camp. À la vue du spectacle qui m'attendait, je m'écroulai : ma tente était en lambeaux. Le double toit avait été arraché, deux des quatre poteaux étaient cassés, le rabat d'entrée avait été lacéré et mon sac de couchage flottait sur le lac !

– Bordel de merde ! murmurai-je en examinant l'intérieur de la tente, totalement trempé et souillé de boue. L'ours. Il est revenu pendant mon ascension et a saccagé toutes mes affaires pour tenter de trouver la nourriture.

Mais le petit sac à dos rouge était intact, toujours au même endroit, perché sur son arbre. Je contemplai les dégâts en me demandant si l'animal n'avait pas agi par dépit. Je récupérai les provisions, rattrapai mon sac de couchage au moyen d'une branche et emballai toutes mes affaires. Pas question de passer la nuit ici. Il ferait noir quand j'arriverais à ma voiture, mais je n'avais pas le choix. Alourdi par les trente-cinq kilos d'équipement gorgé d'eau, mon sac de provisions installé, comme à l'aller, sur ma poitrine, je pris le chemin du retour. Je remarquai immédiatement les empreintes de l'animal. M. l'Ours m'avait suivi jusqu'au campement, comme un chasseur suit sa proie à la trace.

De l'autre côté du petit pont, là où la neige était plus épaisse, je pouvais voir comment la bête avait intercepté mes traces venant du nord. Je suivis des yeux les marques qui montaient le long d'un flanc de dix mètres... où l'ours trônait, assis à côté d'un pin, m'observant tranquillement.

– Et merde !

Je n'avais qu'une chose à faire : continuer de marcher en espérant que je ne trébucherais pas dans la poudreuse, et en priant pour que l'ours me laisse tranquille. Je sortis ma carte toute détrempée de ma poche et ma boussole ; pas question maintenant de commettre la moindre erreur.

L'ours se tenait à dix pas derrière moi ; jusque-là, il s'arrêtait quand je m'arrêtais. Mais, maintenant, il descendait la pente vers la piste en se rapprochant de moi. J'étais découragé, j'avais envie de lui jeter le sac à provisions – tant pis pour la réglementation qui interdisait de nourrir les ours. Et, surtout, j'étais sur le point d'éclater en sanglots.

Mon désespoir se mua en fureur quand je vis l'animal gagner du terrain. Je me mis à hurler et repris ma méthode précédente de moulinets des bras. Mais l'ours n'en avait cure, il inclinait la tête comme le soir précédent, sur le tronc d'arbre. Ayant repéré une pierre sur une cuvette entourant un pin à quelques pas sur ma gauche, je me baissai vers ce trou et attrapai le caillou de la taille d'une balle de tennis. Il pourrait me servir pour me défendre. Puis je filai en vitesse vers le sud en suivant mes empreintes de la veille.

L'ours me suivait, de beaucoup trop près. Seuls mes cris le faisaient ralentir. J'avais décidé de lui jeter la pierre s'il s'approchait à moins de trois mètres. Je n'aurais pas pu la lancer beaucoup plus loin, car j'étais gêné par mes sacs et leurs bretelles qui limitaient mes mouvements. Je m'efforçais de garder mon équilibre, bien que la neige devînt plus molle à cause de la pluie qui tombait dans la brume légère. Un peu plus loin, je traversai la croûte neigeuse et mes deux jambes s'enfoncèrent. J'étais pris jusqu'à la taille ; j'étais bel et bien coincé. L'ours sembla comprendre qu'il tenait sa chance et se tint à quatre mètres de moi. Essayant de m'agripper à la neige, j'agitai les bras sans succès et mes pieds restèrent collés au fond. Je me déhanchai et roulai sur le dos, et je réussis enfin à dégager mes jambes. Comme une tortue retournée, j'étais cloué au sol par le poids de mon barda. J'avais peur que l'ours ne m'attaque dans cette position, très vulnérable. Je me relevai tant bien que mal sur cette surface instable et fis face à l'animal menaçant. Je levai mon projectile et, rassemblant mes dernières forces, je lançai ma seule arme de défense – l'ours regarda la pierre suivre sa trajectoire et s'écraser dans la neige, juste à droite de son épaule. Raté ! Il ne bougea pas.

Je scrutai l'étendue autour de moi et je trouvai deux pierres plus petites, sous un arbre ; je fonçai vers la moraine, soufflant comme un bœuf. Une fois de plus, la neige, qui hier encore supportait ma corpulence, s'effondra sous mon poids. La même chorégraphie se reproduisit – je roulai sur le dos, l'ours se rapprocha dangereusement, je me redressai et lui jetai une pierre.

Cette fois, en revanche, je fis mouche et touchai l'animal à la croupe. Comme une fusée, l'ours fonça vers l'arbre le plus proche et, en trois bonds impressionnants il se retrouva au-dessus de moi. J'étais abasourdi et le regardai, les yeux ronds ; je n'avais jamais vu un animal se mouvoir avec une telle énergie. Devant cette puissance, je compris que je n'avais aucune chance si jamais il m'attaquait. Mais j'avais gagné un peu de temps. Je ramassai un autre caillou et repris ma marche. Moins de trente secondes plus tard, j'entendis des branches craquer. Je me retournai et vis mon poursuivant qui descendait de son perchoir. Immédiatement, je plongeai à nouveau dans la neige, et il s'établit entre l'ours et moi une sorte de petit ballet répétitif : moi, je tombais, roulais, me redressais et lançais ma pierre ; quant à l'ours, il grimpait à un arbre, attendait, redescendait et me suivait. Ce petit manège se reproduisit plusieurs fois. En m'approchant de la moraine, je me mis à crier, à insulter l'animal dans l'espoir de l'intimider et de gagner un peu de distance dans cette neige trop épaisse. L'ours, bien sûr, éprouvait moins de difficultés, sa masse se répartissant sur ses quatre pattes bien mieux que mon poids plus mon chargement sur mes deux semelles.

J'escaladai la moraine en rampant, comme je l'avais fait la veille, et, de la crête, j'aperçus avec soulagement la piste, à huit cents mètres de là. Redescendre sur la moraine était plus facile et à mesure que l'épaisseur de la neige diminuait j'accélérais le pas. Vingt minutes plus tard, arrivé à la limite des neiges, je m'arrêtai et attendis que l'ours se rapproche. Au cours de la dernière partie de la descente, il s'était tenu à distance. En moins de dix secondes, il était à portée de jet de pierre – mon bras était fatigué et, handicapé par mes sacs, je n'avais pas la force de lancer à plus de cinq mètres. Je lui envoyai le premier caillou à la tête et la manquai de peu, mais la seconde le toucha juste au cou, côté gauche. Il grogna, premier son émis par lui depuis qu'il me poursuivait, et grimpa sur le premier arbre. À ce moment-là, je changeai de tactique. Je le suivis jusqu'au pied de l'arbre et me débarrassai de mes sacs. Le sol était jonché de pierres et je décidai de me venger en lui frappant l'arrière-train à l'aide de projectiles de la taille d'une balle de base-ball. Je mettais dans le mille une fois sur trois. Je hurlai de colère. J'avais besoin de me dépenser pour décharger tout le stress et la peur qu'il m'avait fait subir au cours des dernières vingt-quatre heures. Je me baissai pour reprendre mes sacs et repartis sur la piste boueuse en direction de ma voiture. Pas une fois je ne me retournai.

C'en était fini pour moi du Wyoming, de la pluie et de « laisser des trous ». J'en avais soupé des ours. Je m'arrêtai à la station de rangers pour narrer aux gardes ma mésaventure. Les rangers avaient déjà entendu ce genre d'histoire, mais c'était la première fois qu'une telle affaire s'était produite dans les Tetons. Ils m'expliquèrent aussi qu'en hurlant contre un ours, en agitant les bras, en trépignant d'un air agressif devant lui et en lui jetant des pierres, neuf fois sur dix, on déclenchait une réaction violente de la part du plantigrade. Je filai vers la première ville pour trouver un motel et faire sécher toutes mes affaires. Après avoir appelé mes parents pour leur raconter ma rencontre avec l'ours, j'écumai les restaurants à la recherche d'un bon gros steak de viande d'ours, mais pas de chance, il n'y en avait pas. J'évitai d'aller voir les deux seuls films qui se jouaient au cinéma de Jackson – *Jurassic Park* (Jeff Goldblum se fait déchiqueter par un dinosaure), et *À couteaux tirés* (un ours attaque Anthony Hopkins). J'avais déjà fait le plein d'émotions.

3
Quart de nuit

Nous savons que le condamné, à la fin, ne résiste pas mais se soumet avec passivité, presque avec reconnaissance, aux instruments du bourreau.

Edward ABBEY, *Désert solitaire*

Je regarde ma montre ; il est 16 h 19. Je suis pris au piège depuis une heure et demie déjà, et j'ai passé la moitié de ce temps à frapper la roche avec mon couteau. La nuit ne tombera que vers 21 heures, mais j'ai déjà ma frontale fixée sur ma casquette bleue, bien qu'elle ne soit pas allumée. Je me félicite d'avoir pensé à prendre ma lampe pour cette randonnée. D'habitude, comme pour mon couteau, d'ailleurs, je ne l'aurais pas emportée pour ce qui n'aurait dû être qu'une petite balade. C'est grâce à l'avertissement, dans le guide de Kelsey, que je l'ai prise. Il stipule qu'elle peut s'avérer utile pour repérer les araignées ou les serpents. Je n'ai vu ni l'un ni l'autre, mais j'aurai de la lumière. Je m'en suis déjà servi pour éclairer l'interstice où mon poignet est enserré, afin d'examiner ma main sous tous les angles possibles.

Ce qui m'inquiète le plus et que j'essaie d'évaluer est la masse du gros rocher supportée par mon poignet. S'il ne soutient qu'un poids négligeable, la quantité de roche que je vais devoir retirer sera moindre. Mais plus la pierre est retenue par mon poignet et ma main, plus elle va descendre quand j'enlèverai la matière qui la retient. En fait, pour libérer ma main dans cette hypothèse, il faudra que le rocher se cale complètement sur la paroi. Malheureusement, il est fort probable que le rocher ne s'appuie pas directement sur le mur. Je ne peux que spéculer sur mes chances de me libérer la main, alors j'élude la question et je continue de gratter la roche avec mon couteau.

J'essaie de ne pas penser que je suis coincé pour de bon. C'est pourtant l'implacable réalité, mais l'affronter ne changera pas la situation. Je m'attache plutôt à déceler la moindre faiblesse à la surface de ce rocher, tout autour de mon poignet droit. J'ai commencé par tracer une ligne de démarcation autour du volume de roc que j'estime devoir éliminer pour recouvrer ma liberté. Je pars du principe qu'il existe un défaut dans la structure du roc dans une minuscule cavité à quinze centimètres de mon poignet ; la ligne que je trace passe par cette petite cavité. J'attaque sur la marque, sur le haut du rocher, mais à quelques centimètres au-dessus, et je frappe vaillamment, attaquant le rocher aussi près que possible de la marque. Tapant avec la lame d'acier de sept centimètres de mon outil, d'abord avec précision, puis avec plus de force, je m'efforce de toucher le même point à chaque coup.

La douleur, les hypothétiques secours, l'accident lui-même, tout cela s'éloigne de mes préoccupations. Je suis pris par l'action. Mon cerveau semble déterminé à trouver et à exploiter la plus petite faille, le moindre défaut naturel de l'énorme pierre, pour en accélérer l'abrasion. Je m'arrête régulièrement pour vérifier le meilleur angle d'attaque.

Mais la progression est imperceptible. Je déplie la lime de mon outil et, pendant cinq minutes, je tente de graver dans la roche. L'efficacité est un poil meilleure qu'avec la lame de couteau, mais seulement quand je tourne la lime sur le côté, comme pour scier le long de la marque que j'ai tracée. À l'évidence, la pierre s'avère plus résistante que le métal de la lime. Quand je m'arrête pour la nettoyer, je constate que les sillons sont remplis de particules de métal. Ce n'est pas la roche, mais l'outil qui s'use ! J'inspecte à nouveau la pierre et, remarquant les nuances de couleur, sa dureté comparée à mon outil et aux parois, je me rends compte que ce gros caillou ressemble à ceux que j'ai vus dans la goulette, peu avant d'arriver là. Il n'est pas constitué uniquement de grès. Il semble provenir de la couche plus sombre qui formait le rebord, près du tronc d'arbre en forme de S. Celui auquel je me suis suspendu pour atterrir dans le sable, il y a environ deux heures.

C'est de mauvais augure mon petit Aron, pensé-je. *La couche rocheuse a formé cet escarpement parce qu'elle résistait mieux à l'érosion que le reste du canyon. Ce caillou est plus dur que tout le reste ici.* Je me demande alors s'il ne serait pas plus efficace de creuser dans la paroi plutôt que dans la pierre. Je décide de tenter le coup. Je sors la lame de couteau, après avoir replié la lime et j'attaque la paroi au-dessus de mon poignet prisonnier. Le couteau dérape contre la paroi rose du canyon. Je risque de me poignarder l'avant-bras à chaque instant. La disposition n'est pas favorable – impossible d'entailler la paroi au bon endroit : mon bras droit se trouve pile là où il ne faut pas.

Je fais une pause pour me reposer et j'enlève un peu de poussière de rocher qui s'est déposée sur mon avant-bras droit. Je vérifie une fois de plus les parois qui retiennent la pierre pour voir si celle-ci a un peu bougé ; rien. Je reprends mon travail de tailleur de pierre dans la petite cavité. Tic, tic, tic. Le bruit du couteau qui frappe la roche est infime, mais je l'entends résonner dans le canyon. Je ne peux pas taper trop dur, sinon, la lame dérape et je me blesse les articulations, ou je rate la marque. J'espère détacher les cristaux autour d'un morceau gris de la pierre et dégager ainsi un éclat de la taille d'une pièce de monnaie. Ce serait une avancée encourageante, mais, pour l'instant, je n'arrive à rien.

Il est maintenant 18 heures. L'accident s'est produit il y a plus de trois heures. Il fait encore bon, mais la température n'atteint plus les dix-huit degrés que j'avais notés à 15 h 30. Je souffle un peu de poussière autour de l'endroit que j'ai attaqué avec mon outil et je cherche un signe de progrès en piquant dans la cavité. Je scrute la surface rocheuse et analyse les caractéristiques minérales de ma zone de travail en cherchant encore s'il n'y a pas quelque part une structure moins homogène. Étant donné le peu de succès de ma progression, la question semble plus théorique

que pratique. Il faudrait qu'un piolet de géologue tombe miraculeusement du ciel pour que je puisse me dégager de l'emprise de cette pierre.

Je me trouve dans la pire des prisons imaginables. Mais je ne resterai pas longtemps confiné dans cet enfer avec seulement soixante-six centilitres d'eau. Le minimum pour un marcheur du désert est de quatre litres par jour. Je me demande une fois de plus combien de temps je vais subsister avec une quantité aussi réduite – jusqu'à lundi peut-être, disons mardi tout au plus. Pour survivre, je dois m'échapper d'ici. Quoi qu'il arrive, le compte à rebours a commencé, et je n'ai que ce couteau de poche minable pour me dégager de ce rocher. Comme si j'allais creuser une mine de charbon avec une pelle à sable de môme.

J'en ai soudain assez de picoter dans la roche. Je calcule ce que j'ai enlevé (pratiquement rien) et combien de temps cela m'a pris (plus de deux heures) et j'en conclus sans mal que je me suis lancé dans une tâche vaine. Quand je pense aux options qui me restent, mon stress sombre dans le pessimisme. Impossible d'installer un ancrage pour mettre en place un système de poulies. Les roches qui forment le rebord de l'escarpement sont à près de trois mètres au-dessus de moi. Même avec mes deux mains, je n'y parviendrais pas. L'eau me manque pour attendre des secours, je n'ai pas de piolet pour attaquer le rocher, impossible d'établir un ancrage, il ne me reste qu'une seule possibilité. Je l'énonce lentement, à voix haute :

– Tu vas devoir te couper le bras.

Rien qu'à entendre les mots s'égrener, tout mon corps se révolte. Mes cordes vocales se serrent, ma voix change d'octave.

– Je ne veux pas me couper le bras !

« Aron, mon vieux, tu n'as pas le choix.

Je me rends compte que je suis en train de soliloquer, ce qui me fait rire amèrement. Attention, je vais devenir fou !

Pourtant, je sais que je ne pourrai pas scier mon os avec cette lame émoussée et je décide de poursuivre ma tâche impossible. Je pique dans le rocher. C'est inutile, je sais, mais, pour l'instant, c'est encore la meilleure solution. Tout en frappant sur le roc, j'imagine les ombres qui s'allongent dans le désert à mesure que le soleil commence à baisser. Le bleu du ciel s'approfondit pendant que je creuse. Mon interprétation des mots que j'ai gravés au-dessus de mon bras droit, « Le temps géologique, c'est aussi maintenant », n'est plus la même. L'avertissement de Gerry Roach devient un emblème de motivation. Il se transforme en une note d'espoir : peut-être que je suis moi-même un agent des temps géologiques et que je peux participer à l'érosion de ce rocher ; peut-être assez pour dégager ma main de l'entrave obstinée de la nature. Cependant, la pierre émousse rapidement mon couteau. Je repasse à la lime et continue de scier le long de la ligne que j'ai tracée.

Pendant que je lime, je repense à mon premier voyage dans l'Utah. Je ne sais pas très bien pourquoi tout cela me revient à l'esprit, peut-être est-ce la réponse à la question qui me taraude : pourquoi suis-je ici ? Comment ai-je pu me retrouver coincé dans cet endroit ? Ce premier voyage a eu lieu en famille, pendant les vacances de printemps de 1990, ma première année de lycée. Nous avons visité Capitol Reef, le Bryce Canyon, le Zion Canyon avant de bifurquer vers le sud pour voir le Grand Canyon. Pour être honnête, je n'étais pas très chaud pour ces vacances familiales. Au cours des semaines précédentes, mes copains m'avaient rebattu les oreilles de leurs séjours aux sports d'hiver ou de leur balade au Mexique. Quant à moi, j'allais dans l'Utah avec mes parents.

Heureusement, une vieille amie de la famille, Betty Darr, nous accompagnait. Je n'avais jamais rencontré quelqu'un d'aussi cultivé et son intérêt pour la lecture n'était surpassé que par sa passion des grands espaces – deux qualités qui en faisaient un excellent compagnon de voyage. C'était aussi une personne positive, perspicace, tournée vers les autres, une véritable amie. Betty avait eu la polio quand elle était jeune, dans les années trente. Elle était paralysée des jambes. Je ne sais pas si c'est sa lutte acharnée contre la maladie qui lui avait donné cette joie de vivre, mais Betty trouvait des qualités en chaque personne. Elle aimait les gens.

Pendant nos visites des parcs nationaux, elle se servait d'une chaise roulante électrique pour se déplacer – elle l'appelait son

« poney » – sinon, mon père la soulevait. Parfois, la propulsion électrique du poney de Betty ne fournissait pas la puissance suffisante pour grimper les pistes qui menaient aux points de vue les plus élevés. Au Bryce Canyon, j'avais poussé la chaise jusqu'au panorama. J'avais les bras tendus et la tête penchée, je regardais les batteries, sous la chaise, quand Betty s'exclama :

– Oh, regarde, Aron !

Je levai la tête et faillis lâcher la chaise. Nous avions une vue panoramique exceptionnelle sur des centaines de tours en grès orange et rose qui parsemaient un canyon de cent mètres de profondeur, plongeant directement devant nous et s'étendant sur près d'un kilomètre de part et d'autre de notre point de vue. J'étais abasourdi et je peux dater précisément de ce jour ma fascination pour les canyons. J'avais rarement ressenti une émotion aussi forte. J'avais envie de courir jusqu'au fond de la vallée, de toucher les tours qui donnaient une impression de fragilité, comme si elles étaient sur le point de s'écrouler. Je voulais suivre toutes les voies qui sinuaient entre les formations rocheuses et me perdre dans cet immense labyrinthe. Je m'imaginais debout au sommet d'une de ces tours, la Thor's Hammer – le marteau de Thor. Je me voyais en Superman, sautant d'un sommet à l'autre. Au moment de repartir, j'étais mélancolique, j'avais l'impression de quitter un lieu magique. À quatorze ans, je ne comprenais pas ce qui m'arrivait, mais j'avais clairement reçu un appel, auquel je ne répondrais que beaucoup plus tard.

Deux jours plus tard, je me souviens de m'être levé à 5 h 30 pour aller assister au lever du soleil depuis le South Rim. Je ronchonnai :

– Mais pourquoi se lever aussi tôt ?

Il faisait froid et je détestais me lever de bonne heure ; nous prîmes les édredons de nos lits d'hôtel et montâmes tous les cinq dans le mini-van jusqu'au point de vue. J'essayai tant bien que mal de me rendormir dans la voiture et je finis presque par convaincre mon père de me laisser dormir pendant qu'ils allaient jusqu'à la balustrade. Mais Betty fut assez psychologue pour m'encourager :

– Nous serons assis là-bas, sur les bancs, quand tu seras prêt à voir le lever du soleil.

Ma mère et ma sœur prirent les édredons pendant que mon père portait Betty. Mais, une fois le chauffage éteint dans la voiture, il ne fallut que quelques minutes pour que le froid s'installe. Je rejoignis alors ma famille et me glissai sous les couvertures, à côté de ma sœur.

Jamais encore je n'avais attendu un lever de soleil, assis comme au spectacle. Je n'étais pas du tout préparé à une telle magnificence. Devant nous s'étalaient les soixante kilomètres du merveilleux Grand Canyon, large de vingt-cinq kilomètres, profond de mille six cents mètres. Le Colorado coulait à nos pieds jusqu'à l'horizon. La couche rocheuse, à l'intérieur du canyon, changeait, passant d'une terre d'ombre à d'immenses bandes de pastels jaunes, blancs, verts et d'une multitude de nuances de rouge dans la chimie mystérieuse de l'aube. Finalement, un croissant flamboyant surgit au-delà des murailles du désert, à l'épicentre de l'arc-en-ciel, et le Canyon explosa en une série de temples, de buttes, de gorges et de pyramides qui, mis en lumière par les rayons rosés du soleil levant, émergèrent des parois.

Je ne m'en rendais pas compte alors, mais ce lever de soleil était l'exaucement d'un rêve pour Betty, un moment effaçant les milliers de kilomètres de voyage pénible pour parvenir jusqu'au Canyon. Ce jour-là, elle me fit comprendre une chose, malgré ma mentalité désabusée d'adolescent capricieux : je suis revenu à cet endroit, ainsi qu'à beaucoup d'autres points de vue exceptionnels de l'Ouest américain, juste pour assister au lever du soleil. J'ai toujours du mal à me réveiller avant 9 heures, mais Betty m'a montré que, quand on le désire, on trouve toujours le moyen de contempler les premiers rayons du soleil. Ce n'est pas la seule chose que Betty m'ait apprise ; elle m'a transmis son attitude optimiste et son amour de la vie, au point de développer une passion obsessionnelle et un besoin irrépressible de découvrir le monde.

Aujourd'hui, le souvenir du Grand Canyon est lointain. Et, comme je suis coincé dans ce trou, je vais louper le lever du soleil demain matin. Vers 19 heures, je m'arrête un instant, je pose le couteau sur le dessus du rocher, à côté de mes lunettes de soleil rayées. Je détends mes épaules, étire mon bras gauche au-dessus de ma tête et secoue ma main engourdie en soupirant. En l'articulant, je m'aperçois qu'elle est toute gonflée, ainsi que mes doigts. Ils ont presque doublé de volume à cause du choc qu'ils ont subi au moment de l'accident, quand le rocher m'a écrasé la main gauche avant de ricocher et de m'emprisonner l'autre. Mes doigts sont tellement déformés que je ne vois même plus les articulations. Les veines ont disparu du dessus de mes phalanges. C'est comme si j'avais un ballon au bout du bras. Le plus étrange, c'est que je ne ressens aucune douleur – mais c'est peut-être la situation qui inhibe toute sensation physique. J'ai tellement de problèmes à résoudre que l'état de ma main gauche n'est pas suffisamment grave pour retenir mon attention.

Ma cuisse gauche est douloureuse et, en l'examinant sous mon short, je comprends mieux pourquoi. La peau est tout écorchée, juste au-dessus du genou. Ces blessures se sont produites quand j'ai tenté de soulever le rocher avec mes jambes, juste après l'accident. Je constate quelques ecchymoses, mais pas de plaie sanglante. J'ai déchiré mon short en cinq endroits, là où il était retenu entre ma jambe et le dessous du rocher. Je regarde le revers de mon short et constate que le bas de ma poche droite est déchiré. Je vois l'anneau de la clé du cadenas de mon vélo qui dépasse à travers le tissu.

Il me paraît important de ne pas perdre ces clés. Si je réussis à revenir vers mon vélo par je ne sais quel miracle, au moins, je pourrai défaire l'antivol en U qui bloque ma roue arrière. Je me baisse pour sortir les clés de ce qui me reste de poche et les ranger dans mon sac à dos, mais, au moment où je vais sortir ma main, l'anneau s'accroche à la couture de la poche et je lâche les clés. Elles tombent dans un trou, entre les galets, à côté de mon pied droit.

– Merde !

Elles sont maintenant hors de portée de ma seule main libre. En plus, elles ont glissé dans une étroite crevasse où il serait difficile de les extraire même si j'étais complètement libre de mes mouvements.

Je baisse l'épaule au maximum, mais je peux à peine toucher le galet le plus proche de ma basket gauche. Si je pose les pieds dans le sable, un peu plus bas, je parviens à toucher le galet et j'aperçois le reflet des clés au fond du trou sablonneux. Cependant, mon poignet prisonnier m'empêche d'atteindre le trou de ma main gauche. C'est alors qu'il me revient un vague souvenir d'une émission de télévision : un homme ayant perdu ses deux mains se sert de ses orteils pour taper sur un clavier. Je peux moi aussi utiliser mes pieds nus pour fouiller sous le rocher et extraire les clés. J'enlève ma chaussure et ma chaussette gauches, je pose mon pied nu dans le sable et je commence à draguer des petites brindilles, des tiges de plantes desséchées et d'autres petits débris qui gisent sous le rocher, près de la paroi du canyon.

Même une fois dégagé, le trou est trop étroit pour mes grands pieds – je chausse du 46. Mais je ne me décourage pas ; cette nouvelle épreuve revêt pour moi une signification particulière. Récupérer mes clés symbolise en quelque sorte ma bataille pour me libérer. Une autre idée me vient à l'esprit ; je prends un des bâtons que j'ai retirés des galets. C'est une tige d'armoise d'environ soixante centimètres, fine et cassante. Elle est un peu tordue à son extrémité, ce qui permettrait peut-être d'accrocher l'anneau des clés. J'allume ma frontale pour avoir un peu plus de lumière dans le trou et j'introduis le bout crochu de mon bâton dans l'interstice où sont tombées les clés. Je les attrape sans difficulté, mais la tige se tord et finit par casser quand je tente de les remonter du fond du trou. Les clés carillonnent en retombant.

– Merde !

Sans le bout crochu, je peux seulement tripoter les clés avec la tige, mais je parviens à les rapprocher de mes orteils. Je n'atteins toujours pas l'anneau avec mon pied, alors j'insère la tige de bois entre deux doigts de pied et j'insère la tige dans le trou par le côté. En regardant avec ma lampe, je guide la tige en bougeant délicatement les orteils. Enfin, la tige s'enfile dans l'anneau. Je tire doucement le trousseau. Les clés sont extraites du trou, mais la tige se dégage de l'anneau. Je les ai rapprochées suffisamment de la crevasse pour lâcher le bâton et appliquer une pression sur le sable avec mes orteils, serrant les clés avec mon pied, comme avec les serres d'un oiseau. Pas question de les laisser tomber une nouvelle fois. Je soulève ma cuisse pour pouvoir atteindre mon pied avec ma main et je m'empare des précieuses pièces de métal. Alléluia ! C'est ma première victoire depuis que je suis piégé, et elle me fait du bien. Je range les clés dans une des poches de mon sac à dos et je tire la fermeture Éclair.

Il est temps de remettre ma chaussette et ma chaussure, mais pas la peine de la lacer. Je décide d'essayer une nouvelle méthode pour attaquer la roche. J'ai repéré à mes pieds un galet de la taille d'une balle de base-ball. Je le déplace des pieds pour le rapprocher de moi. Maintenant qu'il est à ma portée, je m'étire le plus possible pour l'attraper – ce qui déclenche un éclair de douleur dans mon poignet coincé. Je pose la pierre sur le rocher, à côté de mon couteau. Elle pèse cinq kilos. J'ai abandonné l'idée de frapper le rocher directement avec une autre pierre. En effet, tous les galets disponibles par terre sont en grès rose, moins dur que le caillou qui m'emprisonne. J'ai l'intention d'utiliser ce galet comme un marteau et le couteau comme un burin.

Je commence par positionner mon outil pour que la pointe de la lame soit maintenue par le petit sillon que j'ai déjà gravé dans la cavité située juste au-dessus de mon poignet droit. J'appuie le manche contre la paroi du canyon. J'empoigne la pierre pour m'assurer qu'elle viendra bien frapper la tête du manche de l'outil et j'essaie une première fois en douceur pour voir si mes calculs sont bons. Je crains que mon marteau de fortune n'envoie le couteau derrière le gros rocher, ou encore dans les galets, sous mes pieds. La disposition de mes outils est aussi stable que possible, mais elle ne m'inspire néanmoins pas vraiment confiance. Je recommence lentement deux ou trois fois, sans que l'action produise quoi que ce soit ; je veux juste voir si le couteau ne dérape pas. Pour l'instant, il tient, mais il faut que je frappe beaucoup plus fort.

C'est parti... Je frappe avec dix fois plus de force. La roche explose dans ma main, elles se décompose en multiples éclats. J'en tiens une poignée entière, sans compter les shrapnels qui me volent à la face. La force du coup a fait sauter le couteau qui rebondit sur mon short et s'écrase sur le sable à cinquante centimètres de mon pied droit. *Rien à faire, je n'y arriverai pas.*

Rien ne marche, pensé-je. Mais, heureusement, mon découragement est passager.

Je me lèche les lèvres et le goût âcre de la poussière collée sur mon visage en sueur me remplit la bouche. Mon couteau est maintenant hors de portée de ma main valide, et si je le déplace avec mon pied il s'enterre dans le sable. (Au moins, je sais que je peux le récupérer.) J'examine les résidus de pierre qui couvrent le gros rocher et mon avant-bras droit et je soupire. Je laisse tomber par terre le reste de mon pauvre maillet minéral en prenant soin de ne pas enterrer encore plus le couteau. Comme je n'ai pas relacé ma chaussure, je l'enlève à nouveau et j'attrape le manche de mon outil avec mes orteils, puis je le serre comme tout à l'heure les clés et parviens à le récupérer facilement.

Allez, Aron, plus de conneries, ça suffit. Perdre ton couteau est la dernière chose que tu puisses te permettre. Cet outil sera vital pour ma survie. Même si je suis certain qu'il est trop émoussé pour scier mes os, j'en aurai peut-être besoin. On ne sait jamais, je devrai peut-être couper une sangle, ou transformer mon sac à dos en une sorte de veste pour me protéger du froid de la nuit.

Il va bientôt être 20 heures et une brise légère souffle dans le canyon. Très vite, le vent forcit et il m'envoie du sable au visage. Je baisse la tête pour me protéger avec ma visière. J'évite la poussière dans les yeux, mais j'en sens les grains sur mes lentilles de contact. Bien recroquevillé pour éviter les violents courants d'air, je me surprends à ne rien faire, et même à ne penser à rien ; cette sensation de flottement disparaît dès que j'en deviens conscient. Me voilà de nouveau confronté à ma situation. Je regarde la poussière et les éclats de pierre qui recouvrent mon bras droit. Je m'en débarrasse avec les doigts, puis j'utilise mon couteau pour nettoyer les endroits les moins accessibles autour de ma main droite. Je rapproche mon visage et je dégage les dernières particules en soufflant. C'est ridicule. Pourquoi vouloir absolument garder ce bras propre ? Mais demeurer propre est un des rares moyens qui me restent pour contrôler un tant soit peu la situation.

Je reprends mon exercice d'excavation. L'obscurité envahit mon trou et s'étend dans le désert au-dessus de moi. Le crépuscule laisse place à la nuit. Je rallume ma frontale et choisis d'attaquer un nouveau point sur le rocher – une veine de grès rosé entourée d'un minéral noir, plus dur. Cet endroit se trouve à cinq centimètres au-dessus de mon poignet, mieux vaut être précis dans mes coups de burin. Je creuse une saignée avec précaution pour guider l'outil ; elle va me permettre de frapper plus fort. J'instaure un rythme, deux coups par seconde, avec une pause toutes les cinq minutes pour souffler sur les débris. Le temps s'écoule, lentement. Il y a un petit progrès. Une veine rose saumon apparaît maintenant à côté du petit sillon que j'ai réussi à creuser. Si je ne me trompe pas, je vais pouvoir enlever suffisamment de matière autour de cette pépite pastel pour la faire sauter d'un seul coup.

Je m'acharne jusqu'à me noyer dans l'action. Trois heures s'écoulent sans que je m'en rende compte. Minuit approche. À force de creuser autour du petit morceau de rocher, il est maintenant isolé. Il reste quelques millimètres et je vais pouvoir le faire sauter. Mais pas question de briser la pointe de ma lame, je la replie pour la remplacer par la lime. Elle est plus épaisse, plus solide, mais aussi moins indispensable, et, donc, j'ai moins de scrupules à la sacrifier. J'insère le bout de l'outil dans le sillon que j'ai creusé tant bien que mal, et j'appuie. Les éclats volent ! Je dois me protéger les yeux. Je retiens mon souffle. Je sens mon outil ; il devient douloureux dans ma paume. Je vois la roche qui ne résiste plus, le petit morceau se détache. Oui ! J'ai enfin détaché un morceau de pierre gros comme une petite pièce de monnaie qui tombe sur mon poignet coincé. Il n'est pas aussi gros que je l'avais espéré, mais je suis satisfait : ma stratégie donne des résultats, minimes, certes, mais j'ai progressé. Je dégage les éclats de pierre ; j'ai fait apparaître de la roche plus friable, qui sera plus facile à éliminer. D'ailleurs, après une heure de labeur, j'ai enlevé presque autant de matière que lorsque j'ai isolé les cristaux sombres. Je récupère les plus gros morceaux tombés sur mon avant-bras coincé et je les aligne sur le haut du rocher. Ma collection s'agrandit au fur et à mesure que le cratère s'élargit. Mais, au fur et à mesure que mes petits trophées s'accumulent, ma fatigue s'accentue. La douleur insupportable qui étreint mon avant-bras et ma main m'obsède trop pour que je ressente l'épuisement. Il faut que je me débrouille pour me dégager avant d'avoir perdu toutes mes forces ; le froid devient pénétrant. La brise me force à continuer de creuser, d'agir pour me réchauffer. Quand ma conscience s'affaiblit, mes genoux fléchissent et je pèse de tout mon poids sur mon poignet bloqué ; un éclair de douleur me réveille.

Est-ce la fatigue croissante ? J'ai une musique qui passe et repasse dans ma tête. Les quelques notes du générique d'un film que j'ai vu il y a quelques jours s'égrènent indéfiniment.

– Mais non, Aron, ce n'est pas du tout monotone, dis-je, sarcastique. Tu ne pourrais pas changer de disque, non ?

J'essaie de chantonner autre chose, mais je n'arrive pas à chasser cet air de ma tête.

Je fais une pause et j'en profite pour sortir de mon sac à dos la corde, le harnais, l'équipement d'amarrage, ma gourde souple et la bouteille d'eau. Je remets sur mes épaules mon sac, que j'avais enlevé depuis des heures, car son rembourrage va me permettre de conserver la chaleur de mon corps. Je sors du Camelbak la poche de plastique bleu et je glisse l'enveloppe le long de mon bras coincé. Je parviens à glisser cet isolant épais de deux centimètres, mais seulement jusqu'à un certain point, car le rocher presse mon bras contre la paroi. Grâce à cela, le reste de mon bras et mon épaule sont protégés du froid. J'extrais la corde du sac, la laissant bien enroulée, et je la pose sur une pierre juste devant mes genoux. Je peux maintenant plier les jambes et les reposer sur ce coussin de fortune, pour les soulager de mon poids. Pour autant, pas question de me détendre ; je peux simplement changer de position de temps en temps et stimuler la circulation sanguine de mes jambes.

Il est presque 1 h 30 du matin, je dévisse le bouchon de ma gourde et j'avale une petite gorgée d'eau. J'ai envie de boire depuis plus longtemps, mais j'ai volontairement retardé ce moment. Je voulais au moins avoir passé la moitié de la nuit avant d'entamer ma réserve. Le rafraîchissement est le bienvenu, comme une récompense pour avoir patienté si longtemps. Je suis inquiet. Ces soixante-six centilitres sont essentiels à ma survie. Mais comment savoir combien je peux en consommer et combien de temps je dois laisser passer entre chaque gorgée ? Après réflexion, je décide de boire un peu d'eau toutes les heures et demie. Ce sera un bon moyen de mesurer le temps.

Avec la fatigue, mes jambes s'affaissent de temps en temps. Je décide de fabriquer un siège qui me permettra de m'asseoir vraiment. Le plus difficile n'est pas d'enfiler mon harnais. Je passe les jambes dans les sangles, je serre la ceinture. Comme je n'ai qu'une main, je ne peux pas passer un deuxième tour comme on le fait habituellement – une précaution indispensable quand on grimpe en rappel, mais qui ne s'impose pas dans ma situation. J'en arrive maintenant au plus délicat : trouver un point d'ancrage pour mon équipement, quelque chose d'assez haut pour soutenir mon poids.

J'ai aperçu une fissure qui débute sur la paroi sud, à environ deux mètres à gauche de ma tête. En fait, c'est un petit espace entre le mur et le gros éboulis bloqué dans la gorge. C'est le rocher qui forme la dénivellation de quatre mètres que j'avais atteinte à la fin du goulet, celle que j'étais en train de descendre quand je me suis posé sur le rocher qui enserre maintenant mon poignet. Je n'avais pas examiné attentivement cette grosse pierre, mais je remarque deux caractéristiques qui pourraient bien m'aider à établir un ancrage. L'une est une fente qui malheureusement s'élargit vers moi ; l'autre est une sorte d'excroissance qui serait idéale si je pouvais passer ma corde autour en lasso ou ma sangle jaune. Mais comment fabriquer une ancre à lancer dans la fente que je pourrais ensuite tirer jusqu'à ce qu'elle se bloque dans la partie la plus resserrée ? Deux possibilités : soit j'accroche quelques mousquetons noués à la corde ; soit je confectionne directement un gros nœud et je tente de le coincer dans l'interstice. Quel que soit mon choix, il sera très difficile de lancer le système avec une précision suffisante pour qu'il atteigne l'ouverture et s'agrippe à l'excroissance.

Mais qui ne tente rien n'a rien ! Je commence par dérouler une dizaine de mètres de la corde. Au bout, je confectionne une série de nœuds formant un bloc de la taille d'un poing. Laissant de la corde déployée sur le dessus du rocher, j'envoie l'extrémité en visant la fissure, mais elle rebondit sur la paroi. Je me rends compte que je n'ai pas l'habileté pour viser correctement avec mon bras gauche. Ce sera peut-être plus facile avec un poids plus lourd. J'ajoute trois mousquetons avec un nœud en huit pour remplacer la boule de corde.

Les dix premiers lancers s'avèrent trop courts ; ils rebondissent contre la paroi ou glissent hors de la fente avant que les mousquetons ne se coincent. J'affine la procédure en préparant la réserve de corde pour qu'elle se déploie avec une moindre traînée et ma précision s'améliore. Encore une douzaine d'essais et, par cinq fois, les mousquetons atteignent leur cible, mais glissent hors de la fente. J'ajoute un quatrième mousqueton à mon grappin de fortune. Coup de chance, au lancer suivant, les mousquetons pénètrent dans l'ouverture et tombent au bon endroit, une petite tension sur la corde, juste au bon moment, et elle se cale solidement. Je teste la résistance de l'ensemble et je vois les mousquetons mordre dans la roche. Je crains un court instant que la petite excroissance de grès ne se brise, mais le rocher résiste à la tension. Une sensation de satisfaction envahit mon esprit fatigué. Je complète le système par une boucle supplémentaire et j'y attache mon harnais. Un petit ajustement des nœuds pour le soulever encore un peu afin d'éviter que mon poids ne porte sur mon bras et je peux enfin m'étendre et soulager mes jambes. Enfin ! Je me détends pour la première fois et mon corps profite de ma victoire sur la pesanteur. Je tenais sur mes jambes, immobile, depuis plus de douze heures !

J'attrape ma gourde posée sur son perchoir et je bois une petite gorgée. Il est 3 heures du matin. Mon repos est complet mais de courte durée – pas plus de quinze minutes avant que les sangles du harnais qui enserrent mes cuisses ne bloquent la circulation sanguine dans mes jambes. Il me faut me remettre debout. Si je reste trop longtemps assis, je risque une phlébite. Mais, bien avant que cela ne se produise, les sangles du harnais me scient littéralement les tendons du jarret. Je dois alterner ma position. Je reste debout vingt minutes, puis je me laisse suspendre vingt autres minutes, et ainsi de suite.

Durant les heures les plus froides de la nuit, avant l'aube, je ne cesse de buriner la pierre avec mon couteau. Je peux frapper assis ou debout. Je continue de progresser, très lentement. Après deux pauses pour boire à 4 h 30 et à 6 heures, je fais le bilan de ces quinze dernières heures de boulot épuisant. J'estime qu'à ce rythme il me faudra creuser le rocher pendant cent cinquante heures avant de libérer ma main. Le découragement me saisit.

Juste après 8 heures, j'entends un bruit qui filtre du canyon, au-dessus de moi, une sorte de souffle qui pulse l'air. Je lève les yeux et je vois un grand corbeau en vol. Il remonte le canyon et, à chaque battement de ses ailes, un écho me pénètre les oreilles. Il finit par émettre un croassement et disparaître de mon étroite fenêtre sur le monde. Il fait encore un froid moite au fond du canyon, mais je vois le jour sur la paroi nord, à vingt mètres au-dessus de moi. Des nuages flottent dans le ciel. J'éteins ma frontale. J'ai survécu à la nuit.

Vers 9 h 30, une pointe de soleil apparaît derrière moi, sur le sol du canyon. Cette lame de lumière est encore à trois mètres derrière mes chaussures. Je ne me suis pas encore entièrement réchauffé de la fraîcheur nocturne et je n'ai qu'une envie, qu'un peu de soleil vienne me lécher la peau. Encore cinq minutes et la dague vient frapper non loin de mon pied gauche, là où j'avais laissé tomber mes clés. J'étire mon corps au maximum et je peux étirer ma jambe gauche vers l'arrière pour que le soleil me caresse les chevilles et le bas du mollet. Pendant dix minutes, je prends cette pose, étirant alternativement la jambe gauche, puis la droite. Le soleil se déplace à travers le canyon. Comme une posture de yoga, cette curieuse salutation au soleil annonce une nouvelle journée. Dans ma tête, je me demande combien de matins encore je pourrai effectuer ce rite matinal. Mais je repousse cette pensée pour profiter de la chaleur rassurante. Remontant le long de la paroi nord, l'épée de lumière se plie, se déforme en suivant les ondulations du relief, jusqu'à ce qu'elle soit trop haute pour réchauffer mes jambes. J'observe le rayon balayer un dernier mètre avant qu'il ne soit masqué par un éboulis et je comprends que ce sera le seul soleil direct que j'aurai reçu de la journée.

La présence de l'astre de feu me remonte le moral et je me sens quelque peu revigoré. Je profite de ce petit répit d'optimisme pour reprendre mon outil et buriner le rocher. Je spécule sur mes chances d'être retrouvé et sur le moment où l'on commencera à me rechercher. Les espoirs sont faibles. Kristi et

Megan me connaissent à peine. Quand elles ne m'ont pas vu arriver à leur pick-up hier après-midi, elles ont dû se dire que je leur avais posé un lapin. Elles ne savent pas non plus comment est mon camion et, donc, même si elles allaient vérifier à l'entrée de piste du Horseshoe Canyon, elles ne pourraient pas savoir si mon véhicule est là ou non. Comme je n'ai pas confirmé à Brad et Leah si je viendrais à la soirée « Scooby-Doo », ils ne se seront sûrement pas inquiétés. Mes colocataires seront étonnés, mais ils ne savent pas où je suis. Même s'ils étaient inquiets au point de signaler mon absence à la police d'Aspen, les autorités n'interviendraient pas avant mardi soir au plus tôt, quand je ne me serais pas présenté à mon travail depuis vingt-quatre heures.

Selon toute probabilité, mon patron à l'Ute Mountainer appellera mes parents pour savoir pourquoi je ne suis pas là. À ce moment-là, peut-être demanderont-ils à la police de vérifier mes dernières dépenses auprès de mon organisme de carte de crédit. Ils me repéreront à Moab. En pensant à cela, je bas ma coulpe en récapitulant mes derniers achats : je ne me suis servi de ma carte de crédit que pour acheter de l'essence à Glenwood Springs, là où la route d'Aspen rejoint l'Interstate. De là, j'aurais pu tourner à gauche ou à droite. Ai-je utilisé ma carte bancaire pour acheter des provisions et refaire le plein à Moab, avant de prendre la direction de Horseshoe ? Je ne m'en souviens plus. J'espère que la procédure de recherche des personnes disparues comprend une vérification bancaire.

Si la police prévient le service des Parcs nationaux et que celui-ci lance des recherches à partir de mercredi, ils ont peu de chances de retrouver mon véhicule rapidement – ils se concentreront d'abord sur les sites les plus proches de Moab. J'ai remarqué une pancarte indiquant aux visiteurs que les rangers effectuent des tournées dans le Horseshoe Canyon, là où se trouvent les peintures ; la meilleure chance de retrouver mon camion sera donc samedi, s'ils ont été prévenus et me recherchent. En supposant un peu de chance, ou un quadrillage plus étendu, ils pourraient mettre la main sur mon pick-up le premier jour des recherches, jeudi. Mais, avant qu'ils n'inspectent tout le canyon et ne s'attaquent au Blue John, on sera vendredi.

Vendredi, donc, avant que quelqu'un ne penche la tête par-dessus ce rocher, à trois mètres de moi.

Vendredi.

Ce serait le plus tôt. On peut plutôt tabler sur dimanche, étant donné les habitudes des rangers. Dimanche, c'est-à-dire dans une semaine.

Je serais étonné de survivre jusqu'à jeudi matin. Je ne tiendrai jamais jusqu'à vendredi. Impossible.

Et, dimanche, je serai momifié.

4

Comment devenir un ingénieur en retraite en moins de cinq ans

Vérité du jeu : où ce que l'on cherche à gagner au jeu n'égalera jamais l'énormité de ce que l'on y perdra.

Joe SIMPSON, *Dark Shallows Falling*

L'année qui suivit ma rencontre avec l'ours noir, dans le Grand Teton, je préparai trois projets qui devaient occuper tous mes loisirs : j'allais faire l'ascension de tous les « 4 000 » du Colorado ; j'allais effectuer toutes ces expéditions en solitaire, et l'hiver (ce qui n'avait jamais été réalisé auparavant) ; enfin, j'allais vaincre tous les plus hauts sommets des États-Unis. À la fin de 1997, je commençais mon job chez Intel, une sinécure, comparé à se faire poursuivre par un ours affamé.

Pour compenser la banalité de ma nouvelle carrière d'ingénieur en mécanique, j'explorai les vastes territoires de l'Arizona – canyons, montagnes, volcans, cratères de météorites, déserts, forêts. Je fis la connaissance de mon ami et mentor Mark Van Eeckhout par l'intermédiaire d'un copain de classe. Nous travaillions tous deux dans le même laboratoire et, pendant les pauses déjeuner, nous échafaudions nos plans de randonnées et de camping.

Ma copine de collège, Jamie Ziegler, m'avait offert le bouquin d'Edward Abbey, *Désert solitaire*, qui alimenta ma passion pour l'aventure dans le désert. En 1998, je m'inscrivis comme membre fondateur de l'Intel Adventure Club. Avec quatre de mes collègues de bureau, y compris Jamie Stoutenberg, et Judson Cole, nous décidâmes de traverser le Grand Canyon dans les deux sens en deux jours. En partant du South Rim, nous allions emprunter le South Kaibab Trail – mille cinq cents mètres de dénivellation, douze kilomètres de parcours –, puis nous traverserions le Colorado pour reprendre le Bright Angle Trail vers le North Rim – deux mille mètres d'ascension. Après une nuit de repos, nous repartirions dans l'autre sens, vers le South Rim.

Juste avant cette excursion, je lisais le livre de Jon Krakauer, *Into the Wild*. L'histoire du jeune Chris McCandles accomplissant le tour des États-Unis m'avait enthousiasmé. Je me voyais déjà dormant derrière mon camion, rebondissant d'un endroit à l'autre à travers le continent. J'étais tellement passionné par les aventures d'Alex Supertramp – Super-vagabond –, surnom de Chris, que j'avais emporté le livre lors de notre voyage dans le Grand Canyon. Un passage en particulier – une lettre envoyée par Chris à un ami rencontré lors de ses pérégrinations – m'était apparu comme un véritable manifeste.

> *Tant de gens vivent des existences malheureuses, mais ils ne veulent pas prendre l'initiative de changer leur situation parce qu'ils sont conditionnés par des critères de sécurité, de conformité et de conservatisme, tout cela leur donnant apparemment une certaine tranquillité d'esprit. Mais en réalité, rien n'est plus dommageable au naturel aventureux de l'homme qu'un avenir assuré et tranquille. L'essentiel de l'esprit humain comporte une passion pour l'aventure. Les plaisirs de la vie proviennent de nos rencontres avec de nouvelles situations et il n'est donc pas de plus grande joie qu'un horizon sans cesse changeant, que de contempler chaque jour un soleil différent.*

Je voulais goûter à ces plaisirs, vivre ma passion pour l'aventure, mettre de côté la sécurité de mon boulot et laisser mon esprit vagabonder. Je devais donc apprendre les rudiments de la vie sauvage ; je devais gagner de l'expérience avant de me lancer dans des expéditions de haut niveau ; je devais me préparer afin de réduire les risques. Plus concrètement, il me fallait acheter un pick-up et donner ma démission. Mais il me restait beaucoup de chemin à parcourir avant de tenter l'aventure.

Un autre bouquin de Krakauer, *Tragédie à l'Everest*, enflamma mon imagination durant l'hiver 1998. Il retraçait l'équipée désastreuse du mont Everest au cours de laquelle onze personnes avaient trouvé la mort. J'avais l'impression d'avoir été transporté à huit mille mètres d'altitude avec le groupe d'alpinistes perdus de Neal Beidleman, juste à quelques centaines de mètres du Camp VI, me demandant comment je me serais comporté à leur place. Épuisé par l'ascension finale, assommé par le blizzard, à court d'oxygène, les membres gelés, serais-je resté immobile, à attendre la mort ? Aurais-je quitté le groupe pour sauver ma vie ? Serais-je retourné les chercher si j'avais réussi à atteindre le camp ? Quelle attitude aurais-je adoptée ? Cette tragédie me donnait envie de tester mes capacités. Je voulais savoir qui j'étais vraiment : étais-je de ceux qui se laissaient mourir ou au contraire de ceux qui surmontaient tous les obstacles pour se sauver et sauver les autres ? Non seulement j'avais envie d'aller dans l'Himalaya pour vaincre un des plus grands sommets du monde, mais je voulais explorer la profondeur de mon caractère.

C'est dans cet état d'esprit que j'entrepris le 8 mars 1998 l'ascension en solitaire du Humphreys Peak, le point culminant de l'Arizona. Mon ami Mark me prêta les raquettes, le piolet et le guide de référence de l'alpinisme, *Freedom of the Hills*, en m'expliquant le maniement du piolet décrit dans le manuel. Partant des pistes de ski, à huit kilomètres au nord de Flagstaff, je grimpai en raquettes à travers les sapins pendant deux heures avant d'arriver sur un grand champ de neige. Je montai encore sept cent cinquante mètres de pente modérée pour atteindre la crête, où je déchaussai les raquettes. J'étais noyé dans les nuages. Ils étaient si épais que je ne pouvais pas voir l'autre côté de la crête, à ma droite. Je restai donc sur le flanc gauche pourtant plus exposé au vent. Après une demi-heure de marche autour de l'ancien cratère, j'étais pétrifié de froid par les rafales de vent glacé, mais je finis par trouver le sommet. Je m'assis contre un mur de roche à 3 850 mètres d'altitude. J'entendis trois coups de tonnerre lointain et j'aperçus des éclairs entre les nuages, au sud.

Pas question de rester sur le sommet et de risquer la foudre, mais je ne voulais pas non plus quitter la protection de la paroi rocheuse. Pendant un court instant, je m'identifiai aux alpinistes blottis dans la neige, perdus sur le col sud. Ici, perdu dans la neige hivernale, je ne savais plus où j'en étais, j'étais angoissé, léthargique et je compris mieux la tentation d'attendre que les éléments se calment, qui peut conduire, in extremis, à une apathie mortelle. Je repris mes esprits et me levai pour affronter le blizzard. Je ne voyais qu'une brume grise et dus prendre ma boussole pour m'orienter. Mes traces de pas avaient disparu en quelques secondes.

Je forçai le chemin tout en cherchant à travers le brouillard les raquettes de Mark. Je les avais laissées sur la crête, en haut du champ de neige, afin de marquer l'endroit où je devrais bifurquer pour descendre vers la forêt et sortir des nuages. À travers le bruit du vent, j'entendis une sorte de grésillement provenant de mon sac à dos. Je m'arrêtai pour vérifier ce qui n'allait pas et je vis des petites étincelles bleues entre mes deux bâtons de ski. Comme un imbécile, je les avais fixés verticalement le long du sac et ils dépassaient d'un mètre au-dessus de ma tête. Ils attiraient les éclairs ! Je lâchai tout de suite le sac et plongeai aussitôt dans la première flaque de neige. Tout essoufflé, je tirai mon sac à côté de moi et je dégageai de la crête en vitesse à plat ventre. Quand je me sentis suffisamment en sécurité pour me redresser, je courus le plus vite possible pour me protéger de la foudre. Après quelques minutes, je ralentis et une brève trouée dans les nuages me permit de voir les raquettes de Mark, juste un peu plus haut. Je lâchai mon sac pour aller les chercher. Deux heures plus tard, je regagnai mon pick-up sans encombre.

On retrouve dans ma façon d'aborder l'alpinisme des éléments récurrents découlant de cette première ascension du Humphreys Peak : je voyage seul, je grimpe par mauvais temps, je choisis ma route efficacement quand les conditions sont difficiles, je joue à cache-cache avec les éclairs. Cette ascension me donna confiance en moi : mon niveau de conscience s'éleva d'un cran et me permit de mieux profiter de la vie.

Après mon aventure du Humphreys Peak, Mark et moi avons souvent discuté de mon projet d'ascension de tous les « 4 000 » du Colorado en hiver. Mark savait que je n'avais pas l'expérience suffisante pour entreprendre un projet aussi risqué, mais il savait aussi que j'étais déterminé à le mener à bien. Il m'enseigna les principes de base de la grimpe, l'utilisation des cordes, les dangers d'avalanche, et le déplacement dans la neige. Nous fîmes quelques excursions dans le centre de l'Arizona. Nous allions nous entraîner au gymnase de varappe, à Tempe, et, lors du week-end du Labor Day de 1998, Mark nous emmena, mon ami Howard et moi, pour notre première excursion d'escalade sur le Vestal Peak et les San Juan Mountains du Colorado.

Le Vestal Peak reste pour moi un souvenir mémorable. Mark nous apprit à dompter nos appréhensions avant de grimper et à maîtriser la peur pendant l'ascension. Il fallait escalader un mur de granit de six cents mètres de haut qui se termine à près de quatre mille mètres d'altitude. À mi-chemin, en plein milieu de la face nord, les semelles de mes deux chaussures me lâchèrent. Les coutures au talon n'avaient pas résisté aux efforts de l'ascension. J'avais aux pieds l'équivalent de deux grosses tongs pour la dernière partie du chemin.

En dépit de la défaillance de mes chaussures, nous atteignîmes le sommet. J'étais déçu que l'ascension soit déjà terminée. Une fois en haut, Mark me fit partager son repas rituel des sommets : poisson fumé et crackers, une tradition à laquelle nous ne faillissions jamais lors de nos expéditions. Nous prîmes des photos. Mon sourire radieux, la bouche pleine de poisson, exprimait l'ivresse que je ressentis, au sommet de la montagne, avec mes meilleurs copains, après avoir surmonté la peur.

Quand ma sœur Sonja entra à l'université, à l'automne de 1998, elle se retrouva au fin fond du Texas, dans un endroit ennuyeux à mourir. Je voulais lui faire partager le plaisir intense que me procuraient les grands espaces et je l'invitai à m'accompagner aux chutes du Havasupai Canyon, un des plus beaux paysages que j'aie jamais vus. Dans la langue des aborigènes qui vivent dans cette région depuis des centaines de générations, Havasupai signifie « les hommes des eaux bleu-vert ». Là se trouvent quatre grandes cascades, la plus grande tombant d'un escarpement de plus de soixante mètres dans un bassin aux eaux turquoise qui remplit toute la largeur du canyon.

Ma sœur et moi arrivâmes au départ de la piste le jour de Thanksgiving 1998 et nous marchâmes seize kilomètres en partant du plateau, jusqu'au Havasupai Canyon, où nous traversâmes le village de deux cents habitants. Comme il n'y a pas de route qui mène au village, tout est apporté par hélicoptère ou par des caravanes d'ânes. Ce village est le seul de tous les États-Unis dont la poste est desservie par des ânes. Les résidents disposent d'une ligne téléphonique commune. Ils ont l'eau courante et assez d'électricité pour alimenter leurs chaînes stéréo. On entend du reggae sortir de partout ; des tapisseries représentant Bob Marley décorent les fenêtres de presque toutes les caravanes qui servent ici de logement social.

Passé le village et les Navajo Falls, nous arrivâmes aux Havasupai Falls et à la zone de camping en début d'après-midi. Havasupai est la chute d'eau la plus belle. Cette lumineuse cascade de cinquante mètres coule depuis le haut d'une sorte de draperie en travertin brun et vient se déverser dans un bassin profond chauffé par le soleil. C'est un lieu magique, fréquenté par bon nombre de randonneurs et de campeurs. Nous déposâmes notre matériel et poursuivîmes notre exploration en aval.

Quelques minutes plus tard, nous étions devant les Mooney Falls. Leur beauté et leurs couleurs flamboyantes nous laissèrent pantois. Il nous fallut une minute avant d'émettre un son. Nous admirions des îlots d'épaisse végétation verte, des tours jaune étincelant de feuilles de cotonniers qui réfléchissaient les rayons du soleil, des bancs de sable parsemés de troncs d'arbres blanchis par le temps et les extraordinaires formations rocheuses de travertin rouge cerise qui drapent le canyon, le tout sous un magnifique ciel bleu indigo.

Sonja s'assit sur une pierre, tandis que je me faufilais entre les digues pour passer sur la rive droite du torrent. Avec mes sandales trempées, ma démarche n'était pas très assurée, mais je m'aventurai quand même jusqu'à une plate-forme rocheuse entourée de cactus.

Vers la fin de l'après-midi, Sonja et moi retournâmes dans les tunnels des Mooney Falls alors que la lumière commençait à tomber. De retour à notre campement, en guise de dîner de Thanksgiving, nous mangeâmes de la dinde précuite sur des crackers, suivie de macaronis au fromage. Même pour un pique-nique, cela manquait d'originalité, mais nous étions heureux de nous retrouver dans un endroit aussi magnifique. Après avoir partagé une plaque de chocolat, nous suspendîmes nos provisions pour les protéger des ratons laveurs et des chats sauvages, puis nous nous écroulâmes sur nos couvertures pour dormir à la belle étoile. Nous étions les deux seuls occupants du camping.

À 7 heures, le lendemain matin, je descendis le canyon à la lueur de ma lampe frontale. Je passai rapidement le chemin cordé des Mooney Falls, traversant le torrent à pied, et je marchai dans les herbes et les roseaux qui bordaient les bancs de sable en traversant les Beaver Falls. J'étais juste à l'heure pour mon rendez-vous sur les berges du Colorado avec Jean-Marc et Chad. Ils m'offrirent du café tout frais bouilli sur leur réchaud de campagne. Nous inspectâmes les lieux à la recherche d'un endroit pour nager sur la rive sud du fleuve. Chad pataugea jusqu'à la zone confluente de la Havasupai Creek pour photographier la jonction où les eaux transparentes de la rivière se jetaient dans les courants impétueux et sombres du Colorado.

Qu'est-ce qui m'a poussé à suivre Chad dans l'eau, à m'aventurer jusqu'au dernier rocher marquant la limite d'un puissant tourbillon, et à me jeter tout habillé sans gilet de sauvetage dans le tumultueux Colorado ? Cela me parut, sur le moment, une bonne idée. D'ailleurs, Chad prit une photo de moi, projeté en l'air et entraîné inconsidérément vers la catastrophe. Toujours est-il que si lui et Jean-Marc n'avaient pas réagi aussi vite ç'aurait été la dernière photo de moi vivant. Quand je refis surface, après mon plongeon inconsidéré, je fus saisi par la température de l'eau – dix degrés, de quoi provoquer un choc hypothermique – et dix degrés de moins que les eaux merveilleuses de la Havasupai Creek.

Mon épaisse chemise à manches longues et mon pantalon se transformèrent en poids de cinq kilos chacun et mes baskets alourdirent mes pieds alors que le courant m'entraînait au bord du tourbillon géant. Je me débarrassai immédiatement de mes chaussures et nageai vigoureusement sans pouvoir sortir du tourbillon. À un mètre et demi du bord, j'avais déjà perdu pied et je m'éloignais de la terre ferme. Le courant circulaire du tourbillon était trop puissant ; impossible de le surmonter. Chad et Jean-Marc me crièrent :

– Aron, tu as besoin d'aide ?

– Ça va, je vais m'en sortir.

J'étais trop orgueilleux pour admettre ma défaite. Je buvais déjà la tasse.

Chad avait dû déceler la panique dans mon timbre de voix. Il se précipita jusqu'à leur campement, alors que, poussé par le courant circulaire, je commençais à remonter le fleuve. Mais je m'éloignais de plus en plus de la rive. Le cycle recommençait, le courant principal me reprenait. En tentant de déboutonner ma chemise pour m'en délester, je coulai brusquement. Les eaux glacées du Colorado me congestionnaient la poitrine. Je perdais rapidement mon souffle. Après avoir avalé trois fois de l'eau, je fus une fois de plus submergé. En aval du tourbillon, les parois du canyon se resserrent et forment des falaises de cent mètres de haut sur près d'un kilomètre, puis le fleuve disparaît dans un méandre. Si j'étais aspiré au-delà du tourbillon de la Havasupai Creek, je me noierais bien avant de regagner les berges. Ensuite, le courant entraînerait ma dépouille jusqu'aux abords du lac Mead. Je voyais déjà la une du journal : UN INGÉNIEUR IMPRUDENT SE NOIE DANS LE GRAND CANYON. SON CORPS EST RETROUVÉ DANS LE LAC MEAD.

Je me débattais dans l'eau pour essayer de rester dans le tourbillon. Arrivé au point le plus bas, je sortis du courant circulaire et je hurlai :

– Au secours, au secours !

Chad était de retour.

– Jean-Marc, ici ! cria-t-il.

Chad lui jeta une corde. Jean-Marc était à cinq mètres de moi.

– Aron, attrape-la !

Il lança le filin mais me rata. L'extrémité dérivait hors de portée de ma main.

Je continuai de nager vers le rivage avec l'énergie du désespoir. Le froid me contractait, je commençais à ne plus sentir mes bras, mes jambes. Jean-Marc ramena la corde avant de me la lancer à nouveau, mais le tourbillon m'avait déjà fait dépasser la petite plage et je me retrouvais maintenant emporté par la puissance monstrueuse du Colorado. Je me concentrai sur la ligne de démarcation du tourbillon ; je poussai mes jambes engourdies et brassai le plus fort possible. Je ne vis pas Jean-Marc repasser la corde à Chad, mais quand je me retrouvai enfin à l'intérieur du tourbillon, cinq secondes plus tard, Chad venait de lancer la corde et criait :

– Aron, Attrape-la ! Vas-y ! Elle est là !

Je tendis mon bras et finis par serrer la petite cordelette noire. Je dérivais, porté par le courant du tourbillon. Chad tira un coup sec pour me repêcher, mais, comme un imbécile, je ne la tenais pas assez serrée et lâchai. Désemparé, persuadé de ne pas pouvoir résister à une autre attaque du courant, je suppliai :

– Aide-moi ! Relance-la !

Mes efforts étaient désespérés mais de plus en plus faibles. Cette fois, il ne fallait pas qu'il rate son coup. Une erreur, et c'était la mort assurée. Trois secondes plus tard, la ligne était là et entourait mon épaule droite. Un vrai miracle ! Je l'attrapai à deux mains en l'enroulant deux fois autour de mon poignet. Mon corps allait flancher. Je sentis la ligne se tendre. Pourvu qu'elle ne casse pas ! Puis mes mains, mes bras et mon ventre raclèrent le sable. Jean-Marc m'attrapa par les épaules. J'avais la nausée, j'étais gelé, j'avais perdu mon souffle. J'étais complètement sous le choc. J'étais enfin sauvé, mais épuisé. J'entendis une voix :

– Bon Dieu, tu respires ?

J'acquiesçai de la tête.

– Merci... les... gars...

Je pouvais à peine parler, j'avais la tête enfouie dans le sable, entre mes deux bras étendus.

– Tu as failli crever !

Jean-Marc était furieux, mais Chad gardait son calme.

– Ça va aller. C'est fini. Comment te sens-tu ?

– J'ai froid.

Je frissonnais.

– Je crois que j'ai... avalé... beaucoup d'eau.

Je roulai sur le côté pour m'asseoir, et sortis lentement mes jambes de l'eau tout en tenant mon estomac gonflé. J'avais mal au ventre ; je voulais vomir, mais je n'en avais même pas l'énergie.

Il me fallut cinq minutes pour me remettre. Je fixai le tourbillon, où j'avais été à deux doigts de pousser mon dernier soupir. Chad me passa un sweat-shirt sec et je me levai, tout étourdi, incapable de marcher droit. J'étais sec, mais encore gelé, et il me fallait bouger. Cependant, écœuré d'avoir bu la tasse, je tenais à peine en équilibre. Jean-Marc s'en aperçut et m'obligea à m'asseoir et à me reposer pendant qu'ils remballaient leur équipement. Nous commencions à nous détendre et la décharge d'adrénaline nous rendait maintenant euphoriques.

– Je n'arrive pas à croire qu'on ait eu autant de chance.

J'étais ébahi de constater qu'il s'en était fallu de quelques secondes et quelques centimètres pour que je sois sauvé.

– Je n'en reviens pas que tu aies pu dire : « Non, ça va, pas besoin d'aide – je suis en train de me noyer, mais tout va bien ! » fit Chad pour me taquiner.

Je relevai la tête en riant. Nous fûmes saisis d'un fou rire.

– Vous êtes prêts ? Moi, il faut que je remette mon métabolisme en marche !

– Oui, on y va. Mets tes chaussures, me répondit Jean-Marc.

– Oh ! Mais je les ai larguées quand j'étais dans l'eau. Je rentre en chaussettes.

Mes baskets filaient maintenant vers le Mexique et mes sandales étaient dans mon sac, au camping.

– Douze kilomètres, mec. Prends mes sandales. Elles sont sur mon sac.

Chad se pencha et je défis les boucles en Velcro. Elles étaient trop grandes pour moi, mais c'était mieux que rien.

Plus nous marchions, mieux je me sentais. Je m'étais réchauffé et mon estomac digérait l'eau du Colorado. Nous repassâmes en revue les péripéties de mon sauvetage et je demandai à Chad s'il avait réussi ma photo.

– Oui. Tu es là, saisi en plein vol, sautant du rocher.

– Bon, alors, du moment que tu as la photo, ça valait le coup de le faire, répondis-je d'un ton sarcastique.

Au fond de moi-même, j'étais content de savoir qu'un des moments les plus stupides de ma vie était fixé à jamais sur la pellicule.

En chemin, Jean-Marc nous apprit qu'il avait une bouteille de vodka planquée dans le sac de matériel laissé au camp de base, au-dessus de Mooney Falls. Ce fut bientôt la seule chose qui nous préoccupa. Nous forçâmes le pas pour les cinq derniers kilomètres, sautant sur les troncs d'arbres, glissant dans le ruisseau, pour profiter au plus vite du moment de l'apéritif. La bouteille ne fit pas long feu. Nous la sifflâmes presque à nous trois, avant de rejoindre à la tombée de la nuit, pour une dernière petite baignade dans le grand bassin, les Havasupai Falls. Nous ressassions indéfiniment l'histoire de ma quasi-noyade, en batifolant sous la lune comme les créatures du lagon bleu. Il faisait nuit quand nous sortîmes de l'eau pour finir la dernière goutte de vodka. Nous écrivîmes un faux message de détresse pour la bouteille qui fut jetée par-dessus les Mooney Falls. Nous l'imaginâmes faisant son chemin jusqu'au lac Mead, où un gars chevauchant son jet-ski la trouverait : « Au secours, nous sommes au camping de Havasupai. Nous n'avons plus de vodka ! Faites en parvenir d'urgence ! signé : Jean-Marc, Chad et Aron, 29 novembre 1998. »

Une minute plus tard, Sonja et moi étions dans nos sacs de couchage. Allongé là, près de ma sœur, je lui racontai ce que j'avais vécu dans les eaux glacées du Colorado. Abandonnant mon air bravache, je lui avouai :

– J'ai eu la trouille, Sonja. J'ai imaginé les titres de journaux rapportant ma mort. J'ai bien cru que c'était fini.

Nous pleurâmes un peu, puis le sommeil nous envahit. Le lendemain matin, après avoir rangé nos affaires, prêts pour les seize kilomètres à pied qui nous séparaient de ma voiture, nous étions devant les Havasupai Falls, posant pour une photo souvenir, trop contents d'être réunis. Cette image de nous deux est ma préférée.

En décembre 1998, je n'avais pas encore vaincu un seul « 4 000 ». J'avais prévu de commencer par les sommets les moins techniques, au cours de la saison d'hiver 1998-1999. Ces montagnes, bien que relativement sans danger, exigent néanmoins une bonne connaissance du déplacement sur neige et l'expérience des conditions hivernales. Lors de la dernière expédition d'entraînement, avec Mark, avant mes vacances d'hiver, nous avions tenté l'ascension de l'Engineer Mountain, au sud-ouest du Colorado, près de Durango. Les conditions étaient difficiles, à cause d'un blizzard qui soufflait et nous empêchait de voir à plus de quinze mètres. Au tiers du chemin, nous dûmes abandonner l'ascension ; nous passâmes la fin de la matinée à creuser des puits dans la neige pour examiner la densité des diverses couches de neige, leur cohésion et les risques d'avalanches. Cette pratique allait devenir routinière pour mon futur projet de vaincre les « 4 000 ».

Deux jours plus tard, je fis route vers Fairplay, dans le centre du Colorado. Au programme, une tentative en solo de grimper le Quandary Peak l'hiver. Ensuite, je devais rejoindre mes parents pour Noël. Le Quandary est facile d'accès, les risques d'avalanche étaient minimes et il constituait un excellent terrain pour tester mes capacités d'alpinisme hivernal en solitaire. Le matin du 22 décembre, l'air était clair et froid, mais un fort vent de jet-stream soufflait en altitude. J'avais racheté à Mark ses raquettes et, en les attachant sur mes chaussures de cuir imperméable, j'étais excité comme un enfant, sachant que cette fois il ne s'agissait pas d'une randonnée ordinaire. Cette ascension du Quandary, haut de 4 348 mètres, représentait la première étape d'un engagement important, la réalisation de mon projet. J'étais là, à la lisière de la forêt, sautant le cap de l'entraînement pour passer à la performance.

Le vent sur mon visage accapara toute mon attention pendant la montée. J'essayais de garder la tête penchée et de protéger mes lunettes pour éviter qu'elles ne gèlent à l'intérieur. Je marchais péniblement, puis j'arrivai à l'endroit où la pente devint tellement forte que les arbres semblaient pousser à l'horizontale. Plus haut, le vent avait nettoyé la couche de neige jusqu'au sol rocheux. Je laissai mes raquettes sur une butte, quelque part à 3 600 mètres d'altitude. Je regardai vers le sud-ouest, où se dressaient les pics du massif Lincoln. Le vent s'engouffrait dans les fentes de ventilation de mes lunettes et me faisait pleurer ; les sommets enneigés scintillaient sous un ciel d'azur.

En laissant une couche d'atmosphère polluée en dessous de moi, je voyais le ciel changer progressivement de couleur. Du bleu méditerranéen, il était passé au cobalt pur et devenait maintenant indigo. Je m'imaginais pouvoir grimper jusqu'à ce qu'il devienne noir. Pendant ces quelques heures, le ciel de l'univers dans lequel j'évoluais était différent de celui que voyaient les autres. Je me dis que j'étais probablement la personne la plus haut perchée de tout le Colorado, car personne ne parcourt ces sommets de plus de quatre mille mètres en plein hiver. Et sans doute même la personne la plus haut perchée de tous les États-Unis.

Les températures se situaient aux alentours de moins vingt-huit degrés et je n'avais pas pensé à conserver mes provisions dans mes poches de pantalon. Mes bouteilles d'eau, achetées à l'épicerie, étaient complètement gelées. Mes barres de chocolat s'étaient transformées en glaçons. Immangeable ; il ne me restait plus qu'à les sucer, comme une glace sur bâtonnet.

Pour descendre, j'avais le vent dans le dos et je faillis presque m'envoler en faisant de grands bonds jusqu'à mes raquettes. Soulagé, après les efforts de l'ascension, je pus profiter du moment pour me délecter de mon exploit. Je chaussai mes raquettes et, sur le chemin du retour, je réfléchis à la façon de ranger ma nourriture et mon eau en altitude. D'ailleurs, la faim commençait à me tenailler et j'avais la bouche bien desséchée. J'avais soif et râlais d'avoir dû m'encombrer de toutes ces provisions sans pouvoir en profiter.

De retour à ma voiture, il me fallut deux heures pour rejoindre la maison de mes parents à Denver. J'exultais : mon premier projet avait été couronné de succès. D'autres réussites allaient venir, mes performances d'alpinisme en solo s'amélioreraient à mesure de mes expériences, mais cette première ascension allait me soutenir le moral toute l'année, avant que j'entame, en décembre 1999, ma deuxième ascension. Entre-temps, je fus muté dans l'État de Washington afin de poursuivre ma carrière d'ingénieur. J'en profitai pour affûter mes capacités en montagne et passer au niveau supérieur. Je fus bientôt en mesure de grimper plus vite : des dénivellations de mille mètres en une heure avec un sac de dix kilos. J'appris à me servir de crampons dans la neige, sur glace et sur rochers. Je fis des sorties avec d'autres alpinistes pour pratiquer des secours en crevasses et des cordées sur glacier. Nous avions l'intention de grimper en une fois tous les pics des glaciers du massif des Cascades – le mont Rainier, le mont Baker et le mont Shuksan. Pendant les six mois que je passai dans l'État de Washington, il n'y eut pas un seul week-end de beau temps, mais cela ne m'empêcha pas d'aller en montagne chaque semaine. Je m'étais rendu compte que si j'attendais des conditions météorologiques plus clémentes je ne ferais jamais rien et, donc, je supportais les vêtements trempés, les tentes moisies, les nuits froides en plein été et des panoramas bouchés par les nuages une fois arrivé sur les sommets.

Lors de l'ascension du mont Rainier, j'appris ce que signifiait rester coincé dans un bivouac mal exposé. Avec Paul Budd, mon coéquipier, nous avions dû dévier de notre route à cause de la météo. Notre camp, avec la nourriture et les provisions d'eau, était établi à 3 350 mètres, sur le versant opposé. Nous sommes restés huit heures, bloqués à trois mille mètres d'altitude par moins vingt degrés de température. Nous étions pétrifiés de froid. Pendant cette mémorable expédition, nous avons grimpé plus de 4 500 mètres (il nous a fallu remonter par le sommet pour récupérer notre équipement) en vingt-quatre heures ; en outre, à cause des orages, nous n'avons pas dormi pendant soixante-six heures.

J'avais rejoint un groupe de trois alpinistes pour l'ascension de la face nord du mont Shuksan, un des plus beaux sommets du monde, pour ce qui restera pour moi ma plus belle expédition. Mais notre approche confirma le proverbe : « Si tu veux atteindre le Ciel, tu dois passer par l'Enfer. » Notre équipe se fraya un chemin à travers un sous-bois si dense qu'un de mes outils fut arraché de mon sac sans que je m'en aperçoive. Je perdis aussi notre seule carte en glissant sur le sol jonché de branches d'aulnes. Heureusement, nous connaissions la route par cœur et nous pûmes continuer notre progression, mais il nous fallut près de huit heures de marche pour parcourir deux kilomètres en pleine nuit.

Le lendemain matin, nous étions épuisés par notre marche forcenée à travers la forêt. Nous grimpâmes 1 500 mètres sur le flanc nord de la montagne avant de nous écrouler pour une heure de repos. À midi, nous nous secouâmes et décidâmes de nous encorder. Nous voulions nous protéger d'une éventuelle chute dans les crevasses au cours de l'ascension des glaciers. Trois cents mètres plus haut, au milieu de la rampe où se rejoignaient les deux glaciers de la face nord, alors que mon compagnon de cordée Bruce et moi étions en train de traverser un champ de débris d'avalanche, nous entendîmes un roulement lointain au-dessus de nos têtes.

Sans prendre garde, nous nous éloignâmes l'un de l'autre en courant et la corde se tendit. Nous en avons bien ri par la suite, mais, sur le moment, ce fut la panique. Nous étions brusquement arrêtés dans notre élan. Je me tournai vers Bruce.

– PAR ICI !

Le bruit de tonnerre se faisait de plus en plus menaçant et je tirai d'un coup sec sur la corde.

Nous nous précipitâmes tous deux sur la neige, terrorisés. Avec nos lourdes chaussures de montagne, nos crampons et nos sacs de vingt kilos, le moindre mouvement était un cauchemar. Nous avions l'impression de courir sur place. Le temps passait au ralenti. Soudain, le bruit se fit plus fort, puis s'arrêta. Je regardai derrière moi.

À mi-chemin dans la traverse, un éboulis de la taille d'un autocar tournoyait, oscillant comme une énorme balle. À cette vue, je m'immobilisai d'instinct. Horrifié, je hurlai à Bruce :

– COURS ! NE T'ARRÊTE PAS !

Je n'arrivais pas à voir s'il était déjà hors de la zone d'écrasement de l'éboulis ; il nous restait environ deux secondes et nous allions le savoir.

Elles semblèrent interminables. Bruce ne leva même pas la tête, il fonça vers moi. J'attrapai la corde, et la tirai au fur et à mesure qu'il courait. Je ne voulais pas qu'il se prenne dedans avec ses crampons. Le gigantesque rocher termina sa course météorique en une immense explosion de neige, à cinquante mètres au-dessus de nous et – grâce à Dieu – juste à quelques dizaines de mètres derrière Bruce. La boule, sous l'effet de l'énergie cinétique, glissa comme un wagon de train ayant déraillé, accélérant encore, pour passer par-dessus une crevasse à une vitesse époustouflante.

Tout s'était passé tellement vite que nous avions peine à nous en rendre compte. Bruce n'avait même pas vu le rocher ; il continuait de courir quand la grosse boule plongea hors du glacier. Nous étions sains et saufs, mais nous l'avions échappé belle et nous nous rassurâmes tant bien que mal.

Après nous avoir précédés pendant une centaine de mètres de dénivellation, l'autre cordée nous céda la place pour un passage délicat. Encore sous le choc, Bruce n'était pas en mesure de creuser des pas, de préparer des arrimages et d'assumer la responsabilité psychologique de mener l'expédition. Je ramassai les piquets, empruntai un piolet pour remplacer celui perdu dans la forêt et je pris la tête. Les autres suivraient quand j'aurais une longueur de corde d'avance. J'enfonçais mes crampons dans la couche de neige durcie et plantais mes piolets comme des dagues.

La couche de neige vierge semblait s'étendre indéfiniment. L'horizon du glacier, au-dessus de moi, paraissait lointain, impossible à atteindre. De temps en temps, j'entendais Bruce crier que j'avais grimpé une longueur de corde supplémentaire. Il était temps de planter un autre piquet. À son signal, je sortais de mon sac un piquet de métal en T de soixante centimètres de long, je le tenais contre la pente et le frappais avec le côté plat de mon piolet jusqu'à ce qu'il soit enfoncé au maximum. Je fixais la corde avec le mousqueton. Bruce et moi étions alors assurés contre une éventuelle chute. La seconde équipe se servait des mêmes piquets, puis les enlevait quand le dernier était passé.

Le soleil commençait à baisser et s'enfonçait doucement dans la fine couche de nuages. Nous avions un panorama sur soixante kilomètres du Pudget Sound. La lumière se réfractait dans le prisme de la brume océanique. Le mont Shuksan avait revêtu sa plus belle robe du soir. J'apercevais sur la droite les lumières de Victoria, le long des côtes de l'île de Vancouver. Le soleil couchant semblait verser un vin rouge sur la Picket Range et les sommets des North Cascades. J'éprouvais de plus en plus de difficultés à m'appuyer sur mes piolets. Finalement, je parcourus dix mètres sans avoir à creuser de marches. J'étais au sommet du glacier, à près de 2 750 mètres au-dessus du niveau de la mer. Devant moi, je pouvais admirer la pyramide noire que constituait le sommet symétrique du mont Shuksan. J'avançai jusqu'à une butte sur le plateau blanc donnant sur le mont Baker, le Pudget Sound, les North Cascades et le sud de la Colombie-Britannique. Je pris la décision d'établir ici notre campement pour la nuit. L'ascension merveilleuse de l'après-midi avait compensé la progression si pénible à travers la forêt. Ici, la splendeur tranquille de notre lieu de campement semblait un juste retour des choses, après la terreur ressentie au passage du rocher. Mes camarades arrivèrent les uns après les autres, me félicitant pour ma progression fulgurante et le choix de l'emplacement. Il était temps de nous installer et de préparer le dîner.

Mais notre aventure sur le mont Shuksan n'était pas terminée. Nous avions encore une longue journée devant nous. Après avoir contourné le mont, nous choisîmes la descente la plus difficile, car nous n'avions pas de carte. Nous arrivâmes finalement au pied de la montagne à la nuit tombante.

Une semaine après l'expédition sur le mont Shuksan, je pris la route pour le Nouveau-Mexique où j'avais été affecté. Je m'inscrivis tout de suite dans le groupe de secours en montagne auquel Mark participait depuis cinq ans. L'Albuquerque Mountain Rescue Council, la meilleure équipe de secouristes des États-Unis, m'offrit une formation et un entraînement exceptionnels.

C'est là que je fis la connaissance de tous mes camarades de grimpe. Installé à Albuquerque, j'avais plus rapidement accès aux sommets du Colorado où je passais en moyenne cinq jours par mois, en toute saison.

Après mon été d'aventures en haute montagne dans l'État de Washington et le temps que je passais ensuite à m'entraîner dans le Colorado, j'avais maintenant acquis assez de bagage technique pour une série d'ascensions hivernales des « 4 000 » au cours de l'hiver 1999-2000. J'étais pourtant toujours à la merci des dieux de la montagne. Au sommet du mont Bross, le 22 décembre 1999, des vents de plus de cent soixante kilomètres/heure ne cessèrent de me coucher à terre. Sans relâche, je dus ramper et me battre pour conserver mon équilibre. Sans que je m'en rende compte, l'armature métallique de ma lampe frontale conduisit le froid sur mon visage et provoqua une trace de gelure rouge au beau milieu de mon front. Ce soir-là, je rejoignis ma famille à Denver avec une marque ridicule de couleur pourpre, qui devint marron au bout de quelques jours.

Au cours des trois jours qui suivirent Noël, je pus vaincre cinq sommets de plus de « 4 000 » ; deux jours plus tard, je passai le réveillon du nouvel an dans les Everglades, en Floride, avec une vingtaine de copains pour assister à mon cinquantième concert des Phish. Le groupe joua sans discontinuer de minuit à l'aube, pendant près de huit heures. Plus tard, au printemps, avec quatre de mes amis, je décidai d'aller passer l'été au Japon pour suivre les Phish en tournée. Nous en profitâmes pour faire l'ascension du mont Fuji. C'était la première fois que je me trouvais au point culminant de tout un pays.

Avant la fin de cet hiver 2000, j'engrangeai encore six ascensions de « 4 000 » en solitaire, y compris le mont Kit Carson, de difficulté technique moyenne et le Blanca Peak, dans la chaîne de Sangre Cristo. Le 16 janvier 2000, après avoir effectué la première ascension du millénaire sur le Blanca et son voisin l'Ellingwood Point, je descendais à bonne allure un champ de neige dont la fine couche couvrait à peine les gros cailloux. À environ 3 600 mètres, je perçai la croûte de neige avec mon pied pour la centième fois – j'avais des bleus sur les tibias à force de racler la fine couche de glace, à chaque fois que je trébuchais –, mais, cette fois, impossible de sortir ma jambe du trou. Je la secouai en vain ; un gros caillou avait glissé sous la couche de neige et mon pied était coincé au niveau de la cheville. Il n'était pas écrasé, mais ma grosse chaussure de montagne était bloquée. Je ne pouvais pas déplacer le caillou dans la position où je me trouvais. Il ne me restait plus qu'à creuser dans la neige afin de bouger le bloc de pierre pour dégager ma chaussure, ce qui eût été plus facile si je n'avais pas été immobilisé. Je plongeai ma main dans la neige et défis le lacet, puis je tirai mon pied hors de la chaussure en roulant sur le côté tout en essayant de protéger mon pied en chaussette du froid. Quinze minutes plus tard, j'avais récupéré ma chaussure. L'expérience me fit réfléchir : que se serait-il passé si non seulement ma chaussure, mais ma jambe s'était retrouvée coincée, ou si je m'étais cassé le tibia, ou simplement tordu la cheville ? Aurais-je pu survivre de nuit à découvert ? J'avais bien un sac de couchage prévu pour zéro degré, compressé au fond de mon sac, un réchaud et du combustible, mais la température baissait tellement la nuit que j'avais des doutes sur mes chances de survie. Préférant oublier l'incident, je décidai néanmoins d'éviter les champs de pierre enneigés pendant le reste de la descente.

Cet hiver m'avait fait comprendre le concept du « jeu sérieux », où les défis comportent plus de risques que de satisfactions : sans aucune chance de gain – fortune, gloire, célébrité –, un individu se lance dans des opérations risquées pour son seul plaisir ou une pure édification personnelle. Le « jeu sérieux » était la parfaite description de mon projet fou d'ascension hivernale en solitaire, surtout quand je commençai à grimper en fonçant dans la tempête, acceptant la météo comme un élément indissociable de l'aventure. Souffrir du froid, de la nausée, de l'épuisement faisait partie de ma quête. Il en était de même pour la joie, l'euphorie, la satisfaction. Je ne partais pas dans l'espoir de vivre une expérience précise – toutes précautions de sécurité prises – ni, inversement, sans tenir compte des risques, mais mon but était de rester ouvert à tout ce que cette journée m'offrait et de l'accepter. Mark Twight, un alpiniste américain à l'impressionnant palmarès, mais ayant vécu les pires expériences, a écrit dans un de ses essais sur la montagne : « Il n'est pas nécessaire que ce soit plaisant pour être plaisant. » Il avait raison.

Au cours des deux hivers qui suivirent, j'allais effectuer des ascensions de plus en plus difficiles. Cependant, j'avais gardé les sommets les plus éloignés et les plus techniques pour la fin. Avec le temps, j'étais devenu plus efficace et je m'étais acclimaté physiquement. Je prenais toujours soin d'établir un itinéraire et je communiquais à mes proches le jour et l'heure prévus de mon retour – soit à mes parents, soit à un copain. Je choisissais des routes et ajustais mes programmes en fonction des risques d'avalanches, qui constituaient le principal danger.

Fin 2002, j'avais vaincu trente-six des cinquante-neuf sommets de plus de 4 000 mètres en quatre saisons d'hiver. Mais j'attachais plus d'importance à mes succès qu'aux chiffres. J'inventais en permanence de nouvelles expériences que personne d'autre au monde n'avait vécues.

En grimpant sur le mont Evans, je faillis marcher sur un lagopède blanc qui roucoula et sauta au tout dernier moment pour m'éviter. Je me penchai vers le petit oiseau, et j'eus une sorte de révélation en regardant ses yeux noirs. L'univers s'élargit ; nous restâmes tous deux immobiles. Je me sentis en parfaite harmonie avec cette petite boule de plumes posée sur son coussin de neige. Par notre présence commune dans ce paysage d'hiver, nous étions plus en symbiose qu'avec les autres êtres humains qui n'avaient jamais pénétré dans cet univers. Je pris une photo de l'oiseau pour la montrer à mes amis, mais, malgré mes explications, ils ne virent que le lagopède, pas le lien qui m'unissait à lui.

Ces endroits, et les expériences que j'y vivais étaient les miens, et les miens seuls. Ces sensations de solitude, d'appropriation et d'appartenance que je ressentais lors de mes ascensions en montagne formaient un espace privé, par définition impossible à partager. J'essayais pourtant. Je prenais des photos et mettais les images sur un site en ligne. Mais les photos ne pouvaient rendre la plénitude de mes sensations. Quels que soient mes talents de photographe, je ne parvenais pas à exprimer la combinaison transcendante de fatigue, d'hypoxie, d'allégresse et de satisfaction que je ressentais en atteignant cette sublime compréhension des choses pendant ces instants fugitifs.

Plus je m'engageais dans ce projet ambitieux de collectionner les sommets, plus ma conscience intérieure s'épanouissait et plus je me sentais en harmonie avec le monde. Grimper en hiver des sommets de plus de 4 000 mètres n'était pas seulement une activité, c'était mon essence même. Je ne me faisais aucune illusion sur les difficultés du projet comparées aux grandes ascensions effectuées par des alpinistes mondialement connus. Mais, à chaque fois que j'ajoutais un sommet à mon palmarès, j'explorais et développais une nouvelle facette de mon caractère.

Je laissai mes premières traces de ski de fond sur la face sud du mont Harvard, seules marques d'un passage humain depuis six mois. Je vis trois loups courir sur un kilomètre en soulevant un nuage de neige dans les grandes prairies, à 3 300 mètres d'altitude sur le flanc ouest du mont Massive. Leur puissance et leur grâce m'impressionnaient, mais moins que le fait qu'avant cette journée de mars 2002 on pensait que les loups avaient disparu du Colorado depuis plus de soixante ans. Je fonçais dans les tempêtes de neige et accueillais leur fureur avec jubilation, au point de laisser des stalactites de glace se former sur mon visage au Humboldt Peak et d'ouvrir les bras comme des ailes au sommet du Torrey Peak. Je me prélassais sous les rayons du soleil par une journée calme et incroyablement chaude au sommet du mont Yale. Mais j'étais gelé dans ma parka de haute montagne sur le mont Sneffels.

Ma passion pour les grands espaces s'intensifiait. Tout ce temps passé en montagne m'avait donné l'envie irrésistible de retourner vivre dans le Colorado et de poursuivre mon épanouissement personnel sur les hauts plateaux. De plus, je ne supportais plus de travailler pour une grosse entreprise. C'est alors qu'au printemps 2002 j'eus l'opportunité de faire l'ascension du Denali avec une équipe d'athlètes de haut niveau. Il ne me restait plus de jours de congé et je devais faire un choix entre suivre mon destin d'aventurier ou garder mon emploi chez Intel. Finalement, je n'eus même pas l'impression de sacrifier quoi que ce soit en donnant ma démission. Je vendis tous mes meubles et embarquai mon équipement de montagne dans mon pick-up Toyota équipé d'une bâche pour le camping. Pour mon dernier jour de boulot, le jeudi 23 mai 2002, j'écrivis un e-mail à tous mes amis, annonçant mon nouveau départ en citant Goethe : « Quoi que vous puissiez faire, quoi que vous rêviez, commencez-le. La hardiesse a du génie, de la force et de la magie. »

La plupart de mes collègues m'encouragèrent dans ma décision, mais certains avaient du mal à croire ce que je leur affirmais : que je démissionnais, que je n'avais aucun autre job en perspective et que je ne retournais pas faire d'études. C'était tout le contraire de ce qu'un ingénieur chez Intel pouvait imaginer. Pourtant, à vingt-six ans, après une modeste carrière de cinq ans, je pris officiellement ma retraite. « Travailler dans une grande entreprise » devint comme « habiter à l'est des Rocky Mountains », un programme de vie que je me jurai de ne plus jamais subir. Ainsi commença un voyage de six mois qui me mena au sommet du Denali, le plus haut sommet d'Amérique du Nord, puis à travers trente-huit États ainsi qu'au Canada. Il se termina dans une petite ville dénommée Aspen, dans le Colorado, à 2 400 mètres d'altitude.

5

Deuxième jour : mauvaises options

L'Aube du désert
Se lève tôt, soulève votre chanson
Sur la respiration de la vie qui s'élève de la pierre qui
[scintille
Sens les rochers antiques, doux contre ta peau
Sens la respiration des fleurs dansant dans le vent
Dansant dans le vent

String Cheese Incident,
paroles de Christina Callicot, « Aube du désert »

La température devient plus clémente, je n'ai plus besoin de frapper vainement avec mon couteau pour me réchauffer. Même sans avoir dormi, mon énergie semble remonter avec la lumière ambiante dans le canyon. Je suis stimulé à l'arrivée de l'aube comme après une longue marche de nuit. Aujourd'hui, pourtant, pas d'aboutissement en perspective. Ce n'est pas une ascension avec un dernier effort à fournir, ni une randonnée d'endurance qui se terminera. Mon combat contre le rocher est incertain. Je resterai coincé ici tant que je n'aurai pas résolu le problème ou je mourrai.

D'après les histoires de survie dans le désert que j'ai pu lire, je sais que la déshydratation peut entraîner la mort sous des formes diverses, toujours à cause d'organes insuffisamment alimentés qui cessent de fonctionner. Certaines personnes meurent lorsque leurs reins ne remplissent plus leur rôle et que les toxines générées par leur organisme les tuent ; d'autres résistent jusqu'au moment où leur cœur les lâche. La déshydratation peut aussi engendrer une surchauffe de l'organisme et vous cuire littéralement le cerveau. Quelle que soit la mort qui m'attend, des convulsions et des crampes abominables l'annonceront certainement. Je me surprends à émettre des hypothèses...

Je me demande ce que je ressentirai lorsque mes reins commenceront à lâcher. Douloureux, j'imagine. Peut-être la même sensation que lorsqu'on mange trop au point d'avoir des crampes. En pire, évidemment. Je crois que ce sera une mort pénible. L'hypothermie serait plus supportable, si elle est rapide. Au moins, je pourrais sombrer dans une léthargie qui m'empêcherait de sentir la fin. La température n'est pas descendue beaucoup la nuit dernière, pas en dessous de douze degrés. Insuffisant pour une hypothermie sévère. Peut-être que la noyade par une crue soudaine serait moins cruelle ? Pas vraiment. Est-il préférable d'être englouti, son dernier cri étouffé par un flot d'eau boueuse ? De s'en aller doucement dans un coma provoqué par le froid ? Ou d'éprouver comme dernière expérience les spasmes d'une insuffisance cardiaque ? Comment savoir ?...

Je suis prêt à agir, pas à mourir. Il est temps d'établir un meilleur ancrage, un arrimage qui me permettrait d'installer un système de levage pour tenter de bouger le rocher. Si je parvenais à basculer l'avant de la grosse pierre, ne serait-ce que d'une trentaine de centimètres, je pourrais sortir ma main. Mais comment déplacer une pierre de cette taille ? Peut-être puis-je pousser ce satané rocher vers l'arrière, suffisamment pour desserrer l'étreinte et dégager un interstice de cinq centimètres – c'est tout ce dont j'ai besoin pour retirer la partie épaisse de ma main. Je sais que ce sera encore plus douloureux que l'accident lui-même, parce que ce sera lent et c'est moi qui m'infligerai ce supplice. Ma main est fichue, je me suis déjà fait une raison. Mais que se passera-t-il quand le sang recommencera à circuler ? Est-ce que cela provoquera un empoisonnement général de mon organisme ? Je n'ai pas d'informations médicales concernant cette menace potentielle, mais il me semble que si je parviens à libérer ma main les toxines vont se disséminer dans mon corps. C'est un risque que j'accepte en toute connaissance de cause.

Ma première action pour me constituer un ancrage consiste à détacher la sangle jaune fluo, à l'arrière de mon harnais, et à démêler la petite chaîne d'anneaux souples. Je dénoue le nœud qui lie les deux extrémités et plie avec soin en serpentin les six mètres de sangle sur le dessus de la pierre, en essayant de ne pas trop l'approcher des cordes qui soutiennent déjà mon harnais. Faisant face à l'amont du canyon de ma position menottée, j'observe les formes et les excroissances sur les éboulis en surplomb et devant moi. Je n'avais pas pensé à les examiner en détail, quand je m'y trouvais, hier après-midi. J'ai l'impression qu'une sorte de corne triangulaire dépasse du milieu de la saillie, à moins de deux mètres au-dessus de ma tête. Peut-être que si derrière cette corne se trouve une découpe suffisante je pourrais l'attraper en lançant ma sangle et celle-ci s'agripperait sans risque de glisser par-dessus.

Mes tentatives pour faire passer la sangle derrière la corne échouent ; elle n'est pas assez lourde pour que les jets soient précis. Lorsque je parviens à la lancer assez haut, la lanière jaune semble rebondir comme si elle était élastique. Je décide d'attacher une extrémité de ma corde de grimpe au bout de la sangle. Cette fois, c'est la corde que je vais lancer, puis je tirerai pour faire passer la sangle en profitant de l'inertie de la corde. J'essaie encore dix fois sans succès. À chaque fois, j'ai dû soutenir des efforts épuisants pour ramener la corde, la préparer à nouveau au lancer et mettre mon corps en position pour avoir le plus de force possible. Je parviens à passer la corde, mais quand je tire, lorsque le nœud qui retient la sangle passe la corne, il sort de quelques précieux centimètres. En conséquence, la sangle se trouve trop en avant de l'excroissance pour prendre appui sur le grès lisse du rocher. À chaque fois, elle retombe sur le sable, de l'autre côté du roc qui m'emprisonne.

Une fissure sur la droite de la corne attire mon attention. Peut-être pourrais-je coincer la sangle dans cet interstice et disposer d'un angle plus favorable ? Cette fois, quand je lance la corde et que je tire pour faire passer la sangle, je mords le bout de la corde et, avec ma seule main disponible, je titille la sangle. Elle réagit en se positionnant correctement dans la fente. Voilà ! Maintenant, je tire en douceur le nœud au-dessus de la corne. Je vois la différence : la sangle se love plus profondément derrière la corne de couleur saumon. Je bobine lentement ma corde, je sais que j'ai enfin une disposition favorable pour établir mon ancrage. Je dénoue maintenant la corde et la sangle, je glisse l'anneau métallique de rappel dans la sangle jaune. Je fais plusieurs nœuds à cette sangle pour confectionner une boucle fermée, avec l'anneau à la base de cette boucle. Je tire dessus avec ma main pour serrer les nœuds et tester la solidité de l'ancrage autour de l'excroissance de pierre. La sangle tient bon quand j'applique tout le poids de mon corps. J'ai réussi !

Je jette un œil à ma montre et je vois qu'il est déjà plus de 11 heures, dimanche matin. J'ai passé deux heures à reconfigurer mon ancrage, mais l'effort en valait la peine. Il est temps de boire ma gorgée d'eau, comme prévu. J'avoue qu'elle accroît ma satisfaction. Je suis content de moi : j'ai pu établir un ancrage d'en bas, et d'une seule main, sur une excroissance inattendue.

Bon boulot, Aron. Maintenant, il ne te reste plus qu'à faire bouger ce rocher. Ce n'est pas le moment de lâcher le morceau, m'encouragé-je.

Je coupe une dizaine de mètres de ma corde, j'entoure le rocher avec le bout de corde le plus court et fais un nœud. Ensuite, je passe l'autre bout de la corde dans l'anneau de rappel – je peux tout juste l'atteindre avec ma main gauche. Je tire sur la corde, sans m'attendre au moindre mouvement du rocher. Comme prévu, rien ne bouge.

Mais, au moins, l'ancrage résiste.

Il faut que je bricole un système de poulie pour augmenter la démultiplication. Et la friction de l'anneau diminue encore l'effort mécanique. Je transmets en réalité moins de force que si je tirais directement sur le rocher. Malheureusement, je n'ai pas emporté de poulies dans mon équipement, mais j'ai des mousquetons. Bien sûr, il faudra compter avec la friction de la corde sur chacun d'eux, qui s'additionnera. Je dois maintenant récupérer les mousquetons. Je m'en suis servi auparavant comme d'une masse pour lancer mon premier ancrage, celui auquel mon harnais est suspendu. Je secoue la corde avec vigueur jusqu'à ce que le système complexe de cordes et de sangles se détache de la crevasse dans laquelle je l'avais coincé.

Le temps s'écoule sans que je m'en rende compte, tellement je suis absorbé par la mise en place de ce système de levage. J'utilise mes connaissances en matière de sauvetage pour imaginer un mécanisme de hissage similaire à celui qu'on utilise pour évacuer des blessés immobilisés sur des parois rocheuses verticales. L'équipe de sauvetage d'Albuquerque m'a enseigné deux systèmes différents et mon choix se porte sur un assemblage de poulies en Z avec réorientation additionnelle de la corde. Je modifie la configuration de base en fonction du matériel dont je dispose. J'ajoute des anneaux prussiks composés de runners fixés aux mousquetons pour relier les deux bouts de la corde. Avec deux changements de sens, j'ai théoriquement triplé la force appliquée au point de hissage, c'est-à-dire une démultiplication de 3/1. Comme j'ai dû improviser, j'estime que la friction totale absorbe environ la moitié de l'énergie, mais un rapport de 1,5/1 est tout de même plus avantageux que 0,5/1 que j'obtenais lors de mon premier essai.

Pourtant, le système manque encore de puissance. Le rocher ne veut rien savoir. Au bout de ma corde de levage, je fais des nœuds coulants, qui viennent glisser sur des nœuds d'arrêt, et je fabrique ainsi une sorte d'échelle souple. Je passe mon pied dans ces anneaux de corde, ce qui me fait monter d'environ soixante centimètres dans le canyon. Bien que je me trouve dans une position peu commode, à cause de ma main prisonnière, je peux maintenant jouer de tout mon poids sur le système de levage. J'ai probablement réussi à quadrupler la force que j'exerçais quand je tirais d'une seule main. La corde est tendue, même au niveau des mousquetons, quand elle change de direction. Mon système fonctionne comme prévu. Cependant, comme j'utilise une corde dynamique, conçue pour se détendre et absorber l'énergie d'un dévissage en montagne, je perds une partie de la force que j'applique. Je me débats des heures, épuisé par les efforts que je déploie. Malgré les divers essais que j'ai entrepris pour raccourcir de quelques centimètres l'anneau de sangle servant d'ancrage, je n'ai pas réussi à déplacer le rocher d'un millimètre. Je pourrais peut-être encore démultiplier le système au rapport 5/1 – j'ai suffisamment de mousquetons et de corde –, mais il me faudrait trente centimètres d'espacement en plus entre l'ancrage et le rocher pour insérer les retours d'un tel système. Découragé par tant d'efforts pour si peu de résultats, je m'arrête un instant et consulte ma montre. 13 heures !

Soudain, j'entends des échos de voix lointaines dans le canyon. Je suis stupéfait ! Mon esprit s'emballe, ma respiration s'étrangle dans ma gorge desséchée.

Est-ce possible ? C'est le bon créneau horaire – un groupe de randonneurs pourrait arriver jusque par ici afin de retrouver la West Fork ou le départ de piste de Horseshoe avant la nuit. Et il y a plus de chances que des gens passent dans le coin pendant le week-end. Après tout, c'est la raison pour laquelle tu es venu ici un samedi.

Bien que mon raisonnement soit logique, je crains que ce ne soit une illusion, que ces bruits ne soient dans ma tête, comme un mirage sonore. Je retiens ma respiration, pour concentrer mon écoute.

Oui ! Les bruits sont déformés et lointains, mais familiers : des chaussures qui raclent le grès. C'est probablement un groupe de randonneurs qui descendent le premier ressaut, là où se trouve le tronc en S.

– AU SECOURS !

L'écho miaulant de mes cris s'atténue doucement dans le canyon. Je retiens ma respiration, à l'écoute d'une réponse. Rien.

– AU SECOURS !

Le désespoir que je perçois dans ma voix tremblante me perturbe. Une fois encore, j'arrête de respirer. Une fois éteint l'écho de mon hurlement, je n'entends aucun son, à part les battements accélérés de mon cœur. Au bout d'un moment, mes espoirs s'évanouissent.

Mon moral dégringole d'un coup, comme la première fois qu'une fille m'a brisé le cœur. Puis j'entends à nouveau quelque chose. Cette fois, je suis plus avisé : j'attends. Ce que j'ai pris pour l'écho des pas de randonneurs se résume en réalité aux quelques grattements d'un rat-kangourou dans son nid, situé dans les débris de pierre, juste derrière moi. Je me retourne et aperçois sa queue qui balaie une pile de brindilles, alors qu'il disparaît dans son trou.

Dès lors, je me promets de ne crier à l'aide qu'une seule fois par jour. Le timbre mal assuré de ma voix m'a paniqué. Crier plus souvent ne contribuerait qu'à miner mes efforts pour rester calme et garder la tête froide. En toute raison, je sais que personne ne descendra ce canyon avant le week-end prochain, quand les équipes de secours quadrilleront peut-être la région à la recherche de mon cadavre. Comme ma voix ne porte pas plus loin qu'une cinquantaine de mètres et que les personnes les plus proches se trouvent à environ huit à dix kilomètres, inutile de me démoraliser en criant.

Vers 14 heures, je refais le point sur ma situation et mes options. Attendre, tailler, soulever, rien n'a marché. Pour la première fois, j'envisage sérieusement l'amputation de mon bras, passant en revue le processus et ses conséquences. J'aligne tout ce dont je dispose sur les surfaces disponibles autour de moi. Je réfléchis à l'usage chirurgical potentiel de chaque objet. Les deux outils indispensables sont une lame et un garrot qui m'empêchera de me vider de mon sang. Mon Leatherman comporte deux lames : la plus courte, de quatre centimètres, est plus tranchante que celle de sept centimètres. Il est donc important d'utiliser la plus longue pour creuser dans la roche et de préserver l'autre pour une possible intervention.

Je comprends tout de suite que, même avec cette lame acérée, je ne pourrai pas scier mes os. Je me souviens d'avoir vu les scies que les médecins de la guerre de Sécession utilisaient pour amputer les bras et les jambes des blessés dans les hôpitaux de campagne et je n'ai pas l'équivalent de ce qui pourrait faire une scie, même rudimentaire. J'ai supposé que j'amputerais mon bras le moins possible et donc que je couperais les os de mon avant-bras plutôt que de tailler à travers les cartilages de mon coude. Cette dernière éventualité élimine d'office la méthode la plus logique.

Un souvenir précis me revient à l'esprit. Dans un film, un héroïnomane se pique, après avoir entouré son bras d'un bout de tube pour perfusion. Cela me donne une idée : je vais confectionner un garrot avec le tube de ma gourde vide Camelbak. Je coupe le tuyau et réussis à le nouer autour de mon avant-bras, juste au-dessous du coude. Je n'ai pas tenu compte de la pression sur mon biceps. Je vois maintenant que je vais devoir tourner le tube très serré et que je vais infliger des lésions irréversibles à cette partie de mon bras ; je devrai donc le placer le plus près possible du point d'amputation. Le nœud reste desserré et je n'arrive pas à tourner plus, même après trois essais. Le plastique du tube est trop dur pour faire un nœud qui restera serré autour de mon bras. Je cherche une tige pour serrer le garrot en tournant, mais aucune n'est assez robuste. Serrer ce tube en plastique exige une force qui brisera tous les morceaux de bois que je peux atteindre avec ma main gauche.

Il faut trouver autre chose.

J'ai un morceau de sangle rouge noué en boucle que je défais et que j'entoure autour de mon avant-bras. Cinq minutes d'effort et j'ai réussi un double nœud, mais il n'est pas assez serré pour arrêter ma circulation sanguine. Encore une fois, il me faut une tige... sinon, je peux utiliser un mousqueton. Je le passe dans la boucle et je tourne deux fois. La sangle commence à presser fortement sur la chair. La peau à côté de mon poignet prend la couleur pâle d'un ventre de poisson. Je dispose enfin d'un garrot efficace et, en constatant que mes instruments chirurgicaux de fortune semblent fonctionner, j'éprouve une curieuse sensation de satisfaction.

Bien travaillé, Aron.

De quoi ai-je encore besoin ? Les manuels de base du secourisme indiquent qu'il faut appliquer une pression directe sur la blessure pour réduire au minimum les éventuels écoulements sanguins que le garrot n'arrêterait pas complètement. Le fond capitonné de mon short de cyclisme constituerait un bon absorbant et, avec un mètre de ma sangle jaune inutilisée récupérée de mon ancrage, je peux enrouler le short au bout de mon bras. Ensuite, je glisserai mon moignon dans le mini sac à dos de mon Camelbak et je passerai les bretelles autour de mon cou pour mettre mon bras en écharpe. Mon bras sera immobilisé contre ma poitrine. Parfait.

Malgré mon optimisme, ce passage en revue mental ne se fait pas sans mal. Quelque part, mon esprit rechigne. Si je prévois toutes les étapes d'une amputation, elle reste encore une possibilité théorique. Je me dis : *Si je me coupe le bras, comment arrêter l'hémorragie ?* et *Si je m'ampute l'avant-bras, comment protéger la plaie ?* Comme mon couteau n'est pas assez affûté, le reste de ce plan n'est qu'un exercice. Tant que je n'ai pas trouvé comment me couper les os, l'amputation n'est pas un choix raisonnable ; elle représente une action théorique qui me permet d'étudier toutes les options pour ma survie. Je me pose des questions quant à mon courage physique et je me demande comment mon état mental changera si je parviens à résoudre cette énigme. Juste pour voir, je presse la petite lame de mon outil sur ma peau. La pointe de la lame s'appuie entre les tendons et les veines à quelques centimètres de mon poignet coincé. Ce spectacle me dégoûte.

Mais que fais-tu, Aron ? Éloigne ce couteau de ton poignet ! Que cherches-tu ? À te suicider ? Je me fiche de ton garrot, même s'il est efficace. Tu as trop de veines, tu n'arrêteras jamais l'hémorragie. Tu te videras de ton sang. En te coupant le poignet, c'est comme si tu te donnais un coup de couteau dans le ventre. Même si tu réussis à régler le problème des os, que tu te libères et que tu arrives jusqu'au rappel, ce garrot ne fera aucune différence. Les sauveteurs retrouveront ton corps décharné dans un mois, bouffé par les buses, au fond de ce canyon. Te couper le bras n'est qu'une forme lente de suicide.

Je ne me sens pas très bien et je laisse tomber ma main gauche. Le couteau ne touche plus ma peau. Je ne peux pas le faire. Peut-être ne suis-je pas encore prêt à me lancer dans cette auto-amputation. Ma voix intérieure n'a peut-être pas tort. Est-ce une forme de suicide ? Il faudra que je sois beaucoup plus aux abois pour procéder à l'amputation. Qui sait ? Peut-être que quelqu'un passera demain ? À ce point, je suis sûr d'une chose : si jamais je dois me lancer dans une opération qui promet d'être longue et affreuse – comme frapper sur mes os, pour les briser, comme je l'ai fait sur la pierre –, il me faudra une détermination d'acier. Rien qu'en y pensant, je ferme les yeux d'horreur. Je vois déjà mon sang gicler sur les parois du canyon, la chair arrachée, les muscles déchirés de mon bras pendant en lambeaux sanglants et deux os bien blancs ébréchés par mes tentatives de plus en plus faibles pour les couper. Je vois ensuite ma tête pendant au bout de mon torse affaissé, mon corps sans vie suspendu à ces os à moitié entaillés. C'est comme si je regardais la dernière scène d'un film, mais sans fondu final. C'est mon cauchemar éveillé, une prémonition qui me fait poser le couteau sur le rocher et me donne un haut-le-cœur.

Lentement, j'ouvre les yeux. Ma vision se brouille dans le tournis de la nausée, puis elle se stabilise et je retrouve mon équilibre. Maintenant que j'ai envisagé tous les détails de cette abominable intervention chirurgicale, je fais le point sur la situation. Je n'ai désormais plus d'option que je n'ai déjà essayée ou évaluée comme étant inefficace ou mortelle. Même si j'ai analysé en détail chaque scénario, je ne peux faire avancer aucun d'eux. Je suis coincé. Je vais mourir avant que les secours n'arrivent. Je ne peux pas extraire ma main en creusant la pierre, impossible de soulever ce rocher et je n'arrive pas à me couper le bras. Le désespoir m'étreint. L'optimisme qui m'a maintenu pendant la journée s'est envolé. Je suis seul, en colère, et j'ai peur. Je gémis lamentablement : « Je vais mourir. » Probablement dans un jour ou deux, mais quand ? Et quelle importance ?

Je vais crever ici.

Je vais m'en aller ici.

Je vais me dessécher sur place, m'affaisser avec mon bras coincé quand la déshydratation cessera de faire joujou avec mon organisme et me tuera.

Même pas la peine de boire si c'est pour prolonger l'épreuve. Accablé, je me mets à espérer qu'une crue m'achève au plus vite. L'idée de me trancher le poignet revient par éclairs dans ma tête. Mon désespoir tourne en colère stérile. Je déteste ce rocher ! Je le hais ! Je hais ce canyon. Je déteste cette roche froide qui m'écrase l'avant-bras. Je ne supporte plus l'odeur de moisi de la mousse verdâtre qui recouvre le fond du canyon, derrière moi. Je hais cette brise qui me souffle de la poussière au visage et la pénombre de ce trou où même le grès paraît menaçant.

– Je... déteste... ça !

Je ponctue chaque mot en frappant le rocher avec la paume de ma main gauche, pendant que les larmes coulent le long de mes joues.

L'écho de mon angoisse résonne dans le canyon avant de se dissoudre. Puis une autre voix, au fin fond de mon cerveau, cette fois, résume froidement la situation.

Cette pierre n'a fait que ce qu'elle avait à faire. Les pierres tombent. C'est leur rôle. Elle a roulé dans la logique des choses. Elle était en équilibre, mais elle t'attendait. Si tu n'étais pas venu et que tu n'avais pas tiré dessus, elle serait encore coincée comme elle l'était depuis on ne sait trop quand. C'est toi qui as provoqué ça, Aron. Tu as créé cette situation. Tu as choisi de venir ici aujourd'hui, choisi de descendre ce canyon. Tu as préféré ne dire à personne où tu te rendais. Tu as choisi de ne pas suivre les jeunes femmes qui se trouvaient là pour t'empêcher de te mettre dans ce pétrin. C'est toi-même qui as créé les conditions de l'accident. Tu voulais que cela se produise. Tu te diriges depuis longtemps vers une situation de ce genre. Regarde le long chemin parcouru pour en arriver là. Tu as obtenu ce que tu cherchais.

En comprenant mes responsabilités dans ces circonstances, j'ai apaisé ma colère. L'abattement n'a pas disparu, mais je ne me déchaîne plus contre le rocher. Une pensée, en particulier, ne cesse de me revenir : *Kristi et Megan étaient des anges envoyés pour me sauver de moi-même et je les ai ignorées.* Tout événement se produit pour une raison et l'un des charmes de la vie est que nous ne sommes pas autorisés à connaître ces raisons avec certitude. Mais, à ce sujet, ma conviction est claire. Elles ne possédaient peut-être pas d'ailes et de harpes, mais Kristi et Megan sont entrées dans ma vie pour une raison précise. Elles étaient là pour m'éviter cet accident. Je ressasse la dernière question de Kristi : « Quelle sorte d'énergie penses-tu trouver là-bas ? » Je me souviens de leurs demandes insistantes et répétées, mais mon entêtement et mon ambition m'avaient fermé à toute raison. C'est bien moi qui me suis mis dans cette situation. Quelque part, de façon détournée, c'est ce que je recherchais dans la vie. Sinon, pourquoi me trouverais-je ici ? Nous créons notre propre existence. J'avais recherché l'aventure ; je l'avais trouvée.

Je me souviens que Megan m'avait raconté le jour où elle s'était perdue sur la Cedar Mesa, une région du sud-est de l'Utah truffée de canyons et d'anciennes habitations troglodytes. Avec un ami, elle avait dû se recroqueviller autour d'un feu de genièvre pendant toute une longue nuit. Moi aussi, je m'étais perdu sur la Cedar Mesa, en sortant d'un canyon après la tombée de la nuit. Pendant une heure, incapables de retrouver nos traces de pas sur lesquelles nous comptions pour revenir à notre pick-up, nous avions erré en rond, mon amie Jamie Ziegler et moi. Par chance, nous avions retrouvé mon véhicule. Ensuite, je racontai à Megan un épisode survenu au mois de février, quand, avec ma copine Rachel Polver, j'avais tenté une randonnée de trente-deux kilomètres pour descendre les Chute et Crack Canyons, dans le San Rafael Reef, en plein centre de l'Utah. Au bout de vingt-quatre kilomètres, nous étions tombés sur un mur de grès que Rachel ne parvenait pas à escalader. Pendant une heure, j'essayai de l'encourager, de la guider, de la pousser, et même de la hisser sur mon dos, en vain. Nous dûmes retourner sur nos pas. Et nous trouvâmes un tronc de soixante-quinze kilos que nous avons porté pendant deux cents mètres pour l'utiliser comme échelle. Toute cette conversation à propos des situations où nous étions coincés ou perdus dans des canyons n'était qu'un prologue à mon emprisonnement actuel. Après toutes ces belles paroles, j'aurais dû suivre Kristi et Megan.

De telles réflexions sont ridicules, mais la fatigue et l'absence de sommeil depuis trente-deux heures commencent à m'embrouiller l'esprit. Je me sens léthargique et idiot. Cette longue veille accentue mon état de déprime. Avant de sombrer dans une sieste bien nécessaire, je fixe ma daisy-chain à l'anneau suspendu à l'ancrage et je l'ajuste pour soulager mes jambes du poids de mon corps. Les chiffres sur le cadran de ma montre se succèdent en silence. Il est 14 h 45.

Je décide de me filmer pour la première fois. J'utilise la procédure bien rodée pour poser mon sac au sol. Je glisse la bretelle et tiens le sac entre mes genoux. Avec les burritos, mon Caméscope et mon appareil photo sont les deux seuls objets utiles qui traînent encore dans mon sac. J'ai toujours le lecteur CD, la réserve de piles et la poche souple de mon Camelbak qui est vide. Mais j'ai utilisé tout le reste de mes provisions. J'allume la caméra miniature, retourne l'écran pour vérifier que je suis bien dans le champ et presse le bouton d'enregistrement avant de poser la petite machine sur le dessus du rocher.

Commence par le commencement. Suppose que ceux qui verront ces images les auront trouvées après ta mort. Tu peux le laisser sur le dessus du rocher en gravant sur la paroi du canyon « visionnez », avec une flèche pointant vers le Caméscope. Raconte tout.

Je commence :

– Dimanche, 15 h 05. Cela fait vingt-quatre heures que je suis coincé dans le Blue John Canyon, en amont du Big Drop. Je m'appelle Aron Ralston. Mes parents sont Donna et Larry Ralston, domiciliés à Englewood, Colorado. À celui qui trouvera cet objet, s'il vous plaît, essayez de le leur remettre. Je vous en prie.

Je vérifie rarement l'écran de la caméra. La dernière fois que je me suis rasé, c'était chez moi, à Aspen. Mais ce qui me fait réellement éviter de regarder mon visage est l'expression hagarde de mes yeux. Ils sont énormes, des boules grandes ouvertes qui reflètent la tension atroce que je subis depuis hier. Des cernes se sont creusés sous mes paupières.

Je marmonne mollement entre deux respirations pénibles. Je dois lutter pour énoncer clairement mes phrases.

– Donc... Hier, samedi, je descendais le Blue John Canyon... Vers 14 h 45, 15 heures, à peu près, je suis arrivé là où la section basse du Blue John Canyon se resserre. J'ai effectué quelques descentes libres... pas trop mal... je suis arrivé à la seconde série d'éboulis. Et c'est là que je me trouve encore maintenant. Parce que l'un des rochers a dévissé quand je suis passé dessus, il a glissé puis m'a emprisonné la main droite.

Je reprends la caméra, je la pointe d'abord là où mon avant-bras disparaît dans le minuscule espace entre le rocher et la paroi du canyon. Puis je fais pivoter la caméra vers ma main pincée pour montrer la chair gris-bleu.

– Ce que vous voyez ici est mon bras, qui s'enfonce dans le rocher... et voilà... Il est coincé. Aucune circulation sanguine depuis vingt-quatre heures. Il est fichu.

Je filme maintenant l'ancrage, les sangles et la boucle qui les accroche.

– J'ai installé les cordes que vous voyez pour avoir un siège et ne pas rester debout en permanence. Je ne faisais pas de rappel au moment de l'accident, mais j'ai mis mon harnais plus tard, pour pouvoir m'asseoir.

« J'ai dépensé beaucoup d'efforts pour ne pas me refroidir. Je n'ai que très peu d'eau en réserve. Il me restait moins d'un litre quand je suis arrivé ici. Je n'ai plus maintenant qu'un tiers de litre. À ce rythme, j'aurai tout bu avant demain matin.

Une brise se met à souffler et je frissonne sans pouvoir me contrôler pendant quelques secondes.

– Mon organisme éprouve des difficultés à réguler sa température. Je suis... dans une situation très difficile.

Je grimace et je m'étouffe en réalisant ce que je viens de dire.

– Personne ne sait où je suis, excepté deux filles que j'ai croisées hier en descendant le Blue John. Kristi et Megan, de Moab... Elles travaillent à Outward Bound. Elles sont sorties par la West Fork du Blue John, et moi j'ai continué.

« Je suis venu à vélo. Il est appuyé sur un arbre et cadenassé – j'ai les clés dans ma poche – à environ deux kilomètres au sud-est de Burr Pass, à cent cinquante mètres du bord de la route, sur le côté gauche quand on se dirige vers le sud. C'est un vélo rouge. Il doit toujours être là.

La brise s'accentue et je plisse les yeux pour me protéger de la poussière. Le bruit du vent masque ma voix sur la bande et j'arrête l'enregistrement. Je réfléchis un peu puis je réenclenche la caméra pour énumérer mes options.

– Telle que je vois la situation... Il existe quatre possibilités – je frissonne. J'ai essayé de déplacer le bloc de pierre. J'ai établi un ancrage et j'ai noué des boucles à la sangle pour y placer mes pieds et peser de tout mon poids afin d'ébranler le rocher. Il n'a pas bougé.

Je secoue la tête de découragement, je bâille ; la fatigue me submerge par vagues.

– J'ai essayé de buriner le roc. Les progrès obtenus en vingt-quatre heures, avec *beaucoup* de travail, sont minimes. Il faudrait cent cinquante heures, et encore. Le problème, c'est que ma main soutient en partie ce rocher. À chaque fois que j'enlève un morceau, le roc se déplace imperceptiblement et continue de m'écraser la main. Je ne sens pas de mouvement, mais il me semble que le petit interstice entre le rocher et la paroi – juste là – a rapetissé depuis que je burine la roche. Ici, vous pouvez voir les marques d'éclats sous la corde. J'ai enlevé beaucoup de roche. Et on ne peut plus voir certains morceaux car ils sont cachés par mon bras. Tout cela parce que le rocher a un peu bougé.

Je marque une pause pour humecter mes lèvres desséchées, j'essaie d'avaler et je soupire profondément. Au fur et à mesure que j'expose la situation, le ton de ma voix laisse percer mon découragement. L'échec de mes tentatives me déprime profondément.

– Ces deux options étant éliminées, la dernière possibilité était de me couper le bras.

Je grimace. Mon visage se tord et il me faut dix secondes avant de pouvoir reprendre mon explication désespérée.

– J'ai confectionné un garrot... mais c'est presque du suicide. Ma voiture se trouve à quatre heures de marche. Il faudrait... Si c'était possible – parce qu'il y a en aval une ascension de catégorie IV – revenir de là où je suis parti. Mais je n'ai pas de véhicule de ce côté-là. Si, j'ai bien mon vélo, mais... Pour sortir par la West Fork, il faut bien deux heures... deux heures et demie peut-être, et, encore une fois, une ascension de catégorie IV s'avérerait impossible d'une seule main. Entre les pertes de sang et la déshydratation, cette option n'est pas viable. Je pense que je mourrais si je m'amputais le bras.

« La quatrième éventualité serait que quelqu'un passe par ici. Mais comme je me trouve dans le prolongement d'un canyon peu fréquenté, et que la portion dans laquelle je me trouve l'est encore moins, je pense qu'il est fort peu probable que cela se produise avant que je ne crève par déshydratation et hypothermie.

C'est étrange... La température était de dix-huit degrés hier, à cette heure ; aujourd'hui, elle paraît un peu plus basse. Durant la nuit, elle est descendue à douze et demi, ce qui était supportable. J'ai beaucoup frissonné, pourtant. Quand je me réveillais, je burinais la roche... En fait, je ne dormais pas, j'étais assis et j'essayais de dormir.

Je reprends ma description hypothétique du scénario de secours le plus vraisemblable.

– Donc, soit quelqu'un se rend compte que j'ai disparu parce que je ne suis pas là à la soirée du lundi soir, soit on s'inquiète que je ne me présente pas à mon travail mardi matin. Mais mes proches ne savent pas grand-chose, mis à part le fait que j'ai pris la direction de l'Utah. Il se peut qu'on retrouve mon camion. Je pense que cela arrivera mercredi, jeudi au plus tôt... C'est-à-dire dans trois jours.

« Étant donné la dégradation de mon état au cours des dernières vingt-quatre heures, je serais très étonné de tenir le coup jusqu'à mardi.

Je suis en train de dire adieu à ma famille. Quel que soit mon degré de souffrance, ici, dans ce trou, je sais qu'ils souffriront encore plus que moi. Après une longue pause, je balbutie une explication, je m'excuse auprès de ma famille pour ce qu'ils vont endurer à cause de ma disparition.

– Je suis désolé.

Les larmes me montent aux yeux. J'arrête la caméra et essuie mes larmes du dos de ma main. J'enclenche à nouveau l'enregistrement.

– Maman, papa, je vous aime. Sonja, je t'aime. Je suis fier de vous. Je ne sais pas ce qui m'a mis dans cette situation. Mais, c'est... ce que j'ai toujours recherché. Je suis toujours à l'affût de nouvelles aventures et de nouveaux risques. Mais je pars tout seul et je ne dis à personne ce que je fais et ça, c'est idiot. Si quelqu'un savait, si je n'avais pas été tout seul, les secours seraient sûrement déjà en route. Si j'avais juste parlé à un ranger, ou laissé un mot dans mon camion. Quel idiot, quel imbécile je fais !

J'arrête la caméra pour la dernière fois, puis je la range. Comme je l'ai dit sur la bande, mon seul recours est d'attendre des secours hypothétiques. Je change de stratégie. Il me faut rester au chaud ; je dois gérer l'eau et, plus important encore, économiser mes forces. Au lieu de me libérer par l'action, j'attends maintenant qu'on me retrouve.

6

Rhapsodie d'hiver

En fin de compte, j'étais écœuré par les gens, moi-même y compris, qui n'avaient pas assez d'estime d'eux-mêmes pour entreprendre quelque chose de leur propre chef – des gens qui n'accomplissaient que le strict nécessaire, qui n'essayaient jamais de se dépasser. J'ai goûté avec eux à l'amertume de la journée perdue. Je savais que je pouvais aller toujours plus loin.

Mark TWIGHT

Je n'ai jamais eu autant de chance que pendant les douze mois qui suivirent ma « retraite », en 2002.

Pour notre expédition sur le Denali, j'ai eu le privilège de me joindre à l'élite des aventuriers de la montagne, l'équipe des Stray Dogs, composée de Marshall Ulrich, Charlie Engle et Tony DiZinno. J'étais l'assistant du chef d'équipe Gary Scott depuis les débuts de la préparation de l'ascension ; j'avais commandé les provisions, réservé les billets d'avion et, au cours de l'expédition, je cuisinais, je faisais la vaisselle et le ménage, je construisais les abris, portais les équipements, et je contribuais à la prise de décision pendant la montée. Les Stray Dogs étaient dans une forme physique exceptionnelle et apprenaient rapidement les techniques de grimpe sur glace à haute altitude. Ils m'ont initié

Plongeon dans le Grand Canyon.

Avec ma sœur Sonja, devant les cascades d'Havasupai.

Au sommet du Humphreys Peak, Arizona.

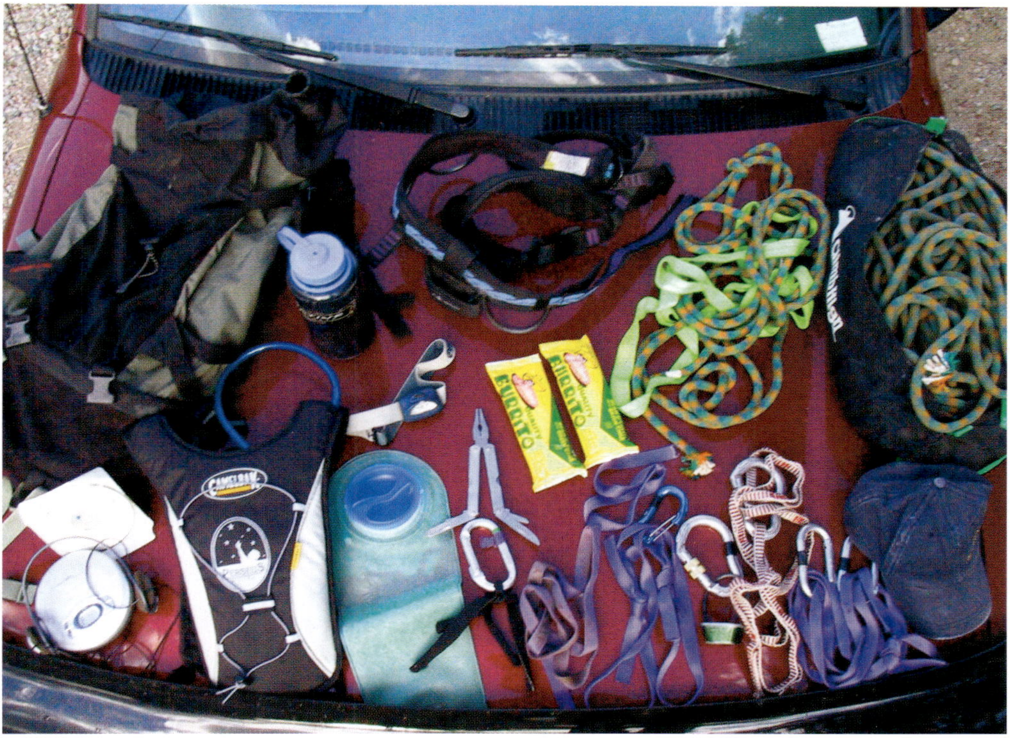

Mon équipement pour l'expédition du Blue John Canyon.
Tout est d'origine, à part le Camelbak et les burritos.

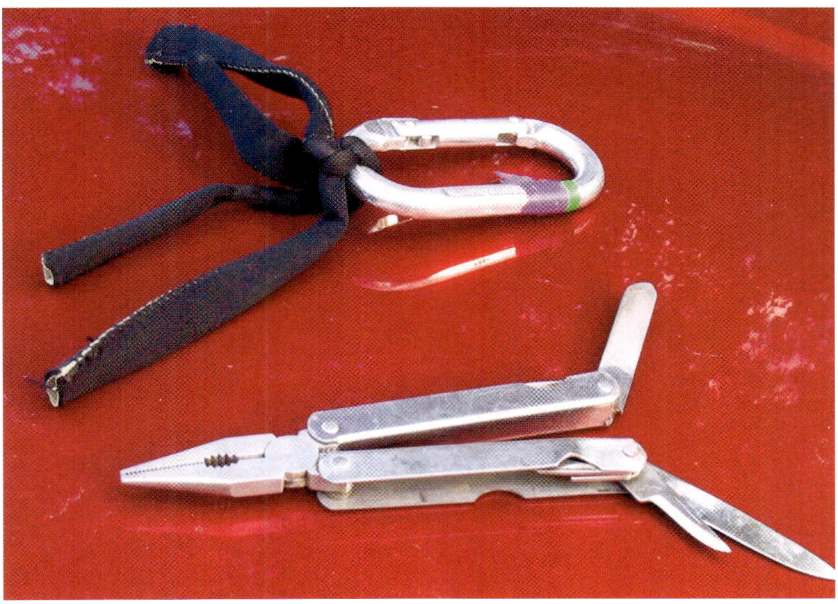

Le tourniquet de rappel et mon outil multitâche.

Je vérifie mon chemin dans le Blue John Canyon
— la dernière photographie de ma main droite.

Megan et Kristi,
les seules personnes qui connaissaient le but de ma randonnée.

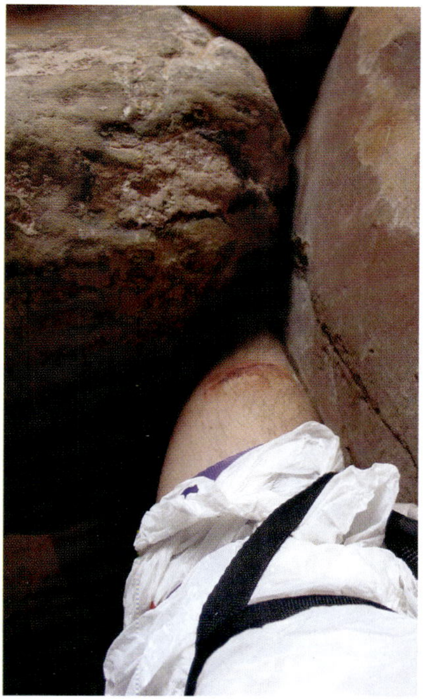

Deux jours déjà
que je suis prisonnier du rocher.

Trois jours après l'accident.

11:36, jeudi 1er mai 2003

La falaise du Big Drop que j'ai descendue en rappel, quarante-cinq minutes après mon auto-amputation.

Enfin, j'ai pu me désaltérer dans une petite mare.

Depuis mon accident, j'ai repris l'escalade. Ici, le North Maroon Peak, en mai 2004.

à la dynamique de groupe. Après cette expédition, je me suis rendu compte que j'aimais diriger une équipe et prodiguer des enseignements sur la vie au grand air.

Quand je suis rentré dans le Colorado, après ce voyage en Alaska, mon intérêt pour le métier de guide de montagne s'est affirmé. J'éprouvais un grand plaisir à faire visiter les grands espaces sauvages de l'Ouest.

Gary Scott, notre chef d'expédition, détient le record de la plus rapide ascension de ce sommet. En 1985, il est monté du camp de base de Kahiltna, situé à 2 200 mètres, jusqu'au sommet à 6 193 mètres en dix-huit heures et demie. Je savais que je pouvais grimper avec rapidité et j'étais tenté de battre son record. Je décidai donc de retourner sur le Denali pour tenter l'ascension du West Buttress avec quelques amis. Je planifiai une expédition en solo, avec le but de réussir le premier aller-retour jusqu'au sommet en moins de vingt-quatre heures. Je passai donc l'année à me préparer physiquement pour ce défi.

En novembre 2002, je m'installai à Aspen et trouvai immédiatement un job de vendeur à l'Ute Mountaineer. Quand je n'étais pas sur mes skis de fond, à traverser la région, ou en train de grimper ou de chausser des raquettes, je parlais de toutes ces expériences, dans la boutique, avec des clients. Je réservais toujours les meilleures histoires pour mes collègues et mon patron. Non seulement j'habitais un endroit à partir duquel je pouvais m'entraîner et grimper neuf des plus difficiles « 4 000 » de l'État pendant cet hiver, mais, en plus, la ville entière abritait des personnes partageant les mêmes passions.

Parmi les exploits de mes saisons d'hiver, l'un des plus agréables consistait à maintenir un équilibre précaire entre ma vie « mondaine », les dîners, les concerts, et la rigueur nécessaire à mon entraînement. Assez souvent, je glissais trois heures de ski de fond entre mes heures de boulot. Ou encore je quadrillais des pistes skiables entre Aspen et Snowmass sur mes skis alpins, sinon, je partais pour une randonnée en raquettes, après le travail, en fin de journée. Ensuite, je retrouvais des amis dans une boîte jusque tard dans la nuit. Lorsqu'il n'y avait pas d'événements musicaux à Aspen, nous partions à plusieurs à Vail, ou même jusqu'à Denver ou Boulder, et nous rentrions dans la nuit. La vie n'était pas triste, encore moins routinière.

J'adorais la vie de la station de ski. Mes copains saisonniers et moi, nous évoquions quotidiennement notre désir de « vivre notre rêve ». Nous déployions toutes sortes d'astuces, échanges de faveurs, trocs en tous genres, pour nous assurer une qualité de vie agréable, malgré nos salaires minables dans une des stations les plus chics du monde. Pour les pistes de ski, nous disposions de forfaits gratuits deux jours par semaine grâce à notre travail, mais nous avions découvert comment skier cinq jours par semaine sans payer – nous grimpions à pied jusqu'aux remontées mécaniques du niveau supérieur, où les passes n'étaient pas vérifiés. J'appris vite où trouver de la neige vierge lorsque je n'avais pas la possibilité d'être le premier sur les pistes de poudreuse. « Si tu ne peux pas skier le premier, tu dois skier intelligent », lançais-je aux gens assis dans les bennes, avant de me faufiler entre les sapins vers mon coin préféré.

En dehors des pistes de ski, d'immenses territoires offraient des opportunités infinies pour les loisirs de plein air. Nous nous débrouillions pour obtenir des prix et des avantages partout en ville : remises pour les meilleurs équipements, serveurs de cafétéria sur lesquels nous pouvions compter pour manger à « prix d'ami », copains qui savaient organiser des dîners gargantuesques, videurs et barmen qui nous laissaient entrer et consommer « comme des habitués ». En plus, la neige n'avait pas été aussi belle depuis cinq ans.

Dès que la saison débuta officiellement, je me concentrai sur mes futures ascensions en solitaire des « 4 000 ». Les routes et les sommets n'étaient praticables qu'avec un niveau avancé d'alpinisme et les difficultés s'accentuaient au fur et à mesure que l'hiver avançait.

La véritable grimpe commença le lendemain de Noël, lorsque j'escaladai et descendis à ski deux « 4 000 » adjacents – le Castle et le Conundrum. Par deux fois, j'empruntai ce que Lou Dawson, gourou de ces montagnes et auteur de guides d'alpinisme, appelle le « voyage dans la vallée de la mort ».

Les dangers d'avalanche s'accrurent vers le nouvel an et, le 9 janvier, ayant campé au pied de la face nord du superbe North Maroon Peak, je dus changer mon itinéraire. Je décidai de grimper le Pyramid Peak par sa face ouest, malgré une tempête qui soufflait de dangereuses quantités de neige fraîche. Les risques d'avalanches avaient atteint leur paroxysme, n'attendant qu'une chose pour se déclencher : un être humain dénommé Aron posant le pied au mauvais endroit de la pente.

En descendant de la crête, je dus me contorsionner et, m'appuyant sur mes mains gantées, me poser sur des plaques de pierre instables pour effectuer une manœuvre difficile au passage d'un surplomb de cinq mètres. Quand je lâchai prise, je tombai des deux pieds sur une corniche étroite. Titubant juste au-dessus d'un autre surplomb, je me stabilisai avant de descendre dans l'amphithéâtre pris dans la bourrasque de neige. De là, ce fut une descente angoissante jusqu'à la ligne des arbres. Pour éviter les zones instables recouvertes d'une couche de trente centimètres de poudreuse, parfait déclencheur d'avalanche, il me fallut emprunter des déviations. Je finis par rentrer sain et sauf, en poussant parfois la neige au-dessous de moi pour sécuriser le terrain avant de poursuivre mon chemin. Je n'étais jamais tombé lors d'une ascension hivernale. Encore une fois, j'avais eu de la chance – un faux pas m'aurait entraîné dans une glissade, et je me serais certainement blessé, tout en déclenchant une terrible avalanche.

Pendant tout le mois de janvier, je flirtai avec le danger. Lors de mon approche du mont du Holy Cross, je fus surpris par la nuit à 3 900 mètres, dans un froid intense, à cause d'une mauvaise description du chemin de traverse de la Notch Mountain. Je bivouaquai sur un rebord de neige de soixante centimètres, juste au-dessous du défilé qui sépare les deux sommets. J'avais l'intention de récupérer un peu en ingurgitant un soda chaud et de la purée instantanée. J'avais prévu de retrouver un abri rocheux près du sommet sud avant la nuit. Cependant, la couche de neige épaisse et les indications erronées du guide m'avaient ralenti.

Le joint récalcitrant d'une bouteille d'essence faillit me coûter la vie. Il était pincé au niveau du raccord du réchaud et l'essence coulait sur la neige à chaque fois que j'ouvrais le robinet. J'avais stupidement perdu les trois quarts du combustible avant de comprendre pourquoi le réchaud brûlait si faiblement. Je venais de mettre le joint dans ma bouche pour lui redonner sa forme quand je vis l'orage qui arrivait de l'ouest. Il me fallait rejoindre l'abri en vitesse, mais je devais d'abord reprendre des forces. Il était indispensable de remettre le réchaud en marche. Devant cette situation, j'en vins à penser que la vie dépendait de peu. Parfois, c'est une évidence : la distance qui vous sépare de la foudre, un copain dont la rapidité vous sauve d'une noyade certaine dans le Colorado. Parfois, c'est plus subtil, même imperceptible, par exemple, la microscopique chaîne d'ADN qui permet à votre organisme de combattre une infection qu'on ne sait même pas avoir contractée. Ce peut être la décision d'escalader un flanc de montagne différent, évitant par la même occasion un rocher qui dévale le chemin. Nous traversons la vie en ignorant qu'on échappe, chaque jour, à des millions de dangers. Et puis, un jour, on frôle l'horreur et l'on se rend compte de ce que signifie cette fraction de seconde, ou ces quelques centimètres. Je savais que mon réchaud me permettrait de rejoindre la base. Je devais absolument réparer le tuyau d'alimentation.

Je sortis de ma bouche le petit joint de trois millimètres pour examiner la déformation. J'étais trop épuisé pour le manipuler et le laissai tomber dans l'obscurité. Un de ces petits détails qui vous maintiennent en vie m'apparaissait soudain d'une évidence terrifiante. Je paniquai à l'idée d'avoir laissé tomber le joint par-dessus mon rebord de neige. J'éclairai le sol avec ma frontale et palpai la neige à main nue. Ouf ! Je retrouvai le petit disque de caoutchouc. Cinq minutes plus tard, le réchaud fonctionnait et j'avais mis de la neige à fondre. J'avais eu de la chance, et je repris bientôt la route.

La traversée s'avérait difficile. Impossible de retirer mes lunettes à cause du vent et de la neige, mais les verres réfléchissants divisaient par deux l'éclairage de ma frontale. Je gardai mes lunettes, en les soulevant de temps en temps pour trouver le chemin le plus efficace. Au bout d'une heure de progression sur ce flanc abrupt, j'arrivai à un champ de neige, juste sous une falaise de roche couverte de glace. Je tentai de monter sur cette butte rocheuse, mais n'avançai que de douze mètres avant que la difficulté technique du terrain ne me fasse douter du succès de mon entreprise. Je retournai en arrière pour trouver un passage plus praticable. Je m'étais habitué à escalader ces pentes traîtresses avec mes chaussures de ski de fond, mais je n'avais pas les compétences pour grimper des parois de catégorie V dans l'obscurité avec une lourde charge sur le dos. Je cherchai pendant une heure encore une sortie exploitable vers le sommet sud, mais j'y épuisai mes forces. J'atteignis enfin l'abri rocheux prévu, mais j'étais trop fatigué pour dégager la neige à la pelle. Je sortis mon sac de couchage, je m'y glissai et sombrai dans un profond sommeil.

Le lendemain matin, l'orage était passé, mais je doutai de mes capacités à traverser par deux fois la Halo Ridge du mont du Holy Cross.

Le temps calme et ensoleillé et le panorama spectaculaire me rendirent confiance. En moins de cinq heures, j'avais contourné le Halo Ridge pour arriver au sommet du Holy Cross, d'où ma vision englobait les pistes de ski d'Aspen et les principaux sommets de l'Elk Range. Une heure plus tard, je retrouvai les traces de mes chaussures le long de la crête. Je mis même le pied dans une des empreintes que j'avais faites en montant.

Soudain, j'entendis un bruit d'éclat dans la neige, juste devant moi. Je fis d'instinct un saut vers ma droite pour m'appuyer sur du roc solide. Fendant la neige le long du petit cirque près duquel je me trouvais, une crevasse apparut. Juste à l'endroit où j'avais posé le pied quelques secondes auparavant. Je sautai sur les rochers pour atteindre la toundra quand le champ de neige tout entier se déchira et s'affaissa. Mis à part le bruit du début, tout se passa dans un silence absolu. Je me rapprochai du trou que je venais de créer par mon passage et me penchai avec prudence sur le bord de la falaise. Je venais d'échapper au pire. L'image de mon corps désarticulé ricochant sur les falaises me traversa l'esprit en un éclair... *Jamais je n'aurais pu survivre à une pareille chute*, pensai-je. *Je serais au fond de ce précipice, la tête écrabouillée sous une tonne de débris rocheux.*

Le plus effrayant dans l'histoire, c'est que je n'avais pas vu cette corniche au cours de mon ascension. Ce genre de surplomb est sujet à l'écroulement – c'est tout à fait normal. Après cent mètres, je me retournai et vis mes empreintes se dirigeant droit vers l'abîme.

Au crépuscule, je retrouvai mon camp de base et rechaussai mes skis. C'est au clair de lune que je descendis les quatorze kilomètres sur une dénivellation de 1 200 mètres. Vers 21 heures, fonçant sur les pistes, j'effrayai un élan sur une pente neigeuse. Je m'enfonçai dans la forêt, skiant avec facilité sur plus d'un mètre de poudreuse. J'admirai les prouesses de l'élan dans cette neige épaisse en me souvenant des efforts que j'avais dû déployer à sa place, mais je savais que le pauvre animal ne ferait pas le poids face à une meute de loups affamés.

Le jeudi suivant, je tentai une double ascension du Longs Peak, moins élevé, mais plus technique que le Halo Ridge. Holy Cross était le dernier « 4 000 » de la Sawatch Range ; Longs Peak serait mon dernier sommet de la Front Range. Cette montagne a pour particularité d'être extrêmement venteuse. Déjà, à 3 900 mètres, la face ouest et la crête nord, exposées au vent, étaient recouvertes d'une épaisse couche de glace. En passant le sommet, l'air refroidit en dessous du point de condensation, et le gel se concentre sur toutes les parois exposées de la montagne.

Je n'avais pas chaussé mes crampons, ni sorti mon second piolet de mon sac : pour éviter le mince verglas du Homestretch, je choisis une vaste pente neigeuse terminée par une cheminée aux parois abruptes. Je serrai les jambes contre une des parois et j'appuyai mon dos sur l'autre. Il me fallut enlever mon sac pour effectuer les manœuvres finales qui me permettraient de passer sur le surplomb. Ma technique était suffisante pour ce genre d'exercice, mais mes talents de basketteur laissaient à désirer.

Je tentai de hisser mon sac au-dessus de l'obstacle, comme un ballon. Au lieu d'atterrir sur le plateau, il heurta le surplomb et vint se rabattre sur ma gauche. Impuissant, je vis mon sac à dos rebondir au-dessus de ma tête, loin de la paroi. Il fit une chute libre de trente mètres et s'écrasa dans la neige, puis glissa sur la pente. Il prenait de la vitesse et glissait droit vers un gouffre de six cents mètres. Horrifié, j'observai le spectacle quand mon paquetage fut miraculeusement arrêté dans sa chute par une crevasse.

Mon étonnement fut vite dissipé lorsque je compris que mes crampons et mon piolet seraient indispensables pour ma descente du Homestretch. Je me redressai, et marchai jusqu'au point culminant du plateau. Là, je pris quelques photos. Assis sur un gros rocher surmontant le Diamond – la célèbre face est du Longs –, je jouis du fabuleux spectacle au-dessous de moi. Mais j'étais obsédé par une question : comment récupérer mon sac à dos ?

Quelques minutes plus tard, je me dirigeai vers le Homestretch. Le visage tendu, j'exécutai les premières manœuvres de descente, dos à la montagne, prêt à plonger dans les nuages. Très vite, je tombai sur un manteau de neige qui masquait une couche de glace lisse. Les rares appuis utilisables n'étaient plus que des traînées glissantes. Je me retournai pour faire face à la paroi. Ma chaussure gauche cherchait un point d'accroche. Tout en essayant d'ignorer le gouffre menaçant, je dégageai la neige et posai ma semelle. Trois manœuvres plus loin, me servant de mon piolet pour piquer dans la couche de glace, j'arrivai à un endroit protégé, derrière un gros rocher.

Il me fallait descendre encore une dizaine de mètres pour atteindre un petit décrochement qui dépassait d'une dalle. J'allais pouvoir me retenir par les mains sur six mètres. Deux options se présentaient : soit je pouvais effectuer quelques manœuvres vers la gauche pour rejoindre un endroit dégagé ; soit je descendais tout droit dans un sillon de neige sur ma droite et j'évitais de traverser la dalle, trop exposée au vent.

Mon esprit me soufflait : *Choisis la neige ; il n'y a pas de points d'appui sur cette dalle ; c'est trop risqué.*

Au début, en tâtant du pied le sillon de neige, je réussis à trouver des prises solides qui me permirent de descendre sans problème. J'étais dos contre la neige, j'étendais les bras des deux côtés de la rigole et appuyais les mains sur le granit, paume inversée. Mon piolet pendait à sa dragonne le long de mon poignet gauche, sonnant sur la roche à chaque fois que je me mouvais pour placer mes mains plus bas. Après avoir parcouru trois mètres, le talon de ma chaussure gauche dérapa sur de la glace. Je descendis encore jusqu'à ce que ma jambe droite se replie sous mes fesses. J'étendis mon pied gauche plus bas dans le sillon, mais il glissait à chaque tentative d'accroche. J'aurais vraiment eu besoin de mes crampons.

Je plantai mon piolet dans la neige. La pointe toucha le roc. Suspendu au piolet, je parvins encore à étendre mon pied gauche de quinze centimètres, mais il glissait toujours sur la glace. Avec des crampons métalliques, je n'aurais eu aucune difficulté. C'est à ce moment, alors que je me reprochais d'avoir laissé tomber mon sac, que je commis une faute technique. Je pivotai un peu trop sur ma hanche droite et ma chaussure droite glissa. Tout de suite, je roulai sur le côté, ventre contre la neige, et j'agrippai le piolet de ma main droite. Le piolet ne put supporter tout mon poids et se décrocha. Dans ma chute, je sentis les cristaux de granit attaquer le tissu de mon pantalon imperméable au niveau des genoux. Je fermai les yeux, mais la vision du précipice au-dessous de moi restait gravée sur ma rétine. *C'est fini, je n'ai aucune chance de m'en sortir.*

Je rassemblai mes forces pour tenter de planter le piolet dans la roche. Le pic de métal grinça en glissant sur le granit. Je serrai mon piolet avec l'énergie du désespoir. Je ne voulais pas voir le roc glisser de plus en plus vite jusqu'au moment où la force de gravité allait m'entraîner en roulant sur une pente encore plus raide, comme une poupée de chiffon, dans une chute de six cents mètres.

Le piolet grinça encore quelques instants, puis il accrocha quelque chose et ma chute s'arrêta brusquement. Je n'en revenais pas. Le souffle coupé, j'ouvris les yeux lentement, persuadé que le moindre de mes mouvements me ferait basculer à nouveau dans l'horreur, jusqu'à la mort. Je constatai d'abord que j'étais toujours contre cette paroi de roche lisse. Je n'avais glissé que de deux, trois mètres. Comment m'étais-je maintenu dans cette position ? Je tournai la tête pour examiner la pointe du piolet. Il n'en restait plus rien ! J'avais meulé mon piolet sur le granit avec une telle force que je l'avais comme soudé à la roche. Il n'y avait aucune autre explication. Pas de corniche, pas d'excroissance, pas de fissure ; juste la matière microscopique du granit, aussi rêche que du béton, qui m'avait arraché aux serres d'une mort imminente. Sidéré, je repris mon souffle pour insuffler un peu d'oxygène dans mon organisme choqué. Il me fallut plus d'une minute avant de pouvoir remuer, et encore, seulement la tête, pour regarder à ma gauche, la voie du salut.

Je ne sais pas comment je me suis retrouvé sur un rebord solide, mais, dans les minutes qui suivirent, j'étais debout, prêt à continuer ma descente. Je sais seulement que je n'ai pas regardé le gouffre béant, concentrant mon attention sur mon avancée. Je rencontrai encore quelques difficultés avec la glace, puis j'atteignis la crevasse où mon sac était resté bloqué. Immédiatement, je sortis mes crampons et retraversai la dalle gelée, en toute sécurité, cette fois.

Après deux ascensions techniques et trois longues expéditions en quatre semaines, je me sentais prêt pour mon défi : l'ascension en solitaire du Capitol Peak. C'est le plus éloigné et le plus abrupt de tous les « 4 000 ». Il cumule la technicité du Longs et du Pyramid, tout en étant aussi dangereux que le Maroon Bells. Mais je connaissais bien la route d'approche et les conditions d'enneigement et, surtout, j'étais au mieux de ma forme physique et de mon acclimatation aux altitudes élevées. Ce sommet est réputé à cause du Knife Ridge, une crête de cent mètres de long à 4 115 mètres, qui chute de cinq cents mètres à l'est. C'est son exposition qui donne au Knife Ridge sa réputation de danger, mais la section la plus délicate de l'ascension se trouve au-delà, sur la pyramide supérieure du pic.

Le 7 février 2003, je me réveillai par des températures polaires dans mon camp de base, installé sur les bords rocailleux du Moon Lake. Je grimpai sur mes skis alpins revêtus d'une peau de phoque jusqu'à ce que la pente devienne trop raide. Je déchaussai mes skis et, après les avoirs arrimés à mon sac à dos, je pataugeai dans une épaisse couche de poudreuse atteignant parfois plus de deux mètres sur une pente de quarante degrés. J'arrivai au sommet intermédiaire, situé à 4 150 mètres, et surnommé le K2. J'y déposai mes skis en prévision de la longue descente dans le champ de poudreuse, et je passai sur le Knife Ridge, après avoir fixé mes crampons sur mes chaussures de randonnée. Au milieu de la crête, je fus confronté à une section délicate. À cause des forts vents d'ouest, la neige gelée avait formé d'épaisses corniches qui dépassaient vers le flanc est.

Jusque-là, j'avais avancé à califourchon sur la pointe de la crête pour la traverser, mais, arrivé à cette corniche de neige, il fallut changer de tactique. Mon piolet était prêt à s'accrocher sur la lame rocheuse au cas où je tomberais. Alors que j'étais bien en équilibre, à cheval sur cette crête aussi affûtée qu'une lame de couteau, les corniches commencèrent à se briser sous ma jambe gauche, laissant un brusque vide dans un silence effrayant. À chaque affaissement, j'étais déstabilisé de ma selle rocheuse. Ma position précaire commençait à me faire peur. Je me concentrai sur le rythme de mon cheminement en plaçant soigneusement mon crampon droit dans la moindre crevasse de la paroi ouest. Bientôt, j'eus traversé l'intimidant Knife Ridge. Euphorique, je sortis mon appareil photo pour un autoportrait bien mérité. Mon sourire sur l'image voulait tout dire.

Je grimpai ensuite les cent cinquante derniers mètres. À 12 h 45, j'avais vaincu le Capitol Peak et accompli un exploit dont je rêvais depuis cinq ans. Tous mes efforts avaient tendu vers cette ascension victorieuse, mon quarante-troisième « 4 000 » hivernal en solitaire. Après avoir filmé le panorama et pris quelques photos, je descendis du sommet. Je récupérai mes skis qui m'attendaient au sommet du K2. Alors que l'après-midi s'allongeait, j'affrontai les versants privés de soleil de la haute montagne et il me fallut régulièrement ôter mes gants pour détacher la glace de leurs doublures. Mes manœuvres dans la poudreuse lors de l'ascension les avaient trempés et la neige qu'ils retenaient s'était vite transformée en glace.

En descendant le K2 à ski, je me préoccupai davantage de la stabilité de la neige que de l'état de mes mains. Les virages dans la poudreuse le long du versant pentu du K2 comptent parmi les plus beaux moments de ski que j'aie vécus. Mais, quand j'arrivai à mon campement de Moon Lake, je savais que j'avais un problème avec mes mains : je n'arrivais plus à les réchauffer, quels que soient mes efforts. Même au-dessus de mon réchaud, une fois la glace des doublures fondue, je ne sentais pas la chaleur dans mes doigts. Quand j'enlevai les gants et que je constatai la pâleur de mes mains, mon inquiétude se confirma.

Je me dépêchai de quitter le camp, sans même préparer de nourriture. Je n'étais pas affolé par les gelures, mais je voulais éviter toute aggravation. Je venais de vaincre un sommet dans un style qui, durant les trente heures d'expédition, satisfaisait complètement mes aspirations. Le fait que huit de mes doigts soient gelés, y compris mes pouces, faisait partie de l'aventure. Bien que je ne connaisse pas l'étendue du traumatisme sur le moment, je changeai ma paire de gants internes et protégeai au mieux mes mains pendant les onze kilomètres de descente qui restaient.

Lorsque j'arrivai chez moi, à Aspen, au lieu de foncer droit à l'hôpital, je me soignai moi-même (grave erreur). Après avoir ingurgité des anti-inflammatoires, je trempai mes mains dans l'évier de la cuisine rempli d'eau chaude. Tout seul dans l'appartement, je gardai mes deux mains dans l'eau brûlante et j'observai mes doigts changer de couleur, passant du blanc à toutes les couleurs de l'arc-en-ciel, hurlant de douleur. Je devais parfois attraper ma main droite avec la gauche pour la forcer à rester dans l'eau. Mes colocataires n'étaient pas là, les voisins non plus, sinon, ils auraient certainement appelé la police en entendant mes cris d'orfraie. Pendant une heure, j'attendis l'apparition des cloques sur mes doigts. Les cloques étaient bon signe, elles signifiaient que les tissus allaient se rétablir, alors que si elles n'apparaissaient pas les dégâts causés par le froid me feraient peut-être perdre mes doigts. Finalement, les cloques commencèrent à apparaître sur chacun de mes doigts. Malgré le gonflement, j'étais rassuré.

Je décidai de retarder de cinq semaines mes expéditions en solitaire pour laisser mes mains se remettre des gelures. Il me restait pourtant deux sommets à vaincre dans l'Elk Range : les Maroon Bells. Je ne restai pas inactif pendant ce temps : les Phish effectuaient leur première tournée dans l'Ouest depuis trois ans, j'avais prévu une balade avec des copains du Nouveau-Mexique, et j'avais encore pas mal de pistes à descendre en télémark avec mes potes d'Aspen. Mais même cette « convalescence » n'allait pas s'avérer sans risques.

Deux semaines après mon ascension victorieuse du Capitol, je rejoignis six amis de l'Albuquerque Mountain Rescue Council pour notre balade annuelle à ski. Cette année, nous avions prévu d'aller jusqu'au refuge Fowler-Hilliard, sur Resolution Mountain, au-dessus de Camp Hale. Les refuges de la 10e Division de montagne portent les noms de soldats de la Seconde Guerre mondiale, l'infanterie à ski qui combattit dans la terrible bataille de Riva, en Italie. Pendant deux ans, ils s'entraînèrent à Camp Hale, à mi-chemin entre les villes de Leadville et de Vail. De nombreux anciens combattants revinrent s'installer dans le Colorado, où ils contribuèrent au développement des sports d'hiver, grâce à leur passion du ski et à leur bonne connaissance de la région. Les domaines skiables de Breckenridge, Vail et Aspen furent les plus importantes stations développées par les anciens combattants de la 10e Division de montagne. Les refuges de haute montagne ne furent construits que dans les années quatre-vingts mais ils sont dédiés à la mémoire des patriotes qui partirent défendre la liberté, une valeur particulièrement bien symbolisée par les hautes montagnes.

Après cinq heures de route, nous nous installâmes pour le week-end. Nous fîmes un excellent déjeuner, mais, en regardant par les fenêtres du refuge, j'eus tout de suite envie de sauter sur mes skis et d'aller voir le cirque est de Resolution Peak, juste devant le refuge. Au moment de passer à l'action, deux de mes collègues, Mark Beverly et Chadwick Spencer, décidèrent de se joindre à moi pour une petite virée.

À 16 h 50, nous partîmes. Les skis chaussés de peaux de phoque, nous grimpâmes la crête nord balayée par le vent. Nous atteignîmes le sommet situé à 3 640 mètres juste après 17 h 15. La nuit tombait vite, mais, pendant qu'avec Mark nous attendions Chadwick, nous profitâmes du moment pour admirer la vue. Je racontai à Mark mon ascension en solo du Holy Cross et la descente à ski sous la lune, lorsque j'avais surpris l'élan dans la plaine enneigée.

Mark était un des meilleurs grimpeurs de notre équipe de secouristes. J'admirais sa technicité, son habileté à organiser des cordages pour les secours ainsi que sa formation médicale poussée. J'appréciais aussi son expérience de guide de montagne. En lui racontant les détails de mes ascensions récentes, je comprends aujourd'hui que j'essayais de l'impressionner, comme il m'avait lui-même impressionné avec ses exploits. Je fus surpris de la froideur de sa réaction.

– Je ne peux pas partager ton excitation, Aron. Je ne pratique pas la montagne de cette façon. Mais je pense que c'est génial pour toi – du moment que tu es content.

– Oui, je suis heureux. Je vis mon rêve.

Mark n'était pas attiré par ces ascensions hivernales en solo. Il cherchait à savoir si je faisais tout cela pour les bonnes raisons – si je grimpais pour frimer ou par pur plaisir. Il vérifiait discrètement une chose que j'avais moi-même depuis longtemps clarifiée, mais j'étais content qu'il me le rappelle ainsi.

Une fois Chadwick arrivé, nous posâmes pour un portrait de groupe dominant tout l'Elk Ridge. Mark prit la tête de la descente à ski, qui s'avéra sans danger mais désagréable, à cause de la fine couche de neige glacée. Après une chute pour éviter un obstacle, j'appelai Mark.

– Eh ! on s'ennuie, ici ! Je file vers la poudreuse.

J'avais emprunté à la boutique une nouvelle paire de skis pour la poudreuse et j'étais impatient de les essayer. Depuis un an, je pratiquai le télémark, talon libéré. Chadwick m'avait expliqué les premiers rudiments techniques et je voulais lui montrer à quel point j'avais progressé. Je quittai la crête et fonçai vers la neige plus molle, qui devint de plus en plus épaisse au fur et à mesure que je traversais cette pente de quarante degrés.

Mark s'arrêta un peu en aval sur la crête. Chadwick était derrière moi, traversant en parallèle sur ma droite. Aucun n'eut l'idée de sonder la neige pour tester sa stabilité et l'éventualité d'une avalanche. J'étais sûr de moi, ayant skié tout l'hiver dans les environs. Mes succès sur les « 4 000 » et le chapelet de coups de chance dont j'avais bénéficié me donnaient une assurance impériale. Nous nous séparâmes pour nous conformer à la règle de tout bon skieur. Inutile de s'exposer, tous en même temps, au risque de glissement de terrain potentiel.

– Je pars d'ici. Vous me suivez ? dis-je à Chadwick.

Mark était encore à cent mètres derrière nous.

– Je ne sais pas. Comment comptes-tu rejoindre le refuge ? J'ai l'impression qu'il faudra mettre les peaux de phoque.

– Je ne vais pas dépasser ces arbres. Je m'arrête là-bas et je retraverse par la gauche, jusqu'au refuge.

Mark cria qu'il allait prendre la crête. Je répondis :

– D'accord ! C'est parti !

J'étais un peu tendu, mais je ne me demandai pas si c'était à cause des dangers d'avalanche ou à cause de mon ego : je voulais skier le mieux possible dans cette épaisse couche de poudreuse. Je pris de la vitesse et exécutai quelques virages. Quel plaisir de foncer dans cette neige tourbillonnante ! Seule la fatigue de mes jambes m'obligea à m'arrêter. Je me retournai et criai à Chadwick, cent mètres plus haut :

– Fabuleux ! La neige est géniale ! Allez, viens !

Chadwick suivit mes traces et tomba deux fois. Mark nous observait de la crête. J'avais sorti mon appareil, je prenais des photos de Chadwick qui négocia un dernier virage et s'arrêta à côté de moi.

– Oh ! c'est du boulot. Je pouvais à peine virer tellement la couche est profonde.

– Oui, mais c'est génial, non ? Tu t'en es bien sorti vers la fin. J'ai quelques bonnes images de toi. Regarde comme nos traces sont incroyables.

J'ajoutai, en direction de Mark :

– Allez, viens ! C'est super !

Debout non loin des arbres, Chadwick et moi attendions Mark, qui traversait le cirque, juste au-dessous de nos traces. Il descendait prudemment, coupant dans la neige avec ses skis, pour déclencher un glissement de neige avant son passage. Satisfait de la stabilité du manteau blanc, il fit trois virages, tomba, se releva, skiant toujours, mais assis sur ses skis. Il se redressa et termina sa course en souriant. Épuisé, Mark vint s'enfoncer dans la neige à dix mètres des arbres, au lieu de virer pour s'arrêter. Un bruit de souffle s'échappa du sol et nous sursautâmes. Ce bruit de neige qui s'effondre signifie souvent que l'on vient de déclencher une avalanche. Pourtant rien ne bougea. Soulagé, Chadwick plaisanta :

– Vous avez entendu, les gars ? Les fesses de Mark ont émis un curieux son !

– Eh ! Chadwick, laisse-toi tomber sur les genoux. Je veux prendre une photo de toi dans la neige.

Soudain, au-dessus de nous, nous entendîmes un bruit de moteur – ou plutôt le rugissement d'un réacteur d'avion.

Au moment où je cadrais Chadwick dans mon viseur, je remarquai un nuage tourbillonnant de poudreuse au-dessus de sa tête. Puis le ronronnement devint plus fort dans mes oreilles. À la fraction de seconde où je compris que le son provenait du nuage, je fus secoué brutalement, soulevé et emporté vers le bas. Tout devint noir.

J'accélérai comme si j'avais été heurté par un camion. Puis j'ouvris les yeux dans une sorte de soupe blanchâtre. Je glissai la tête la première, enfoui sous une énorme masse de neige, mais il me fallut quelques secondes pour me rendre compte que j'étais emporté par une avalanche. J'ouvris la bouche et avalai une bouffée de neige qui m'envahit la gorge et faillit m'étouffer. Recrachant la neige, j'attendis de voir un peu de ciel dans ce torrent blanc. J'en profitai pour inspirer profondément avant de retenir ma respiration. Je luttai contre la force du courant, essayant de faire pivoter mon corps, pour tenter de surnager. Mais les skis m'en empêchèrent. Je finis par me laisser porter, en attendant une autre occasion d'aspirer de l'air frais. Je commençais à me demander quand j'allais voir ma vie défiler en accéléré ; heureusement, cela ne se produisit pas. Ensuite, je me dis : *Être emporté par une avalanche : voilà ce que c'est.* Plusieurs secondes passèrent et la chute continuait. J'avais maintenant besoin de respirer. J'attendis l'instant propice, mais, cette fois, pas de fenêtre bleue sur le ciel. Je perdis mon souffle et ma bouche se remplit de neige.

Enfin, je sentis la décélération. L'avalanche se terminait, j'écartai les bras pour les dégager hors du flot de neige. Comme mes bâtons étaient retenus à mes poignets par leur dragonne, je ne pus sortir que ma main droite. Je perdis mon gant. Mon bras, comme le reste de mon corps, était pris dans une neige très compacte. Je redressai la tête et je poussai les hanches. Je fixai le bas de la pente, les yeux au niveau des éboulis de neige. *Je suis en vie !* pensai-je.

Mon corps avait besoin d'oxygène, j'avais la bouche pleine de neige compacte. J'étais complètement essoufflé, mais, entre deux inspirations désespérées, je parvins à crier :

– Tout va bien ! Tout va bien !

La neige enserrait mon corps comme un moule impitoyable et me comprimait la poitrine. J'étais immobilisé, mis à part ma main droite et ma tête. J'essuyai mon visage et, sur ma gauche, au loin, je vis le refuge. L'endroit était jonché de débris d'avalanche, mais je ne percevais aucun signe de mes deux camarades.

– Chadwick ! Mark !

En faisant un effort pour tourner la tête, je vis Chadwick, à trente mètre en amont.

– Je crois que ça va pour moi ! Et toi, ça va ? Où est Mark ?

– Je sais pas !

Chadwick semblait paniqué et mes cris n'arrangeaient rien.

– Tu t'es dégagé ?

– Presque, pas complètement. Je creuse pour sortir mes pieds !

Chadwick avait culbuté plusieurs fois pendant l'avalanche, mais il put se mettre debout. Il avait déjà sorti sa pelle de son sac à dos et creusait la neige autour de ses pieds et de ses attaches de ski. Moi, je continuais à appeler Mark.

– Chadwick, tu as vu Mark ?

– Non !

Mes lunettes, ma pelle et mon appareil photo avaient disparu dans l'avalanche. Mon gant et mon bâton avaient également été emportés. J'espérais que Mark aurait lui aussi perdu des affaires et que nous les verrions pour nous aider à le retrouver. Mais aucun effet personnel n'apparaissait parmi les éboulis.

– Passe ta balise radio en mode recherche et viens me dégager de là. Nous devons être deux pour retrouver Mark, criai-je.

Selon les règles, Chadwick devait essayer de retrouver Mark tout seul, mais je ne pouvais pas sortir seul de cette matière compacte, même pour passer ma balise radio en mode recherche. Si je ne le faisais pas, Chadwick recevrait les signaux des deux émetteurs, ce qui rendrait difficile la localisation de Mark.

Deux minutes plus tard, Chadwick était à mes côtés et me dégageait la main gauche.

– N'abandonne pas, Aron !

Chadwick était ébranlé. Je le rassurai et lui demandai de creuser autour de mes jambes et de décrocher les attaches de mes skis pour me libérer.

Je roulai sur le côté et sortis de mon trou. En me redressant, je me rendis compte de l'étendue des dégâts.

– Bon Dieu, Chadwick. Tu as vu ça !

À cent cinquante mètres au-dessus de nous, une gigantesque fissure déchirait le haut du cirque. Des blocs de neige gros comme des réfrigérateurs, certains même de la taille d'un wagon de train, parsemaient le flanc de montagne. L'affaissement du manteau de neige était considérable : plusieurs centaines de mètres. L'avalanche avait été monstrueuse. Comme si deux pâtés de maisons avaient dévalé toute une montagne. Et nous étions là, à la recherche de notre copain enfoui sous les éboulis. Mais où était Mark ?

Chadwick scrutait le cirque, et, moi, je dévalai vers une terrasse dix mètres plus bas. L'amas de neige nous empêchait de voir en aval. De là, j'essayai de repérer des objets personnels. L'avalanche avait dépassé le cirque et s'était poursuivie au moins trois cents mètres plus bas, jusqu'au torrent. Ma balise radio restait silencieuse. Chadwick se trouvait maintenant à plus de trente mètres de moi.

– Quelle est ta portée ? lui criai-je.

– J'en sais rien.

– Repasse en mode émetteur.

Je voulais déterminer à quelle distance maximale nous pouvions recevoir un signal.

– Tu me reçois ? hurla-t-il.

Je percevais dans sa voix l'angoisse qui nous étreignait.

– Pas encore. Rapproche-toi.

– J'arrive, j'arrive !

– Ça y est ! Trente-huit !

Je recevais Chadwick à trente-huit mètres.

– Repasse en mode recherche !

Nous avions un rayon de recherche d'environ trente mètres. Le champ s'étendait sur plus de six cents mètres. Il nous faudrait cinq passages – si nos appareils étaient fiables – pour quadriller la zone. Mais nous ne disposions pas de ce temps.

Réfléchis, Aron. Vite !

– Chadwick, nous étions ensemble au départ, regarde où nous avons abouti. Nous sommes restés dans la même ligne. Mark devrait se trouver aussi dans cet axe. Mais est-il en amont, ou en aval ?

Chadwick ne répondit pas. La majorité des personnes qui survivent à une avalanche sont retrouvées dans les quinze minutes qui suivent ; après une demi-heure, les chances de réanimation sont nulles. Je criai :

– Je ne vois rien en aval. Il est au-dessus de nous ! Allons-y !

Je n'étais pas certain, mais il fallait trancher. S'il était toujours en vie, toute indécision de notre part le condamnait à mort.

Séparés d'une trentaine de mètres, nous marchâmes rapidement vers le sommet du cirque. Chadwick s'était arrêté. Sur ma droite, je l'entendis murmurer :

– Quarante-huit ! J'ai un signal !

Mark ! Nous poussâmes plus vite en luttant comme des fous dans les éboulis neigeux. Mark ! Pas le temps de reprendre notre souffle. Ma balise radio clignota – 38, 37, 34... 28... 24. J'approchais. Et, là, je vis un petit objet : une pointe de ski !

– Je l'ai trouvé ! Je vois un ski !

Chadwick, ralenti par la neige, prenait du retard. Je criai :

– Mark ! On arrive !

Chadwick hurla :

– Aron, prends la pelle !

J'étais tout près. Pas question de revenir pour prendre la pelle.

– Non ! Allez, bouge ton cul ! Amène-toi !

Mon signal clignotait de plus en plus vite, comme un détonateur de bombe, juste avant l'explosion. 11... 8... 4... Couvert par le bip de l'appareil, j'entendis un gémissement, puis un autre.

– Mark, je suis là !

Juste derrière la pointe de ski, je soulevai un bloc de neige. J'aperçus une mèche de cheveux et un bout de tissu rouge au milieu d'une neige aussi compacte que du ciment.

– Mark ! Tu m'entends ?

Il n'y avait pas de temps à perdre. Je heurtai la tête de Mark plusieurs fois en dégageant toute la neige qui lui couvrait le visage. Je lui ménageai un peu de place pour respirer. Quand j'enlevai le gant rouge qui lui masquait la bouche, son teint plombé me stupéfia. Je regardai le visage de cendre d'un fantôme dans une tombe.

Je redressai la tête de Mark et retirai la glace qu'il avait dans la bouche. Douze minutes s'étaient écoulées depuis la fin de l'avalanche et Mark avait manqué d'oxygène pendant tout ce temps. Il était encore vivant, mais dans un état critique. Je fus soulagé quand il répondit à mes questions. Il chuchota qu'il avait froid et qu'il était fatigué.

Je me relevai et courus vers Chadwick, qui me lança la pelle. Les voies respiratoires de Mark étaient dégagées. Le souci principal était la température de son corps. L'hypothermie menaçait de lui faire perdre conscience et de couper sa respiration. Je dégageai d'abord son bras gauche, puis son dos et sa jambe. Mark était enfoui plus profondément que je ne l'avais été. Chadwick lui parlait pendant que je bêchais la neige avec toute l'énergie dont j'étais capable. Mais j'avais besoin d'aide pour déplacer toute cette neige pesante. Dès que le sac de Mark fut dégagé, je détachai sa pelle et la jetai à Chadwick.

– Aide-moi à creuser !

– Je ne peux pas, mes mains sont gelées. Je ne peux rien tenir, répondit Chadwick.

Il avait perdu ses deux gants dans sa chute. À force de creuser pour me dégager et de s'accrocher aux éboulis, ses mains n'étaient plus opérationnelles. Il me restait mon gant gauche et le sous-gant. Je l'enlevai pour le passer à Chadwick. Il protesta :

– Mes mains sont fichues, préserve les tiennes, fit-il.

– Non ! Prends-le ! Retourne-le et mets-le sur ta main droite. J'ai besoin d'aide pour creuser.

Ensuite, j'arrachai les gants de Mark, et tendis le gauche à Chadwick en gardant le droit pour moi.

C'est alors que je perçus de l'animation au refuge, à près de cinq cents mètres sur le flanc opposé du cirque. J'utilisai mes mains comme porte-voix et hurlai à pleins poumons dans la direction des gens que je voyais grouiller tout autour du refuge :

– AU SECOURS ! AU SECOURS !

J'entendis une voix très faible, comme à des kilomètres de là :

– On arrive !

Mark risquait l'hypothermie si nous ne le dégagions pas au plus vite de sa gangue de neige. Nos pelletées partaient dans tous les sens. Les bêches se heurtèrent plus d'une fois, et dans l'agitation Chadwick rata même la neige à deux reprises.

– Chadwick, pas si vite. Tu n'arrives même plus à déplacer la neige.

Il paniquait ; nous prenions du retard.

– Commence par le haut et jette la neige vers le bas, c'est plus facile.

Mais Mark faiblissait. Après avoir répété qu'il avait froid, il se tut.

Chadwick se pencha soudain sur lui.

– Il ne respire plus !

Chadwick lui fit du bouche-à-bouche et Mark ressuscita. Je réussis à extraire sa chaussure de l'attache télémark. Cinq minutes plus tard, après avoir dégagé plus d'un mètre cube de neige, nous finîmes par dégager totalement sa jambe droite.

– À L'AIDE ! AU SECOURS !

Nous avions fait tout ce que nous pouvions et il nous fallait maintenant du matériel pour réchauffer Mark. J'étais épuisé par cette demi-heure d'effort et je n'avais pas conscience des précautions que devaient prendre nos amis pour éviter une seconde avalanche. Exaspéré, je murmurai :

– Mais pourquoi sont-ils aussi longs ?

Nous retournâmes Mark sur son flanc gauche pour l'asseoir. Il expirait tout l'air que Chadwick lui avait soufflé dans l'estomac. Seule une partie de cet air avait atteint les poumons à cause de sa position. Nous nous étreignîmes tous trois pour absorber les émotions du choc. Maintenant que nous étions sûrs que Mark allait s'en sortir, nous partîmes d'un immense éclat de rire nerveux.

Les uns après les autres, nos quatre camarades de l'Albuquerque Mountain Rescue arrivèrent à ski alors que l'obscurité tombait. Ils avaient apporté un sac de couchage en duvet, un tapis de mousse, des gants et des lampes frontales. Nous enveloppâmes Mark dans le sac de couchage. Le temps que Chadwick et moi récupérions nos skis, Mark était debout. Sa force physique et sa détermination lui permirent de rentrer au refuge à ski, alors qu'une demi-heure plus tôt il était à l'article de la mort.

Nous improvisâmes un banquet au refuge, ressassant les détails de la catastrophe. Nos amis avaient vu de loin l'avalanche et en avaient tout de suite déduit que nous étions en danger. Alors qu'ils préparaient le dîner, en caleçons longs et en chaussettes, ils s'étaient habillés en un instant, prêts à une longue opération de secours, et s'étaient rendus sur les lieux en moins d'une demi-heure – un véritable exploit. Même si nous avions tous trois emprunté cette descente, je me sentais coupable. Ma décision avait été motivée par le désir de satisfaire mon ego, de frimer. J'avais péché par excès de confiance en moi, d'ambition. Tout cela m'avait aveuglé au point d'en oublier les règles élémentaires de l'entraînement et de l'expérience de groupe. Nous avions survécu à une avalanche de degré 5 – la plus forte qu'on puisse subir dans le Colorado. Certes, nous nous en étions sortis, mais Mark et Chadwick me reprochèrent de les avoir poussés à skier dans la poudreuse du cirque. Ce dimanche, je perdis deux amis ; Mark et Chadwick ne m'ont plus parlé depuis.

Il ne sert à rien de regretter ses choix. Je me jurai d'en tirer toutes les conséquences. Je réalisai que mon comportement manquait sérieusement de prudence. Sans tenir compte des dangers potentiels, je prenais des paris insensés. Je me souvins des conseils d'un instructeur à propos des avalanches : « Quand on joue sa chance, on doit pouvoir survivre, même si on perd. » Après l'avalanche du Resolution Bowl, je finis par laisser derrière moi mon ego, plutôt que de prendre des risques inconsidérés. Les accidents n'étaient pas une épreuve qu'il fallait surmonter, mais un signal m'incitant à la réflexion et à la prudence.

Des températures clémentes et une recrudescence d'orages pendant trois semaines m'obligèrent à retarder mon dernier projet de la saison. J'avais prévu l'ascension des Maroon Bells, les pyramides jumelles qui illustrent tous les calendriers du Colorado. Les faces de ces deux sommets comportent d'énormes risques d'avalanches. Il n'existe aucune route sûre ; la seule condition pour vaincre les deux pics était d'être certain de la stabilité du manteau neigeux.

Après mes ascensions durant tout l'hiver, l'*Aspen Times Weekly* du 15 mars publia un article sur mon expédition en haut du Capitol Peak et sur l'avalanche du Resolution Bowl. Pour illustrer l'article, je montai avec Dan Bayer, un ami photographe, sur le Highland Ridge. Le ciel était bleu et la vue bien dégagée sur les Maroon Bells. J'avais dit au cours de l'interview que les conditions ne me paraissaient pas propices pour tenter les Bells avant la fin de l'hiver. Mais la séance de photos m'incita à reconsidérer mes chances. À 3 650 mètres, sur Highland Ridge, je distinguais le principal couloir de neige qui séparait la face est des deux sommets – le Bell Cord Couloir – sur lequel les avalanches avaient été nombreuses. Les routes les plus sûres sont souvent celles où les avalanches se sont déjà produites. En supposant que la température reste élevée, les vents calmes et qu'il n'y ait plus de tempêtes de neige, le couloir serait consolidé par les glissements précédents.

Le jour où parut l'article dans l'*Aspen Times Weekly* – intitulé « Pour qui les Bells ? » – je parcourus à ski avec mes chaussures de montagne les quinze kilomètres qui me séparaient du Crater Lake, à 3 100 mètres d'altitude. Juste en dessous du Bell Cord Couloir, je traversai une zone recouverte d'éboulis de neige, preuve d'un cycle d'une semaine d'avalanches. À 13 h 30, j'avais atteint la zone où installer mon camp de base. Je cherchais un endroit protégé, près des arbres, lorsque je vis un nuage de neige qui descendait en cascade le South Maroon Peak, à moins de cinq cents mètres de là. Je dégainai précipitamment mon appareil photo et pris quelques images de l'avalanche s'abattant sur la forêt dans un énorme nuage qui s'élevait de cent cinquante mètres au-dessus de la vallée. Le bruit vint frapper mes tympans une fraction de secondes plus tard. Les arbres se brisaient sous la force de la masse de neige. Les avalanches peuvent dévaler à plus de cent cinquante kilomètres/heure, avec une densité quatre fois supérieure à celle de l'air. Les flocons en suspension arrivent avec une force équivalant à une bourrasque de six cents kilomètres/heure. Les pins n'ont donc aucune chance. Et moi non, plus en l'occurrence.

Je choisis un endroit dans les arbres le plus loin possible des derniers éboulis et j'établis un plan pour mon ascension. Les menaces d'avalanche dans le couloir seraient minimes, après toutes ces chutes, mais la neige des deux faces des pics se déverse dans un sillon commun. L'exposition au soleil de ces parois quasi verticales de part et d'autre de la Bell Cord me mettait en danger. La face gauche serait ensoleillée dès l'aube jusque vers midi ; la face droite bénéficierait du soleil tout l'après-midi. Mais elle avait déjà perdu une grande partie de son manteau de neige à cause de sa plus longue exposition aux rayons solaires. J'observai en détail la montagne et je compris que je courais moins de risques avant l'aube, puis plus tard, dès que la face gauche rentrerait dans l'ombre, juste après midi. Ensuite, les avalanches commenceraient sur la face droite, comme je l'avais déjà vu trois fois en montant ma tente et en préparant mon dîner.

À 3 heures du matin, je me réveillai et enfilai mes vêtements les plus chauds, préparai mon eau et ma nourriture, puis je chaussai mes crampons. Une demi-heure plus tard, j'avançais dans les éboulis.

Moins d'une heure après mon départ, les ennuis commencèrent. La veille, en scrutant les parois, j'avais repéré un raccourci passant par un étroit ravin. Il me permettrait d'éviter de traverser des neiges moins consolidées et je pourrais pénétrer dans le Bell Cord Couloir à 3 400 mètres. Grimpant à la seule lumière de ma frontale, j'avais déjà escaladé la moitié du ravin quand une boule de glace fit son apparition dans le ciel noir d'encre et passa dans l'étroit corridor à la vitesse de l'éclair. Elle descendait tellement vite que je la vis à peine avec ma lampe. La peur commença à m'envahir, mais je continuai de monter. Quelques minutes plus tard, un autre bloc de glace frôla mon épaule. Il me fallait sortir de la zone de tir le plus vite possible. Mais la gorge devenait plus pentue au fur et à mesure que je montais. Mon piolet piqua de la glace sous la couche de neige. Et j'aperçus une cascade gelée de douze mètres de haut qui me barrait le passage.

Mais d'où venait-elle ? Pourquoi n'avais-je rien vu la veille ? Pouvais-je l'escalader ? Valait-il mieux redescendre ?

Je ne voulais pas reprendre le ravin – je ne savais pas si le bombardement de glace allait se poursuivre – et je ne pouvais pas me permettre de perdre du temps en repassant par un autre chemin. Je devais à tout prix me trouver à 4 150 mètres quand les premiers rayons du soleil viendraient frapper les flancs de la montagne, dans deux heures. Si je voulais réussir mon ascension aujourd'hui, je devais escalader ce rideau d'eau gelée avec un seul piolet et des crampons de neige – ce qui n'était pas l'équipement idéal pour grimper sur de la glace. À angle droit de la pente de glace se trouvait une paroi de roche à nu comportant des aspérités et des petites fissures. Je choisis de grimper en opposition en m'appuyant sur le roc, ce qui me permit de forcer la pression sur mes crampons. Je grimpai ainsi trois mètres, puis encore trois mètres. J'avais presque atteint le haut, mais je tombai maintenant sur de la toundra glacée. Grâce à une fissure horizontale de cinq centimètres, je disposais d'un appui pour mon pied gauche. Les pointes plates de mes crampons pouvaient s'accrocher. Mon pied droit perçait encore la glace dans une manœuvre en opposition jambes tendues, mais la paroi rocheuse s'éloignait trop de ma main gauche. Je n'avais plus d'appui manuel. J'étais coincé.

Redescendre entre ces deux parois de glace et de roche me mènerait droit à la chute mortelle. Impossible de revenir en arrière ; impossible de rester là. Il fallait absolument monter, malgré les obstacles apparemment infranchissables. J'arrachai mon piolet de la glace et frappai avec force dans une motte de terre gelée. Je n'étais pas du tout certain que la boue glacée pourrait soutenir mon poids, mais ma main gauche n'accrochait pas sur la dernière excroissance rocheuse. Mon gant était trop lisse. Les crampons de ma chaussure gauche dérapèrent ; je crispai ma main droite sur mon piolet. Il tenait dans la toundra gelée, mais j'étais dans une position désespérée : si le piolet lâchait, je serais déjà mort en arrivant au bas du ravin.

Je baissai la tête et mordis mon gant gauche pour dégager ma main. Le gant pendant à son mousqueton, j'agrippai la roche à doigts nus et tirai sur mes deux bras, les yeux fixés sur la pointe du piolet plantée dans la terre. Ce fut la plus difficile manœuvre en solo que j'aie jamais eu à effectuer. Si l'on ajoute l'altitude, l'isolement et le fait que je me trouvais dans un endroit très exposé en pleine obscurité, on peut comprendre que mon corps s'affalât sur la première surface plane qu'il trouva. Je suais à grosses gouttes. Tout ce dont je fus capable se limita à ouvrir un sachet énergétique avec les dents pendant que je cherchais mon gant. Mais il n'était pas là, il ne pendait pas à mon poignet.

J'avais oublié de les accrocher ce matin. Quand j'avais enlevé mon gant pour cette dernière manœuvre, il avait dévalé tout le ravin. Merde, merde et merde ! Une fois de plus, je me demandai s'il ne valait pas mieux redescendre, quitte à renoncer à ce sommet pour cette fois. Pouvais-je me permettre d'exposer mes doigts au froid, après mes gelures ? Certainement pas. Mais j'avais emporté une paire supplémentaire de sous-gants pour parer à ce qui m'était arrivé sur le Capitol.

O.K., Aron, après ce que tu viens de surmonter, le reste devrait être facile.

Mon cœur battit à son rythme maximal pendant les deux heures qui suivirent. Je grimpai les sept cents mètres juste à temps pour voir le soleil se lever sur le sommet du Pyramid Peak. Les ombres des Maroon Bells s'étendaient jusqu'à l'horizon, où la Snowmass Mountain et le Capitol Peak reçurent les premiers rayons de l'aube sous un spectaculaire ciel noir. C'était ma récompense pour cette difficile ascension pratiquée dans l'obscurité et j'assistai à mon premier lever de soleil d'hiver en haute altitude. J'inspirai longuement, mangeai et me désaltérai, puis je commençai à grimper le champ de neige pentu qui menait au sommet du South Maroon. À 8 h 15, j'avais vaincu le premier pic. Je redescendis jusqu'à la jonction du Bell Cord, prêt à attaquer le North Maroon Peak. La crête du Bell Cord est l'un des passages les plus techniques des « 4 000 » du Colorado, avec le Blanca-Little Bear, le Wilson, El Diente et le Creststone Peak-Creststone Needle. Je les avais tous traversés en été, mais jamais en hiver. Peu d'expéditions en montagne m'ont donné autant de plaisir et d'excitation que mon arrivée au sommet du North Maroon. Je criai de joie à ma quarante-cinquième victoire en solitaire. En une seule saison d'hiver, j'avais gravi tous les sommets de l'Elk Range.

À midi, de retour au défilé, au-dessus du Bell Cord, j'étais enivré par mon succès. Tout avait fonctionné comme prévu. Je rentrai jusqu'au camp, descendant une dénivellation de mille mètres en quarante-cinq minutes. Je ramassai au passage le gant que j'avais perdu.

Lors de la descente, je me souvins de ma première ascension des Bells en juillet 2000. Avec mes équipiers, nous avions accompli les deux montées en quinze heures, aller et retour. La vue était magnifique, les couleurs si riches que j'avais cru les sentir. Une ascension hivernale des Maroon Bells m'avait alors paru impossible. Et pourtant j'avais réussi, deux fois dans la journée, et cinq heures plus vite en hiver qu'en été.

7

Troisième jour : « Tiens bon jusqu'à l'aube »

L'adversité a pour effet de susciter des talents qui, en des circonstances plus favorables, n'auraient pas éclos.

HORACE

D'où viennent tous ces moustiques ? J'en ai deux devant moi, et, au moment où ils se posent sur mon avant-bras droit, je les envoie au paradis. Pourtant, il y a une demi-heure, je n'avais pas encore vu un seul insecte de la journée. Maintenant, cinq de ces petits vampires bourdonnent autour de ma tête. Assis dans mon baudrier, suspendu à l'ancrage que j'ai installé ce matin au-dessus de ce satané rocher, j'exécute ces suceurs de sang un par un jusqu'à extermination complète. Curieusement, je me dis que je pourrais manger ces insectes écrasés. C'est ridicule : comment pourraient-ils suffire à me nourrir ? Et, de plus, j'ai toujours mes deux burritos de réserve. Au moins cinq cents calories, et beaucoup plus appétissants que des moustiques morts.

C'est certainement le manque de sommeil. Je deviens idiot.

Encore une brise qui vient balayer le canyon. Le peu de chaleur que j'avais emmagasinée disparaît. En début de soirée, les vents sont plus fréquents et la fraîcheur annonce l'arrivée de la nuit.

Mon énergie pour buriner la roche m'a quitté. Je poursuis ce vain effort dans le seul but de stimuler mon métabolisme et d'oublier la fatigue occasionnée par les courants d'air qui me font frissonner. De toute façon, mes forces se sont amoindries depuis hier et je ne peux fournir qu'une fraction de ce que j'ai pu donner la veille. J'ai déjà admis la futilité de tailler dans la roche, mais une partie irrationnelle de mon cerveau n'a pas accepté cette situation désespérée. Elle me pousse à continuer : si je travaille plus dur, me susurre-t-elle, je finirai par me libérer. Je justifie ma léthargie en me disant qu'au fond je ne veux pas me dégager avec la nuit qui approche, car il me faudrait alors affronter le ressaut du Big Drop dans l'obscurité, ou encore je risquerais de me perdre en aval du canyon !

Ce n'est que foutaise, tu le sais. Tu te bats pour ta vie – oui, ta vie, rien de moins – et tu es trop flemmard pour surmonter un petit coup de fatigue ! Indécrottable paresse ! Tu es en train de te laisser crever ici. Tu vas mourir.

C'est un fait, les pronostics sont écrits noir sur blanc, comme une radiographie, à l'hôpital, qui se détache sur la boîte lumineuse. Maladie incurable. Il me reste peut-être un jour et demi à vivre. Ou deux, mais à quoi bon ? Rien ne m'a préparé à l'éventualité d'une mort annoncée. Viendra-t-elle cette nuit, avec le froid ? Demain, dans les crampes horribles de la déshydratation ? Ou après-demain dans les affres d'une insuffisance cardiaque ? Maintenant, dans une heure, dans celle qui suit ? À chaque fois que j'ai côtoyé la mort, c'était dans un contexte d'urgence, de drame instantané. Que les circonstances aient été vécues ou imaginées, le coup allait venir comme la lame du bourreau, sous la forme d'un bloc de glace soudain détaché, d'une avalanche qui vous étouffe, d'un mouvement mal calculé qui vous fait basculer dans le vide, ou d'un écrasement brutal sur une paroi rocheuse. Dans un tel cas, mon dernier mot n'aurait pas été une phrase profonde, pleine de sagesse. J'aurais murmuré « Merde ! » ou alors j'aurais pensé « Ça y est... » avant un dernier soupir, un giclement de sang et des os qui se brisent. Jamais je n'avais imaginé m'éteindre après une agonie prolongée. Je pensais pouvoir faire face à n'importe quelle situation : lutter contre la tempête ; retrouver mon chemin si j'étais égaré ; continuer ma route, blessé ou malade. Non, il n'était pas question pour moi de dîner en tête-à-tête avec la mort, puis de la saluer par un : « Bon, voilà, c'est terminé, il est temps de tirer ma révérence. »

J'avais eu si souvent de la chance que même une vision fugitive de mon dernier instant était devenue une sorte d'objet avec lequel je jouais pour faire monter une sensation intense de contraste entre le danger de la mort immédiate et le désir de vivre à fond. Ces pensées peuvent donner l'impression d'émerger du cerveau d'un accro à l'adrénaline, mais ce qui m'intéressait, en fait, c'était le *contrôle* de ce flot d'adrénaline, plutôt que le plaisir qu'il me procurerait si je le laissais monter. Au cours de mes expéditions moins dangereuses mais aventureuses, je poussais mes limites d'endurance en m'engageant dans des souffrances imposées pour tenter de briser mes résistances intérieures et de me surpasser. Régulièrement, j'avais un éclair euphorique de conscience pendant lequel je comprenais que la peur et la douleur n'existaient que par la distance séparant une paire de neurones. J'appelais ça « sortir de moi-même ». Comment « sortir de moi-même », maintenant, dans ce canyon ? Je pensais disposer d'un esprit capable de contrôle, mais, cette fois, la situation était matériellement impossible à résoudre. J'ai dépassé le stade de la douleur, j'ai la discipline mentale de surmonter la peur, mais je ne peux pas subvenir aux besoins en eau de mon organisme.

De l'eau. Je prends ma gourde en Nalgène gris anthracite et j'agite le précieux contenu. Au cours des dernières vingt-quatre heures, j'ai bu environ six centilitres d'eau toutes les trois heures. Les trente centilitres qui me restent suffiront pour la nuit. Il faut que ma réserve dure plus longtemps que ça. Il est 18 heures passées, et je n'ai pas bu depuis que j'ai rangé ma caméra vidéo à 15 h 15. Je ne me sens pas si mal, après tout. Ma langue n'est pas trop gonflée, ni dure. Mes lèvres me paraissent normales, elles aussi. Je pense souvent à l'eau, mais ce stade de la déshydratation est peut-être comme le moment du jeûne où l'on pense que tout est fini si on ne mange pas sur-le-champ, mais, une demi-journée plus tard, les fantasmes de nourriture cessent et la faim s'évanouit. Cependant, je doute que la sensation soit la même avec la déshydratation. J'ai l'impression que ce n'est que le commencement.

Et que peux-tu y faire ? Arrête d'y penser ; range la gourde hors de ta vue. Pose-la sur le sable pour ne pas vérifier constamment ce qui te reste. Mieux encore, occupe-toi. Prépare-toi pour la nuit.

Oui, mieux vaut se concentrer sur autre chose. Je planque ma gourde sous le rocher et réfléchis à la nuit qui va tomber. Il fera noir à 21 heures et l'obscurité durera neuf heures. Je sais, après tout, ce n'est que neuf heures à passer, mais, comme je ne vais pas générer de chaleur, cette nuit va durer aussi longtemps qu'un hiver polaire. Je boirai à 21 heures, minuit, 3 heures et 6 heures du matin. J'avalerai des gorgées plus petites que la nuit dernière. Il m'en restera plus pour demain. J'en aurai besoin pour faire passer le reste de mes burritos. Il y a trois heures, cette première bouchée était si sèche que j'avais l'impression d'avoir de la colle dans la bouche. Je ne pense pas que cela va s'améliorer.

Reste la question de la température. Comment maintenir ma chaleur corporelle ? L'air semble plus frais qu'hier à la même heure. J'ai vu plus de nuages passer aujourd'hui. Mais maintenant les nuages ont disparu et je n'aurai rien pour m'envelopper quand le soleil sera couché. Et je vais émettre beaucoup de chaleur. Donc, je dois trouver un moyen de la conserver le plus possible, d'autant plus que je ne vais pas dépenser d'énergie. Je tiendrai le coup cette nuit et je me soucierai du reste demain matin.

J'enlève mon sac à dos et j'en sors la petite pochette en tissu dans laquelle j'ai rangé mon appareil numérique. Je serre le côté ouvert entre mes dents et je le découds avec mon couteau, en essayant de ne pas me blesser le visage. Ma main gauche manque d'habileté. Je dispose maintenant d'une sorte de tube en tissu dans lequel je passe mon bras gauche. Toujours avec mes dents, je glisse le sac jusque sur mon épaule. Voilà, je me suis fabriqué une manche longue. Je défais les points sur mon système de poulies et renoue deux longueurs de sangle rouge autour de mon bras droit, tirant les torons entre mon avant-bras et la paroi où je ne retrouve plus la poche plastique de mon Camelbak. J'attrape avec mes dents la longueur inutilisée de sangle jaune et, appliquant une tension sur la boucle, je coupe une longueur d'un mètre cinquante avec mon couteau. Je range le reste de mon burrito entamé dans ma poche gauche, laisse tomber celui encore intact dans mon sac à dos, et enroule le sac en plastique qui me servait à ranger la nourriture autour de mon biceps droit. J'attache le sac avec le bout de sangle jaune que je viens de couper. Et de deux : j'ai maintenant des manches longues pour mes deux bras !

Je dois faire la même chose pour le bas de mon corps et me fabriquer des jambes de pantalon. Je vais utiliser les cinquante mètres restants de ma corde. Elle est toute sale, posée en tas sur le rocher, devant mes genoux. Chaque jambe me prend vingt minutes de travail. J'enroule la corde vert et jaune autour de mes jambes, du haut de la cuisse jusqu'à la cheville. Une trentaine de boucles pour chaque membre. Je ne peux pas m'empêcher de rire. Les anneaux de corde me font penser à des rouleaux de glaise qu'on monte pour faire de la poterie ; on pourrait dire aussi que j'ai été attaqué par deux pythons identiques ! Les tours de corde me pincent au niveau des genoux lorsque je m'assois dans mon baudrier, je dois les ajuster et régler ma daisy-chain pour modifier le niveau de l'assise et me surélever de cinq centimètres. Depuis l'accident, jamais je ne me suis senti aussi à l'aise.

Avec ce pantalon de fortune en corde enroulée autour de mes mollets, je peux m'appuyer sur le rebord rocheux, devant mes tibias – celui sur lequel je craignais de buter si j'essayais de me dégager de la trajectoire de ce satané rocher qui tombait. Même si j'étais tombé, j'aurais été moins mal en point avec une fracture du tibia. D'ailleurs, au moment de l'accident, est-ce que j'y ai pensé ou étais-je plutôt inquiet pour ma tête ? Tout cela est arrivé si vite. Combien de temps avais-je pour réagir ? Il a fallu tenir compte de pas mal de facteurs pendant cette fraction de seconde où j'ai décidé de pousser la pierre qui tombait. Et pourquoi avoir choisi cette solution ? Peut-être croyais-je pouvoir dévier la trajectoire pour protéger ma tête, comme je l'avais déjà fait avec une pierre de même taille sur la Creststone Needle ?

Ce jour-là, je n'avais pas le choix. Si je n'avais pas dévié le rocher, il m'aurait écrasé la poitrine et je serais tombé de 4 250 mètres en chute libre. C'était au printemps 2000. Je passais une crête entre Creststone Peak et la Needle après avoir grimpé en solo le Northwest Couloir du Creststone Peak sans crampons.

Je me sentais en pleine forme et, au lieu d'emprunter le chemin classique, j'avais décidé de m'aventurer sur le flanc nord de la crête reliant les deux sommets. De ma position, je voyais la pente de mille mètres descendant directement jusqu'à l'Upper South Colony Lake. Je compris tout de suite qu'il fallait trouver un chemin vers le flanc sud, plus facile. À quinze mètres au-dessus de moi, un étroit goulot plein d'éboulis me permettrait d'atteindre une petite plate-forme. Le goulot faisait moins d'un mètre de large et je me dis que je pouvais grimper en opposition jusque-là, en ramonant pour atteindre le chemin rocheux qui me mènerait au sommet.

Mais les choses ne se passèrent pas comme prévu. J'étais engagé dans le goulot quand le surplomb se désintégra. Un énorme morceau de pierre tomba entre les deux parois qui formaient l'étroite cheminée. Merde ! J'étreignis le rocher contre ma poitrine et nous tombâmes en arrière jusqu'au moment où mon torse pivota en pleine chute. Mon dos alla s'écraser contre la paroi et le rocher me comprima momentanément la poitrine. En glissant avant de m'étaler dans les éboulis, je repoussai la pierre qui était plaquée contre moi. Elle dévala le goulot brutalement. À court d'air, je m'écroulai en avant et mes mains se rattrapèrent à la paroi opposée. Le rocher ricocha par deux fois sur les éboulis, puis se catapulta contre le rebord du ravin avant de chuter sur huit cents mètres en une pluie d'éclats de pierre et de cailloux. Si mon dos n'avait pu s'appuyer sur la paroi, je l'aurais accompagné dans sa chute. Je repris mon souffle, je rebroussai chemin et trouvai un moyen plus facile d'accéder au flanc sud de la Needle.

Une demi-heure plus tard, à dix mètres du sommet, je capitulai devant une manœuvre pourtant facile. J'avais encore en tête la catastrophe évitée de justesse. Cela suffisait pour la journée. Je redescendis, furieux, par la face sud de la Needle. De retour à ma voiture, j'insérai dans le lecteur mon disque préféré des Pink Floyd et j'écoutai *Fearless*. La Creststone Needle m'avait battu, mais, inspiré par la musique je décidai d'y retourner le lendemain matin et vainquis le sommet. J'avais appris à quel point la confiance en soi est fragile. J'avais compris que le lien entre le corps et l'esprit est parfois ténu, surtout dans les situations imprévues. Mais je n'avais pas appris que dévier un rocher qui vous tombe dessus n'est pas toujours la meilleure solution.

Au fond de mon âme, je ressens une subtile envie : il est temps de prier. Je ne m'y étais pas encore résolu, mais, maintenant, je suis prêt. Je serre le poing de ma main libre, je ferme les yeux et pose mon front sur mon poing.

– Mon Dieu, je vous implore de me guider. Je suis prisonnier, ici, dans le Blue John Canyon – vous le savez certainement – et je ne sais plus quoi faire. J'ai tenté tout ce qu'il était possible de faire. J'ai besoin de vos suggestions. Si je dois essayer encore soit de soulever le rocher, soit de m'amputer la main, montrez-moi la voie.

J'attends une minute, la tête toujours baissée. Lentement, je la relève pour contempler le ciel pâle du crépuscule, espérant un conseil divin. Je m'étonne moi-même d'attendre un signe du ciel pour résoudre mon dilemme. Mécaniquement, je scrute les parois rocheuses, attendant quelque improbable hiéroglyphe surnaturel. Bien entendu, aucun conseil métaphysique, aucune réponse divine n'est venue se graver sur le grès. Mais qu'espérais-je ? Qu'un nuage tourbillonnant viendrait m'indiquer le jour et l'heure de l'arrivée des secours ? Qu'un pétroglyphe montrant un homme avec un couteau apparaîtrait sur le mur du canyon ? Dans les nimbes de la fatigue, je tente de masquer ma déception en reprenant ma prière d'un ton sarcastique.

– Bon alors, mon Dieu, comme vous me semblez très occupé... Je vais m'adresser au Démon. Diable, si tu m'écoutes, j'ai besoin de ton aide. Je veux bien échanger mon bras, mon âme, ce que tu veux. Mais sors-moi d'ici. Si tu exiges que j'abandonne l'alpinisme, c'est d'accord. Indique-moi seulement le chemin.

Je m'arrête et pousse un soupir. Même si cette plaisanterie n'a rien de drôle, je suis content d'avoir encore assez d'esprit pour m'amuser un peu.

Je me dis que c'est peut-être un test, une leçon. Si je comprends la leçon, je recouvrerai ma liberté. Mais à quoi ça rime ? Que suis-je censé avoir appris ?

Je pense à une conversation avec mon ami d'Aspen, Rob Cooper. Rob n'est pas du genre bavard quand il s'agit de philosophie ; il fait des remarques ciblées, mais profondes. Nos discussions commencent en général par un récit de mes aventures récentes, auquel il répond par sa formule favorite : « L'important n'est pas ce que tu fais, Aron, c'est ce que tu es. » Déstabilisé dans le fil de mon histoire, je passe les dix minutes suivantes à demander à Rob ce qu'il entend exactement par là. Il se contente de répéter sa phrase, à tel point qu'à la fin, n'ayant toujours pas saisi, je tente de le contredire. Selon moi, nous nous définissons précisément par nos actes. Nous trouvons notre identité dans l'action. Celui qui ne fait rien n'est rien. Notre corps finit même par prendre l'aspect de ce que nous sommes. Je n'ai jamais réussi à comprendre où Rob voulait en venir. Et j'ai beau défendre mon point de vue avec ardeur, je n'ai jamais pu le convaincre non plus.

Peut-être que le fond de ce canyon m'offre l'angle oblique dont j'ai besoin pour reconsidérer le commentaire de Rob. En y repensant, je comprends mieux : Rob sentait dans le récit de mes aventures une quête d'approbation. Sa réponse me signifiait simplement que, pour lui, ce que j'avais accompli n'était pas ce qui comptait. Il m'estimait en tant qu'ami et non pas en tant qu'alpiniste, skieur, ou homme des grands espaces. Ma confusion montrait à quel point il avait raison. J'étais sur la défensive parce que je voulais qu'il me respecte pour mes exploits. Je m'étais laissé gagner par cette mentalité qui n'accorde de valeur qu'à la réussite. Rob – comme tous ceux qui comptent dans ma vie – me respectait pour ce que j'étais, c'est-à-dire pour la façon dont je traitais les autres. Mes jeux avec le risque n'affectaient en rien son amitié. Bon. Je crois que j'ai enfin compris. Peut-être suis-je ici pour l'apprendre ?

Si c'était le cas, mon petit Aron, la pierre devrait se fendre en deux et tomber sans dommage sur le sable... À peu près... maintenant.

Mais, bien sûr, rien ne se passe. Encore trente secondes ; toujours rien. Cette petite révélation n'était peut-être qu'un moment passager pour soulager ma conscience. Je le sais : je ne suis pas coincé ici pour subir une épreuve initiatique. Je suis prisonnier parce qu'un énorme rocher m'écrase la main. D'ailleurs, quelle est la taille réelle de cette pierre ? Elle est plus lourde que moi, mais j'ai réussi à la faire bouger imperceptiblement hier. Je doute qu'elle pèse plus d'une centaine de kilos, sinon, je n'aurais même pas pu la déplacer d'un poil. Avec une démultiplication de 6/1, en m'appuyant de tout le poids de mon corps sur les boucles que j'ai fabriquées pour y placer mes pieds, je devrais pouvoir déloger ce rocher, même si je perds la moitié de la force de levage en friction. Il est trop tard ce soir pour modifier mon système de poulies. J'utilise presque toutes les cordes pour me protéger du froid et pas question d'abandonner ce réconfort pour la nuit.

L'obscurité envahit le canyon. Je formule un vœu en fermant les yeux. J'ai une vision de moi-même transformé en oiseau. Je profite du vent pour m'élever, je plane sur la vague de la nuit qui s'avance, je plane comme un corbeau au-dessus du désert. Je virevolte sur les buttes dénudées, les reliefs tabulaires bruns et le manteau gondolé du désert de l'Utah. Je file vers l'ouest en survolant le sombre Great Basin et les montagnes de la Sierra Nevada. La terre se transforme comme par magie, j'annule la nuit qui tombe et je retrouve le jour, quelque part au-dessus de la côte Pacifique.

Quand ma lutte semble la plus dure, le temps se dilate, mon agonie s'allonge de manière exponentielle. Je vieillis plus vite, surtout la nuit, lorsque je perds toute notion visuelle de la progression du temps. Trois minutes de frissonnements et de tourments me paraissent dix minutes, comme si je tombais dans une étroite vermoulure où je subirais les pires traitements pendant des éternités pour finalement retrouver ma conscience. J'ai fini par trouver un antidote à cette horreur : dans mon imagination vaporeuse, libérée de tout, je flotte au milieu des nuages, survolant la mer. Le moutonnement se transforme en houle, au fur et à mesure que j'avance vers l'ouest. Je m'élève dans l'atmosphère et me retourne pour contempler la terre se transformant en une ligne verte entourant l'océan bleu cobalt. Les îles deviennent des points microscopiques. Coupant à travers des tourbillons de vapeur d'eau cristallisée, je monte en spirale dans l'immensité de l'espace, propulsant mon corps dans le temps, me métamorphosant en une flaque de lumière colorée, un amas iridescent de photons en suspension.

Un accès de frissons me réveille, les particules de lumière dansantes se dissolvent dans le noir, j'ouvre les yeux. Mon voyage imaginaire semble avoir été court, mais, en consultant ma montre, je vois qu'il est 21 h 45. Les constellations que j'avais observées hier soir réapparaissent dans l'étroite fenêtre formée par les parois du canyon. Deux d'entre elles se distinguent clairement des autres, comme une paire de fers à cheval. Je me demande si l'une d'elles n'est pas l'extrémité incurvée du Scorpion, mon signe du zodiaque, puisque je suis né un 27 octobre. Quels que soient leurs noms, ces étoiles si visibles me rappellent qu'il n'y a aucune lumière pour polluer le ciel. Je suis tellement loin de la civilisation que je pourrais tout aussi bien me trouver sur la Lune.

Je frissonne tellement que j'ai les dents qui claquent comme un pivert attaquant un arbre.

J'essaie de préserver le peu de chaleur qui me reste en modifiant mon accoutrement de fortune. La corde enroulée autour de mes jambes s'est détendue, exposant mes cuisses au froid. Je resserre les boucles en espérant qu'elles vont se maintenir au-dessus de mes genoux. Je fais un essai avec mon sac à corde : je veux m'en servir comme d'un sac de couchage miniature, en glissant dedans mon bras droit et en utilisant le battant pour reposer ma tête. L'étroitesse du sac m'oblige à avancer ma tête jusqu'au poignet, qui est un peu moins inconfortable si j'approche ma main de mon biceps droit, près de l'épaule... Assis dans mon baudrier, la hanche gauche reposant sur la paroi du canyon, j'ai suffisamment de stabilité pour me pencher et reposer ma tête sur ma main gauche. Ainsi, je peux détendre un tant soit peu le haut de mon corps. Un peu comme si je posais ma tête pour une petite sieste sur mon pupitre, à l'école maternelle.

J'ai généré assez de chaleur pour rester immobile dans cette position pendant près de quinze minutes avant que les frissons ne reprennent. Quand mon corps tremble, les cordes se détendent autour de mes jambes et je dois réorganiser mes maigres « couvertures » pendant une demi-heure. Je rallume ma lampe frontale, je tripote les cordes, réinstalle les protections autour de mon bras droit, ajuste le sac décousu qui me couvre le bras gauche. Je frétille dans mon baudrier pour stimuler la circulation du sang dans mes jambes et reprends finalement ma position de repos, la tête dans le sac à corde. Encore quinze minutes d'immobilité bienvenue et le frisson me saisit à nouveau. Un cycle régulier s'établit. Je gigote une demi-heure, stimulant mon métabolisme afin de pouvoir me reposer à nouveau dans le baudrier pendant quinze minutes. Mais le froid me gagne à nouveau, les convulsions secouent mon corps, mes mâchoires claquent de manière incontrôlable, me faisant craindre que mes dents ne se cassent.

J'arrive ainsi à minuit, l'heure de boire une gorgée d'eau. Le temps a passé vite. Pas autant que la nuit dernière, mais je conserve mieux mes forces. Je saisis la gourde. J'ai serré le bouchon trop fort – impossible de le dévisser. En prenant la bouteille entre mes jambes, je parviens à mes fins et approche le goulot de mes lèvres. Je penche la gourde juste assez pour que quelques centilitres d'eau se déversent sur ma langue. J'en voudrais plus. Ces quelques gouttes d'eau déclenchent une réaction en chaîne dans mon organisme. J'ai de plus en plus soif et je n'ai qu'une envie : avaler toute l'eau qui me reste.

Pas question, mon petit Aron.

Je donne l'ordre à ma main de refermer la gourde. Je constate avec satisfaction que je suis encore capable de contrôler mes réactions et de combattre mes instincts primaires avec rationalité. Plus tard, dans les prochaines vingt-quatre heures, sans doute, j'aurai consommé toute ma réserve d'eau. Je me demande ce que ma volonté disciplinée m'imposera. Vais-je continuer mon rituel ? Ouvrir ma bouteille, en essayant de récupérer la dernière molécule d'eau encore présente dans la gourde ? J'imagine ma langue léchant le goulot de la bouteille vide depuis déjà des heures, dans l'espoir de m'humecter la bouche avec une goutte perdue.

Je reprends mon cycle de repos et d'activité. J'ai encore six heures devant moi, encore huit périodes de repos de dix, quinze minutes, entrecoupées de gestes visant à l'arrangement de mes cordes et de mes protections contre le froid... et, ensuite, ce sera l'aube. Je ne peux pas dormir, mais l'immobilité m'aide à focaliser mon énergie. J'évite de penser à un éventuel sauvetage ou aux options qui me restent pour me délivrer. La plupart du temps, je regarde la condensation qui s'étale sur l'intérieur de mon sac imperméable à chaque respiration. Inexplicablement, il est plus rassurant de laisser ma frontale allumée quand je rentre ma tête dans ce sac ; je pense qu'elle me permet de combattre la claustrophobie. Mon « abri » est un peu plus grand qu'un sac en plastique de supermarché, ceux qu'on ne doit pas laisser entre les mains des enfants. Cela peut paraître contradictoire de glisser ma tête dedans, mais, grâce à ce système, mon corps émet moins de chaleur vers l'extérieur. Dès que je suis habitué à l'intérieur du sac doublé de plastique noir, j'éteins ma lampe et j'écoute ma respiration. Je sens l'humidité chaude s'accumuler à l'intérieur de cette protection de fortune et je me détends du mieux que je peux dans cette position, en attendant le jour.

Il fait de plus en plus froid. Le thermomètre de ma montre indique onze degrés – plutôt frisquet, mais je ne résiste pas trop mal. Aussi énervant que puissent être les accès de frissonnements, je suis néanmoins rassuré : mes réflexes fonctionnent toujours bien. Avec l'angoisse et le traumatisme de l'accident, mon corps aurait pu se dérégler. Heureusement que le rocher n'a pas provoqué d'hémorragie. Je serais entré en choc hypovolumique, mon cœur essayant de pomper un volume insuffisant de sang dans mes artères. Mais ce n'est que temporaire. Mon métabolisme finira par ne plus fonctionner et la mort viendra m'emporter.

Je décide de buriner la roche pour générer plus de chaleur. Les ajustements successifs de la corde autour de mes jambes sont insuffisants pour me tenir chaud. En tapant sur la pierre, je m'occupe aussi l'esprit, mais je n'essaie même plus de progresser dans ma tâche. Je sais que le rocher va continuer de peser sur mon poignet au fur et à mesure que je retire de la matière. La zone où j'ai réussi à enlever des éclats hier a déjà basculé sur mon bras. Tout le travail effectué est réduit à néant. Mais je me suis réchauffé : je peux enfiler ma tête dans mon sac et me reposer une fois de plus.

Le ciel change. Il passe petit à petit du noir au blanc. Mon cycle bien régulier de repos et d'action m'a permis de survivre à une autre nuit. Mais je ne m'en réjouis pas pour autant. Moi, j'ai besoin d'action, de stimulation et, mis à part la contrainte physique, cet emprisonnement pèse aussi sur mon mental : je rumine sur la monotonie de cette immobilité. Si la déshydratation et l'hypothermie n'ont pas raison de moi dans les deux jours qui viennent, c'est l'ennui qui va attaquer mon instinct vital et annihiler ma volonté de vivre. Une question m'obsède : dans quel état de lassitude faudra-t-il que je me trouve avant que le suicide me paraisse le seul acte capable de soulager cet ennui ?

L'aube est sans couleur, trop lumineuse pour que les étoiles transparaissent dans le ciel. Ce ciel blanc fantomatique me déconcerte ; je n'arrive pas à savoir si je regarde encore dans la profondeur de l'espace ou si je vois une couverture nuageuse. La nuit, je n'aurais rien contre : les nuages bloquent les pertes de radiation qui provoquent un net refroidissement des surfaces. En revanche, des nuages diurnes ne seraient pas les bienvenus. Ils empêcheraient le désert de se réchauffer, sans compter le risque de pluie. Dans ce cas, le canyon pourrait se retrouver en crue. Pour moi, ce serait terminé. Une heure passe, le ciel redevient bleu azur.

Je réorganise mon système de levage du rocher. Je retire la sangle qui m'entoure le bras. Hier, en essayant de hisser le rocher, j'étais en sueur. Ce sera la même chose aujourd'hui. En m'inspirant de mes cours de secourisme en montagne, j'ai imaginé un arrangement de mousquetons et de prussiks capable de me fournir une démultiplication de 6/1. Avant d'attacher toutes les boucles et les mousquetons, il me faut raccourcir l'ancrage d'environ quinze centimètres pour dégager plus d'espace entre le rocher et l'anneau. Mais, comme l'ancrage est plus difficile d'accès, je dois gagner près de soixante centimètres de hauteur en appuyant les semelles de mes chaussures contre la paroi du canyon. Dans cette position, mon poignet droit endure encore plus de tension.

Je n'oublie pas cette fois d'insérer une boucle de blocage. Si je réussis à hisser le rocher de quelques centimètres, je pourrai pincer le cordage principal avec le prussik et retendre le système pour continuer de hisser. Avec une démultiplication de 6/1, je dois tirer trente centimètres de corde pour obtenir un levage de cinq centimètres. Et, comme toute mon installation est coincée dans un espace d'à peine un mètre entre l'ancrage et le rocher, je ne peux tirer que trente centimètres à la fois avant que le système ne se bloque. J'ai besoin d'un levage de quinze à vingt centimètres pour libérer la partie supérieure de ma paume, ce qui impose de procéder en trois fois. J'ai déjà pris une décision au cas où un ou deux de mes doigts resteraient coincés : je n'hésiterai pas à les sectionner.

Le système est en place, je me hisse pour poser les pieds dans les boucles. Je ressens une pointe d'excitation avec cette nouvelle tentative. J'ai l'espoir de me libérer dans peu de temps. Mais j'ai beau peser de tout mon poids, le rocher ne bouge pas. Déçu, mais pas encore découragé, j'examine mon installation, j'ajuste les prussiks et constate que je devrais une fois de plus raccourcir les sangles. La corde est un peu élastique et il faut un espace supplémentaire pour qu'une force suffisante s'exerce sur le rocher. J'ajoute deux nœuds au-dessus de l'anneau d'ancrage. Un essai de plus ; je regarde le système se tendre, mais toujours aucun effet sur la pierre. Je ne sens rien au niveau de mon poignet qui pourrait indiquer un déplacement, aussi infime fût-il, du rocher. Merde, pourquoi ça ne marche pas ? Je recommence à peser sur la corde, en m'aidant de ma main. La corde est bien tendue ; j'exerce toute la force qui me reste. Mais, en suivant des doigts les multiples retours du cordage au niveau des mousquetons, je constate qu'à chaque tour il est moins tendu. En touchant la corde juste au-dessus du rocher, après les boucles de démultiplication, je me rends compte du problème : pas de tension. Elle est aussi lâche que si je n'appliquais aucune pression. Trop de retours, trop de pertes dues à la friction. Mon système ne fonctionne pas.

Je suis submergé par le découragement. Hier, j'avais déjà accepté le fait qu'il serait vain de tenter un nouvel essai, je comptais attendre l'arrivée des secours. Ce matin, en rassemblant toutes mes forces dans cette seconde tentative, je n'ai fait que raviver l'espoir, et je suis maintenant abattu. Je démonte à nouveau toute mon installation de levage pour pouvoir me rasseoir dans mon baudrier. Je soupire pour masquer ma détresse et m'empêcher de pleurer.

Pour sortir de mes idées noires, j'imagine mes amis d'Aspen au réveil. Ils se lèvent pour aller travailler. Mes colocataires préparent la soirée d'adieux de notre copine Leona. Demain, à cette même heure, ils sauront avec certitude que j'ai un problème et les recherches commenceront. Mes derniers espoirs d'être secouru se ravivent faiblement. Ma situation n'a pas évolué depuis hier ; me voilà de nouveau en train d'attendre.

Chaque fois que je regarde ma montre et que l'aiguille des minutes se trouve en haut, je calcule depuis combien de temps je suis prisonnier. Le manque de sommeil me fait oublier les dernières étapes. Il est 7 heures et je suis bloqué ici depuis quarante heures. Quarante heures sans alimentation correcte, quarante heures d'angoisse, de fatigue, quarante heures à grelotter. Il y a exactement deux jours, je me réveillais dans la benne de mon pick-up, où je m'étais endormi vendredi soir, et je mangeais des flocons d'avoine avant de préparer toutes mes affaires pour ma randonnée.

J'ai soif, et ma mémoire revoit clairement le bidon de dix-huit litres d'eau que j'avais chargé à Moab, encore aux trois quarts plein, à l'arrière du camion. Je pense aux deux litres de soda achetés vendredi soir dans une boutique de Green River. Ils sont allongés sur le plancher de mon pick-up, côté passager, avec quelques pamplemousses, des oranges, des muffins, des burritos et des barres énergétiques qui traînent aussi par terre, éjectés de leur sac par les secousses de la piste. Je fantasme sur les pamplemousses et leur jus que je pourrais boire. Je les avais réservés pour le retour de mon circuit dans le Blue John, en pensant qu'une longue journée de privations et d'efforts les rendrait succulents. Ma langue colle à mon palais. J'ai une soudaine envie de me rafraîchir. Avant que mon désir ne devienne trop pressant et ne me pousse à avaler d'un coup le peu d'eau qu'il me reste, je chasse toutes ces images de liquide hors de ma tête.

Je m'impatiente. Cette pesante inaction m'agite l'esprit. Je refais un bilan de ma situation. J'abandonne l'idée du levage par treuil. Elle est aussi inefficace que mes tentatives de burinage de la pierre avec mon Leatherman. Je passe en revue pour la vingt-cinquième fois les options qui me restent, voulant me persuader que j'ai peut-être oublié quelque chose.

Je n'ai pas encore accepté l'idée de l'amputation. Hier, je n'ai même pas essayé mon couteau sur ma chair. Je me suis arrêté juste avant d'enfoncer la lame. Était-ce parce que je ne me sentais pas prêt, ou parce que j'avais peur que cela ne se termine mal ? Je me souviens que la vision du métal entamant mon poignet a retenu ma main et m'a retourné l'estomac. Je ne suis pas du tout certain que le garrot que j'ai confectionné avec la sangle s'avérera efficace. Ma réticence signifie sûrement qu'il me faut préparer plus sérieusement ma stratégie. Pour sortir du canyon à pied après avoir escaladé cette gorge étroite, effectué d'une seule main un rappel de plus de vingt mètres, puis pour marcher encore douze kilomètres, après une amputation complète d'un de mes membres, j'ai besoin d'un garrot infaillible. Le problème essentiel est d'empêcher l'hémorragie mortelle en arrêtant complètement le flot sanguin. Comment améliorer mon garrot de fortune ? J'ai déjà éliminé le tube plastique de ma réserve d'eau ; il est trop dur pour faire un nœud solide. La sangle n'est pas assez souple, elle ne suit pas le contour de mon bras et je ne suis pas sûr de pouvoir la serrer suffisamment. Il me faut quelque chose de plus flexible que le tube, mais de plus élastique que... Mais bien sûr ! L'élastique ! L'isolant en tube de néoprène de mon Camelbak est élastique et souple, mais robuste. Voilà ce qu'il me faut.

Je suis ravi de cette idée. Les isolants tubulaires se trouvent dans mon sac à dos où j'ai rangé hier tout ce dont j'aurais besoin pour une opération chirurgicale. Mais pourquoi n'y ai-je pas pensé plus tôt ? J'enroule avec ma main gauche le petit tube de néoprène deux fois autour de mon avant-bras droit, à cinq centimètres de mon coude, puis je fais un triple nœud. Je saisis le mousqueton rouge, le même qu'hier, et j'y fixe le néoprène avant de tourner six fois pour bien serrer. La matière me pince la peau. Je sens la douleur monter. Mais, je ne sais pourquoi, cette douleur me satisfait, peut-être parce qu'elle signifie que le garrot fonctionne. Je constate que mon avant-bras est passé d'un rose pâle au blanc, alors que la chair entre le garrot et le coude est devenue rouge vif. Ah, enfin ! Voilà qui est bien mieux que la sangle. La douleur commence à brûler, mais je suis très content. La pression du garrot me redonne une lueur d'espoir. Enfin, je passe à l'action.

Je suis prêt pour l'étape suivante. J'attrape mon outil. Je replie la lime et sors la plus longue des deux lames. Ce n'est pas la plus tranchante. Au lieu d'enfoncer la pointe entre les tendons, au niveau du poignet, je tiens le couteau prêt à intervenir sur le dessus de mon avant-bras. Je presse la lame pour couper la chair. Rien. Je recommence en pressant plus fort. Toujours rien. Pas de coupure, pas de sang, rien du tout. Je déplie la lame courte, celle qui est la plus affûtée, et je scie, de plus en plus frustré par l'inefficacité de mes tentatives. Au bout d'un moment, j'abandonne. C'est la merde ! Cette saloperie de lame n'entame même pas la peau. Comment vais-je pouvoir trancher entre deux os avec un couteau qui ne peut même pas couper ma peau ? Bordel de merde !

Furieux, je repose le couteau sur le dessus du rocher et je desserre le garrot. Au bout d'une minute, le faible flot de sang fait apparaître de lignes rouges là où je sciais avec ma lame. Ces égratignures sont les seules preuves de ma tentative d'intervention chirurgicale.

Pathétique, mon pauvre Aron ! Nul !

Retour à la case attente.

Le bruit d'un battement régulier semble s'approcher. Ce n'est qu'un corbeau qui passe au-dessus de moi. Je regarde ma montre. Il est 8 h 15 – exactement l'heure à laquelle j'ai aperçu un corbeau hier matin. Je me demande si c'est le même. Mais oui, bien sûr ! Il a probablement installé son nid un peu plus bas, dans le canyon. Je trouve étonnant qu'un animal puisse montrer un sens du temps aussi raffiné. Le soleil ou la température de l'air doivent déclencher une réaction qui lui fait comprendre que c'est l'heure d'aller chercher de la nourriture. Je ne sais pas.

Avec la même précision, le rayon de soleil apparaît une heure plus tard et je m'étire à 9 h 35 pour ma « salutation au soleil ». Ma routine matinale semble parfaitement ponctuée par ces deux événements. Maintenant, pour la première fois, je sens la pression dans ma vessie. Je défais mon harnachement, ouvre la braguette de mon short et me retourne. Le sable absorbe le liquide avant qu'il ne forme une petite flaque. L'odeur n'est pas si insupportable et la couleur est moins sombre que je ne l'aurais cru, alors que je n'ai pas pissé depuis deux jours. L'appel des fonctions naturelles se faisant plus pressant, je détache mon baudrier et baisse mon short. Je répugne à l'idée d'empester le canyon, mais je n'ai pas le choix. Ma préoccupation est de courte durée ; c'est une fausse alarme.

Les espoirs et les déceptions de ce petit matin m'ont fatigué, je laisse mes pensées dériver au gré des souvenirs. Je me rappelle cette rencontre, en novembre, avec un Australien, Warren MacDonald, au festival du film de Banff. On projetait un documentaire sur l'accident qui avait coûté ses deux jambes à Warren en Tasmanie. Je l'avais revu lors d'un dîner et il m'avait raconté quelques détails supplémentaires. Un soir qu'il s'était éloigné de ses compagnons pour aller uriner, il avait escaladé quelques rochers. C'est alors qu'il avait pris appui sur une énorme pierre ; elle lui avait écrasé les deux jambes et il s'était retrouvé coincé dans un ruisseau. Le temps que ses compagnons se rendent compte que quelque chose avait dû lui arriver, un orage avait éclaté et Warren avait attendu les secours au milieu du cours d'eau qui ne cessait de monter. Il fallut deux jours pour le dégager. On dut faire appel à un système de cric hydraulique pour soulever le rocher, de la taille d'une voiture. Le lendemain, j'avais vu le film, sidéré par les images de Warren coincé sous le rocher, étonné par sa convalescence et son retour à l'alpinisme. Deux ans après son accident, après s'être entraîné à grimper avec des prothèses, il avait vaincu le Federation Peak, un des sommets les plus élevés de Tasmanie.

Coincé dans mon piège, au fond du Blue John Canyon, je comprends mieux le supplice de Warren. C'est drôle de penser que, six mois après l'avoir rencontré, je me trouve emprisonné par un rocher. Quelle ironie ! Peut-être y en a-t-il eu d'autres ? Je ne sais pas. Je me demande comment il a pu se soulager une fois coincé sous l'énorme éboulis. J'envie Warren d'avoir eu des camarades à proximité pour aller chercher des secours. Si seulement je n'avais pas été seul ! L'histoire de Warren me redonne un peu d'espoir : si je survis à cette expérience dans le canyon, moi aussi, je continuerai à grimper et à profiter des grands espaces. Je ne pourrai plus jouer de concertos pour piano, comme je l'avais fait au collège, mais voilà, telle est ma destinée.

Je passe le reste de la matinée à m'occuper comme je peux : je m'assois, je me mets debout, je burine mon rocher sans enthousiasme, je scrute le ciel à la recherche du moindre indice d'orage qui provoquerait une crue soudaine. J'écrase les insectes, je compte les minutes et les heures jusqu'à ma prochaine gorgée d'eau. Finalement, j'arrive à 15 heures, le moment que j'attends depuis longtemps. Il marque mon deuxième jour complet depuis l'accident.

Je sors ma caméra de mon sac à dos, je souffle la poussière collée sur son objectif et je la positionne sur le dessus du rocher. Ce sera mon activité principale de l'après-midi. Je rassemble un peu d'énergie, rien qu'à l'idée de briser l'ennui et l'attente, mais, malheureusement, je n'ai pas grand-chose de nouveau à raconter. Après un soupir, je commence à parler.

– Quarante-huit heures. Nous sommes lundi, il est 15 heures. Il me reste environ quinze centilitres d'eau à boire.

Je fais une petite pause. Ma déclaration a été formulée sur un ton dépassionné. La première journée de mon emprisonnement, je ressentais un lien émotionnel avec la quantité d'eau dont je disposais, cette essence vitale. Maintenant, je n'ai plus cette sensation. Le compte à rebours final a commencé dans la nuit, comme un fait naturel. Il me reste tellement peu d'eau que cela n'a plus aucune importance – ma survie n'en dépend plus. Demain matin, je n'aurai plus rien à boire. J'ai accepté cet état de fait et, maintenant, avec la résignation, ma peur s'est dissipée, ne laissant plus que du vide.

Je pense à ma sœur. Je regarde l'objectif de ma caméra droit dans les yeux et je l'imagine, assise dans le salon, regardant cette vidéo dans un avenir quelconque. Je vois son visage, ses yeux qui me regardent à travers le verre de l'objectif.

– Sonja, je suis très fier de toi. Je n'ai pas su tout de suite comment s'est passé pour toi le championnat, mais j'ai appris par maman que tu t'étais très bien placée dans les compétitions nationales, que tu étais dixième. Sacrée petite sœur, génial ! Je suis vraiment fier de toi. Pas seulement pour ça, mais aussi pour la personne que tu es.

« J'ai réfléchi à cette question. Mon ami Rob, à Aspen, me l'a dit... souvent... c'est compliqué. "L'important ce n'est pas ce que tu fais, mais la personne que tu es." Je n'arrivais pas à le comprendre. J'ai toujours pensé que ma personnalité était étroitement liée à mes actes. J'ai toujours cru que j'étais heureux à cause des choses que je réalisais. Mais si les choses que l'on fait peuvent vous rendre heureux, elles peuvent aussi causer votre malheur.

« Je crois que c'est la raison qui m'a rendu si ambitieux et si énergique – le vent m'interrompt et je frissonne – pour accomplir toutes ces expéditions.

Le message vidéo à ma sœur s'est transformé en confession. Si je ne regrette pas la façon dont j'ai vécu jusqu'ici, je cherche à conseiller Sonja, à lui transmettre un secret pour qu'elle vive en accord avec elle-même. Nous partageons la même assurance, le même type d'intelligence ; nous aimons nous surpasser, ce qui nous pousse au perfectionnisme. J'espère qu'elle ne va pas tomber dans les mêmes pièges que moi, qu'elle ne va pas, comme moi, se laisser convaincre qu'elle « est » ce qu'elle « fait ». Oui, je suis alpiniste, ingénieur, amateur de musique et passionné des grands espaces. Mais je ne suis pas *seulement* cela ; je suis aussi une personne capable d'enrichir la vie des autres et qui s'enrichit de l'expérience de ses amis.

– Rétrospectivement, j'ai beaucoup appris. Et l'une des choses dont je me rends compte ici, c'est que je n'ai pas profité de la compagnie des autres autant que je l'aurais dû. J'ai côtoyé beaucoup de gens formidables. Mais, trop souvent, j'ai eu tendance à ignorer, ou à minorer leur influence pour rechercher la seule essence de l'expérience. Tout cela pour dire qu'aujourd'hui je vois les choses autrement.

Par mes explications verbeuses, je tente de soulager ma culpabilité. Quel égoïste j'ai été ! Ces souvenirs me remontent le moral. J'en sourirais presque en dépit de ma situation. Le nombre de fois où j'ai laissé tomber mes copains pour partir en solitaire, ou je me suis simplement isolé lorsque j'étais avec eux, tout cela me rappelle à quel point je suis centré sur moi-même. Ce n'est pas très réjouissant. Les plus beaux moments de ma vie se sont déroulés avec mes amis ou ma famille. Je commence à comprendre l'inestimable importance de leur compagnie et je suis triste de ne pas les avoir appréciés sur l'instant à leur juste valeur.

J'énumère mes efforts pour me libérer.

– Rapport sur la situation : j'ai modifié plusieurs fois mes cordages. Je suis même parvenu à une démultiplication de 6/1 – mais la friction était trop importante. Trop de retours dans le système. La corde n'arrivait pas à se tendre. J'ai cassé un peu plus de roche. Mais c'est sans espoir.

La fatigue et le manque de sommeil atteignent mes facultés intellectuelles et j'en oublie de mentionner que j'ai essayé de me couper le bras.

Je reviens aux maigres perspectives d'une intervention extérieure et d'un éventuel sauvetage.

– J'en suis arrivé au stade où je me rends compte que mes chances d'être secouru sont minimes. Je pense à Leona, ma colocataire, qui doit s'inquiéter autant que ma famille. Je lui ai seulement dit que je partais pour l'Utah. Elle saura ce soir, en ne me voyant pas rentrer, que j'ai eu un problème. Même si elle prévient immédiatement la police, il faudra vingt-quatre heures avant qu'ils n'agissent. Cela dit, il y a peu de chances pour qu'un ranger repère mon camion, à l'entrée de la piste de Horseshoe. Sauf pendant le week-end, si l'un d'eux accompagne un groupe désireux de voir la Great Gallery.

Je jette un œil vers la mince bande de ciel que j'aperçois à travers l'ouverture des parois du canyon, puis j'inspecte les cordages. Tout pour éviter mon expression de découragement sur le petit écran de la caméra.

– Brad et Leah attendaient de mes nouvelles dimanche soir, mais ils ne se sont probablement pas inquiétés de mon absence. Je devais les retrouver pour la soirée du Goblin Valley State Park. Mais je doute qu'ils aient prévenu qui que ce soit. Ils ne savaient pas si j'allais vraiment venir. *Moi-même* je ne le savais pas. Bon Dieu !

Je sais que j'ai négligé un de mes principes en partant sans préparer mon itinéraire. Maintenant, je paie les arriérés de mes imprudences. Combien de fois ai-je modifié mes plans sans en référer à quiconque ? Trop souvent. Ce ne sera plus jamais le cas.

– J'aurais aussi pu être plus coopératif envers Megan et Kristi, les deux filles de Moab ; j'aurais dû les accompagner.

Une fois de plus, je secoue la tête, en signe de désapprobation de ma propre bêtise. C'est bien fait pour ma gueule.

– Je suis foutu. Je vais crever, me dessécher ici dans les quelques jours à venir. Si j'avais un moyen d'en finir, je crois que je le ferais. Demain après-midi, peut-être. C'est insupportable. Il fait froid. Je ne peux pas me protéger du vent. Il ne cesse de souffler. Ce n'est qu'une petite brise, mais elle est glacée. Elle vient de là-bas.

J'indique de la tête l'endroit d'où vient le vent.

– Je fais ce que je peux, mais c'est nul. Rien à faire. C'est une des fins les plus moches. On sait ce qui va arriver, mais on sait qu'il faut encore attendre trois ou quatre jours.

Ma voix s'étrangle. J'espère ne pas tenir encore quatre jours. Je ne veux pas imaginer l'état dans lequel je serai vendredi.

Ébranlé par mon inéluctable disparition, je pense maintenant à mettre en ordre mes affaires. Je ne peux éviter cette sinistre évidence : il me semble indispensable d'aviser ma famille de mes avoirs, il est temps d'en énumérer la liste. C'est l'heure du testament, le moment d'égrener mes dernières volontés.

– Je dois vous mentionner, sur le plan financier, que j'ai souscrit une assurance American Express qui devrait couvrir tous les frais de récupération, quand cela se produira. Mon compte en banque peut couvrir les dépenses en carte de crédit. Papa et maman, il faudra vendre ma maison. En ce qui concerne mes affaires, je ne sais pas si Sonja pourra utiliser mon ordinateur et ma caméra... Il y a des photos sur le Memory Stick, dans ma poche, et dans l'appareil. Mon copain Chip, du Nouveau-Mexique, peut hériter de mes CD. Quant à mon équipement de montagne, Sonja, si tu le veux, si les tailles sont bonnes et que tu en as l'usage, n'hésite pas.

Les larmes me montent aux yeux, je termine mon petit discours. J'arrête la caméra, replie l'écran, et la range dans mon sac à dos. J'appuie ma tête sur ma main gauche, secoué de sanglots.

Je renifle, m'essuie le nez, la bouche et les yeux avec la paume de ma main.

Une demi-heure plus tard, vers 15 h 45, lundi après-midi, j'urine de nouveau. *Mais comment est-ce possible ?* Deux fois depuis ce matin, en dépit de ma déshydratation. Que se passe-t-il ?

Aron ! Pisse dans ton Camelbak. Tu vas en avoir besoin.

Bonne idée. Je transfère le contenu de ma vessie dans ma gourde souple, vide depuis longtemps. Je mets en réserve ce liquide jaunasse pour le moment peu appétissant mais inévitable où je n'aurai plus rien d'autre à boire. J'aurais dû conserver mon urine la dernière fois aussi. Elle était plus transparente et sentait moins mauvais. J'hésite à la boire maintenant, je préfère retarder ce moment.

Pris d'une envie subite de prendre des photos, je sors mon appareil : je photographie en gros plan mon bras qui disparaît dans le rocher ; puis le détail du système de cordes qui me suspend dans mon baudrier ; et deux autoportraits – un regardant en aval du canyon, un autre en plongée, du haut de mon bras gauche, me montrant avec le rocher maudit. En vérifiant les photos sur l'écran, je revois celles que j'ai prises pendant les deux premiers jours de mes vacances, sur le mont Sopris, autour de Moab, les portraits de Megan et Kristi, en amont du Blue John Canyon. Les deux Anges.

8

« Je vais dans l'Utah »

On prétend que chacun cherche un sens à la vie. Je n'y crois pas du tout. Je pense que nous recherchons l'expérience d'être en vie, pour que la somme de nos actes sur le plan purement physique suscite des résonances au plus profond de notre être et de notre réalité et que nous ressentions véritablement l'enchantement d'être en vie.

Joseph CAMPBELL, *The Power of Myth*

Au cours de l'hiver 2003, je me concentrai sur les neuf « 4 000 » que je voulais vaincre. Tels étaient mes objectifs, des expéditions gratifiantes qui, en plus, me forçaient à un entraînement constant pour me préparer à ma grande expédition sur le Denali. Je savais depuis ma première participation en 2002 que l'ascension de ce sommet de 6 193 mètres exigerait toutes mes capacités pour réussir, avec, en plus, la tentative en solo de descente à ski en moins de vingt-quatre heures. Une fois l'hiver officiellement terminé, je mis fin à une formidable saison concernant mon projet des « 4 000 » et me concentrai sur le ski de fond.

À la fin mars, je participai avec Gareth Roberts à l'Elk Mountains Grand Traverse, une compétition de ski de randonnée de soixante-sept kilomètres partant de Crest Butte jusqu'à Aspen.

Pour préparer la route, je décidai de partir seul faire le tour du Star Peak, près d'Aspen, une balade de quarante kilomètres. Je voulais essayer l'équipement prévu pour la compétition, notamment des skis spéciaux de randonnée. J'effectuai les premiers trente kilomètres avant la nuit, mais je passai le col du Pearl Pass au crépuscule et je me retrouvai coincé dans une plaine neigeuse. Pour éviter les zones d'avalanches, je finis par tourner en rond. Perdu au-dessus de la ligne des arbres dans le noir, en pleine tempête, je n'avais plus qu'une solution : creuser un abri dans la neige.

Je m'y repris à trois fois pour trouver une neige assez compacte et épaisse pour construire une protection suffisante à 3 600 mètres d'altitude. Je restai assis dans mon terrier pendant cinq heures, sortant la tête de temps en temps pour repérer dans l'obscurité une étoile, un sommet montagneux, une vallée ou des arbres qui me donneraient une idée de l'endroit où j'étais. Sur mes cartes, je voyais trois vallées dans lesquelles je pouvais m'engouffrer ; deux d'entre elles ne semblaient pas praticables. Mieux valait attendre ici, déterminer ma position exacte et prendre la seule vallée disposant d'une piste. À 3 heures du matin, la tempête se calma et je pus repérer un pic, juste devant moi. Je repris ma route dans la poudreuse toute fraîche en évitant les flancs trop pentus. À 5 heures, j'étais de retour chez moi, je pris une douche, fis un petit somme avant d'arriver au boulot avec quelques minutes de retard.

La course fut épique. Près de quarante pour cent des équipes abandonnèrent à cause des températures glaciales pendant la première moitié du parcours. La seconde fut marquée par des vents très violents. Le froid et la tempête infligèrent de nombreuses gelures aux concurrents. Il fut parfois impossible de fixer les peaux de phoque sur les skis. Le matériel ne résista pas et mon partenaire, Gareth, eut droit à une gourde totalement gelée. Non seulement nos Camelbak devenaient des poids morts, mais, en plus, certains participants furent dangereusement déshydratés. Vers la moitié de la course, nous étions les derniers à passer le contrôle de Friends Hut. Nous avions skié pendant huit heures par moins dix-huit degrés. Il ne nous restait que deux minutes pour arriver dans les temps. Neuf heures et demie plus tard, nous terminions seizièmes, avec seulement deux autres équipes derrière nous. En arrivant, Gareth et moi prîmes la position du ski de télémark, pratiquement à genoux sur nos skis, juste pour montrer que nous avions encore la pêche. Nous passâmes la ligne d'arrivée sous les crépitements des flashes. Puis nous eûmes droit aux médailles des participants. Nous étions ravis, une bouteille de bière fraîche à la main, ayant même l'impression d'avoir gagné la course. En fait, les gagnants étaient arrivés neuf heures avant nous. Ils avaient eu le temps de se reposer pour se rendre à la cérémonie finale, alors que nous nous perdîmes et terminâmes finalement la soirée devant les hamburgers de chez Little Annie.

Deux semaines plus tard, je me rendis seul au Cathedral Peak pour descendre à ski le goulot de l'arête sud. Lorsqu'en 2001 j'avais terminé l'ascension des « 4 000 » d'été j'ajoutai soixante sommets à ma liste, pour avoir à mon palmarès la totalité des Centennial Peaks. Je grimpai cinquante sommets en 2002, j'avais donc vaincu cent neuf des cent dix-neuf sommets de plus de 4 200 mètres. Le Cathedral Peak était le prochain sur ma liste. Du haut de la montagne, je dominais la Highland Ridge, jusqu'à la Connendrum Creek Valley.

La descente à ski du Cathedral fut pour moi une des plus délicates jamais effectuées : un goulot de cent cinquante mètres de long, ne dépassant pas trois mètres de large, avec une pente de cinquante degrés. Heureusement, la neige était amollie par le soleil, ce qui me permit plusieurs virages dans la section la plus « technique ».

Le 17 avril, je montai à peau de phoque jusqu'au Connendrum Basin, près d'Aspen. Le matin, je grimpai jusqu'au Castleabra Point (mon 111e sommet des Centennial Peaks). L'étape la plus agréable, quand on revient du Connendrum Basin, est la source chaude naturelle, avec de l'eau à quarante degrés, située à 3 400 mètres d'altitude. On se déshabille pour s'y détendre avant de parcourir encore douze kilomètres pour regagner son véhicule.

Le lendemain, avec l'une de mes équipières du Denali, Janet Lightburn, nous nous rendîmes au Cristo Couloir, sur Quandary

Peak. Je skiai en télémark depuis le sommet, sur des skis alpins, car mon attache arrière s'était cassée.

Après quelques exercices supplémentaires, je constatai que ma forme physique était excellente. J'étais prêt pour mon expédition en Alaska. Jamais encore je n'avais été aussi performant et cet état de grâce allait jouer un rôle inattendu dans ma randonnée de la semaine suivante.

Les conditions météo me contraignirent à annuler une excursion avec Dianne et Wolfgang Stiller, des amis de mon mentor en alpinisme, Gary Scott, et, lors de ma conversation téléphonique avec eux, je leur dis :

– En fait, mon patron m'a appris hier que j'étais libre jusqu'à mardi. J'ai donc cinq jours de vacances. J'ai prévu de grimper le mont Sopris demain avec un copain. Mais, en ce moment, je pense souvent au désert. Je vais peut-être filer jusqu'à Moab, pour me désintoxiquer un peu de la montagne.

L'année précédente, passant mon mois de juin en Alaska sur les glaciers, je n'avais pas eu beaucoup de temps pour profiter de la chaleur. Ayant l'opportunité d'aller faire un tour dans l'Utah pour quatre jours, j'espérais bénéficier d'un peu de climat d'été avant le début de la saison. Je devais préparer en vitesse mon équipement – ajouter mes affaires de vélo, mon matériel d'escalade et mes guides de l'Utah, avant d'aller me coucher. Nous avions fixé, avec mon pote Brad Yule, un rendez-vous à 3 heures du matin pour notre expédition sur le Sopris et il fallait que je dorme un peu.

Pendant que je faisais mes bagages, ma copine Leona revint d'une virée en ville.

– Où vas-tu cette fois ?

Elle était un peu excitée par une soirée alcoolisée dans les bars du coin.

– Je skie sur le Sopris demain matin.

– Et tu emportes tout ça ?

Mes affaires d'escalade et de vélo, mon sac de couchage et mes sacs à dos étaient éparpillés en plein milieu du salon.

– Je vais faire un tour dans l'Utah. Je ne sais pas encore où je vais exactement. Ma randonnée a été annulée au dernier moment.

– Oh, merde !

– En fait, ça m'arrange. J'avais envie d'aller humer l'air du désert pour me réchauffer un peu ! Un peu de vélo, un peu de canyoning. Brad m'a parlé d'une soirée, samedi, à Goblin Valley. J'irai peut-être traîner par là. Je crois qu'une bande de copains vont y faire la fête pendant tout le week-end.

Les dernières pistes d'Aspen avaient fermé lundi, marquant officiellement l'émigration de ses résidents vers des destinations exotiques. Mais à partir d'avril jusqu'à la fin mai, lorsque l'Independance Pass est ouvert, l'activité de la ville se ralentit et les gens filent vers les climats plus chauds du Mexique, de la Thaïlande, des Bahamas et de l'Utah. Le moment était venu pour moi de me joindre aux migrateurs, après une toute dernière sortie à ski.

Vers 4 heures du matin, Brad était à côté de moi dans mon camion. Nous étions ballottés dans la cabine alors que je roulais sur des congères de soixante centimètres longeant la route d'accès au mont Sopris. On se serait cru dans une pub pour 4 × 4, avec des projections de neige spectaculaires partant de nos roues et nous, hilares, à l'intérieur. Nous étions ravis de pouvoir nous rendre en voiture jusqu'au départ de piste si tôt en début de printemps. Après avoir déchargé notre équipement dans le noir, nous marchâmes jusqu'aux Thomas Lakes. L'aube se leva vers 5 h 30 et révéla un ciel couvert au-dessus de la limite des arbres. Malgré le temps, j'étais serein, car j'avais résolu de faire demi-tour si jamais les conditions d'enneigement n'étaient pas bonnes. Je savais que Brad serait d'accord.

Le Sopris est étonnant, avec ses sommets jumeaux espacés d'environ un kilomètre ayant exactement la même altitude de 3 960 mètres. La visibilité était mauvaise et ne permettait pas une descente à ski depuis le sommet. Nous grimpâmes donc à pied, après avoir laissé nos skis à 3 600 mètres. À 8 h 30, nous étions parvenus au sommet et je pris une photo de nous deux en train de rire à cause du bouc couvert de givre de Brad.

Après avoir récupéré nos skis, nous passâmes le reste de la matinée à sillonner la neige au-dessus des Thomas Lakes. Le temps s'était levé et cette journée magnifique nous offrait des moments d'euphorie.

Le soleil de l'après-midi transforma la neige en gadoue lors de notre descente en camion. Les roues glissaient dans les ornières tracées la veille, menaçant de nous faire sortir de l'étroit sentier, et ajoutant un peu de piment à la journée. Une erreur de conduite nous envoya déraper dans la forêt détrempée. Brad pensait que la transmission intégrale ne fonctionnait pas correctement. Nous étions coincés, les roues patinaient. Finalement, grâce à nos téléphones portables, nous pûmes joindre Leah, la petite copine de Brad, qui arriva avec des cordes pour nous tirer de là. Après avoir mis mes chaînes sur les roues de l'autre véhicule, nous sortîmes mon camion de sa mauvaise posture.

Nous étions convenus de nous appeler samedi, pour que j'obtienne les coordonnées exactes de la soirée dans la Goblin Valley. Leah et Brad prirent la route de Silverton par le col de McClure, et moi, je me dirigeai vers Glenwood Springs. Pendant les trois heures de route, je consultai les guides sur les canyons des environs de Moab et de Green River. J'évaluai les différents itinéraires et me décidai pour une randonnée à VTT le lendemain matin sur le Slick Rock Trail, près de Moab. Ensuite, j'optai pour un peu de canyoning le samedi, qui me rapprocherait de la Goblin Valley. Je finis par me garer dans une aire de camping. Je déroulai mon sac de couchage sur le plateau de mon camion et m'engouffrai dedans, sans oublier d'enlever mes verres de contact, avant de sombrer dans le sommeil.

Le vendredi matin, je filai vers le sud et parcourus les cinquante kilomètres qui me séparaient de Moab, pour ma journée de VTT. C'est une piste très technique, mais avec des points de vue superbes sur les canyons du Colorado. De loin, je vis mon camion garé à l'entrée de la piste et je ne pus m'empêcher de rire en voyant les skis sur le toit, alors qu'il n'y avait pas un flocon de neige à l'horizon.

Excité et épuisé après un parcours plein d'embûches, je me retrouvai devant mon camion à la fin de la journée et je consultai à nouveau mon guide. J'avais envie de me promener au fond d'un étroit canyon et de voir quelques pétroglyphes.

J'avais déjà repéré la région du Robbers Roost pour mon expédition de samedi, mais je n'avais pas encore choisi un canyon particulier. Je voulais me rapprocher de mon rendez-vous de samedi soir et le Roost paraissait idéal – à deux heures de Moab comme de la Goblin Valley. Comme je n'allais pas me trouver proche d'un magasin d'alimentation pendant deux jours, il me fallait acheter des provisions d'eau et de nourriture avant de quitter la civilisation pour le week-end. Pour ne pas transporter le guide, je photocopiai les pages concernant trois canyons situés dans la région du Robbers Roost qui combinaient canyoning et pétroglyphes. Je quittai Moab en fin de journée, après avoir fait le plein d'essence. Mon programme comprenait un parcours de vingt-quatre kilomètres à VTT à partir de mon camion garé à l'entrée des pistes du Canyonlands National Park jusqu'au début du Blue John Canyon. Ensuite, je voulais passer dans la partie étroite du canyon, effectuer un rappel de vingt mètres avant de retrouver la confluence avec le Horseshoe Canyon. De là, je passerais par les alcôves de pétroglyphes de la Great Gallery. Une randonnée de cinquante-six kilomètres. Je prévoyais qu'en partant à 9 heures du matin j'en aurais terminé à 17 heures.

Sur la route, je m'arrêtai dans une boutique de Green River en me demandant si je devais appeler Brad et Leah pour confirmer notre rendez-vous à la soirée de la Goblin Valley. Mais il était tard et je me dis qu'il valait mieux les appeler le lendemain après-midi, de Hanksville. J'achetai deux bouteilles de soda, puis je fis des allers et retours dans la rue avant de trouver la route d'accès au Bureau d'administration du territoire.

La nuit est tombée, je conduis dans l'obscurité, et le San Rafael Desert que je traverse est absolument noir.

J'écrase des mauvaises herbes qui poussent sur cette route mal entretenue et sans marquage. Enfin, un panneau indicateur signale que l'entrée de piste du Horseshoe Canyon se trouve à soixante-quinze kilomètres. Je fonce dans la nuit et dépasse une signalisation indiquant que LES ROUTES PEUVENT ÊTRE IMPRATICABLES EN RAISON DES ORAGES. Je suis le faisceau de mes phares dans une sorte de goulot avant de retrouver la route, brusquement. Les virages font déraper l'arrière de mon camion, mais à chaque fois je corrige de justesse. C'est comme si je participais à un rallye hors piste, les pneus glissant, laissant derrière moi des gerbes de poussière. Je conduis pleins phares pour anticiper les virages dissimulés derrière les flancs de collines, mais, je n'y vois pas beaucoup mieux. Je pourrais ralentir, mais, déjà, je ne dépasse pas les cinquante kilomètres/heure. Je suis fatigué et j'aimerais bien me coucher avant minuit.

J'aperçois à ma gauche la constellation de Persée. On ne distingue aucun arbre le long de la piste.

De temps en temps, mon camion fonce sur des plaques de grès. Tout à coup, je passe par-dessus le rebord à soixante kilomètres/heure. Je freine brutalement. Je prends le virage un peu trop vite.

Tiens, encore un lapin !

Une barrière.

Un autre virage.

Puis, enfin, je croise en vitesse un petit panneau indicateur. Je m'arrête et passe en marche arrière. C'est la bifurcation pour le Horseshoe Canyon. L'approche est encore plus chaotique. J'arrive sur le terre-plein du parking. Trois véhicules et deux tentes sont installés malgré les panneaux signalant l'interdiction de camper. Je trouve un endroit nivelé près de l'entrée de la piste. « Bienvenue au secteur du Horseshoe Canyon, dans le Canyonlands National Park », puis-je lire sur un large panneau. Je range le matériel durement secoué dans la benne de mon camion et déballe mon sac de couchage. Je sombre bientôt dans un sommeil réparateur, pensant à mon circuit dans le Blue John Canyon qui commencera le lendemain matin. Le vent fait osciller mon camion comme une berceuse typique du pays des canyons.

9

Plus d'eau ni de nourriture

Croire quand nous savons depuis toujours que rien ne pourra rallonger la brièveté de notre vie, quand nous savons qu'il n'existe aucun remède contre la mortalité, voilà une forme de courage.

Lance ARMSTRONG,
Il n'y a pas que le vélo dans la vie

Un soleil diffus éclaire les minces couches de nuages qui tourbillonnent au-dessus du désert de l'Utah. *Le coucher de soleil sera beau*, me dis-je du fond de mon étroite crevasse. J'espère que les nuages vont rester là pour maintenir la chaleur cette nuit. Nous sommes lundi, en début de soirée. Je n'ai pas dormi depuis cinquante-sept heures. Je suis emprisonné par ce bloc de pierre depuis plus de cinquante heures. Et j'ai la même chanson qui repasse en continu dans ma tête depuis plus de quarante heures.

Comme une radio dont le bouton est bloqué, mon esprit fatigué ressasse en permanence un air qui dure à peine quelques secondes. Je commence à en avoir assez !

La fatigue me donne la sensation d'être drogué, comme si mon cerveau cuisait sous l'effet d'une fièvre intense. Je me suis déjà endormi dans des endroits bizarres auparavant – devant un tableau, dans un musée, à Paris ; ou lors d'un concert des Gun's N' Roses, avec une sono de cent dix décibels – mais je n'ai encore jamais ressenti à tel point le manque de sommeil. C'est comme une maladie qui briserait toutes mes fonctions intellectuelles et me pousserait vers les frontières de l'irrationnel. Peut-être vaut-il mieux que je ne dorme pas, car je pourrais sombrer dans un stade d'hypothermie avancée. Je n'arrive pas à dormir, mais je ne suis pas non plus totalement en éveil – cet état mental m'entraîne lentement vers la folie.

Je me souviens d'une fois où j'avais presque éprouvé la même sensation, en descendant le mont Princeton dans la nuit, avec mon entraîneuse d'endurance, Theresa Daus-Weber, en septembre 2002. Nous avions grimpé sept sommets d'affilée et nous en étions à la seconde nuit de notre périple de cent kilomètres quand mon cerveau a perdu le sens des réalités.

Je marchais à quelques pas devant Theresa. Nous étions tous deux équipés de frontales et d'un bâton de marche pour nous aider à traverser dans l'obscurité le terrain instable. Je la perdais souvent de vue et je m'arrêtais donc à chaque tournant. Je m'asseyais et m'endormais alors pendant un instant, réveillé vingt ou trente secondes plus tard par le bruit de la canne de Theresa tapant sur les cailloux, synchronisé à celui de ses pas. Puis je voyais sa lampe oscillant devant son visage quand elle approchait et je me levais comme un zombie, sans dire un mot. Je reprenais la marche en trébuchant sur les pierres avant de recommencer le cycle. Je prenais de l'avance, puis je m'arrêtais pour l'attendre.

Malgré une heure et demie d'efforts, je n'avais pas l'impression de progresser. Quelque chose n'allait pas. Après avoir répété quinze fois ou plus ce cycle d'arrêt, de sommeil et de départ, un sentiment irréel de folie me fit croire qu'à chaque fois que je m'endormais, j'étais immédiatement transporté à mon point de départ. Après quelques secondes d'assoupissement, j'avais l'impression de revivre éternellement la même séquence.

J'en étais sûr, je me trouvais coincé dans une boucle du temps. Quelqu'un m'avait joué ce tour. Theresa. J'étais persuadé qu'elle m'avait jeté un sort. Je ne pouvais rien contre elle ; le seul moyen d'échapper à son influence était de rester éveillé. Mais c'était impossible. La paranoïa était si forte que je n'avais même pas l'idée de regarder ma montre, encore moins de parler à Theresa.

Il me vint une inspiration : pourquoi ne pas mémoriser les pierres sur lesquelles je butais ? Si je pouvais me prouver que je ne repassais pas toujours sur les mêmes cailloux, je tiendrais la preuve indéniable que tout cela se passait dans ma tête. Mais je tombai sur un autre problème : impossible de me rappeler les pierres, même celles sur lesquelles je m'asseyais pour me reposer.

Au bout de deux heures, nous étions sortis et je racontai mes délires à Theresa. Elle m'expliqua que les hallucinations étaient symptomatiques du manque de sommeil.

Revenons au canyon. La seule préoccupation qui mette fin à l'incessante répétition de cette satanée chanson est la question de mon urine : dois-je ou non la boire ? Un sujet suffisamment pénible à aborder pour éloigner tout autre bourdonnement dans ma tête. Ce n'est pas le goût qui me préoccupe ; ce sera de la pisse, de toute façon. Non, le problème est de savoir si l'ingestion d'urine prolongera ma survie ou au contraire accélérera ma mort. Je suppose qu'à ce stade mon urine doit contenir un taux très élevé de sel, mais je ne peux savoir si sa salinité est supérieure à celle de mon sang. Si elle contient moins de sel que mon sang, pas de problème. Mais une concentration plus élevée reviendrait à boire de l'eau salée, qui ne ferait qu'accélérer ma déshydratation. Autre question : je me demande si les toxines et les autres matières éliminées peuvent être dangereuses. Après tout, ce sont des éléments que mon corps a rejetés et me voilà prêt à les ingérer à nouveau.

Devant mes yeux, posé sur le dessus du rocher, le réservoir souple translucide de mon Camelbak rend le litre d'urine saumâtre plus foncé qu'il n'est en réalité. Depuis que j'ai pissé, il y a quatre heures, l'urine s'est séparée en strates : une espèce de soupe marronnasse au fond, un fluide orange peu appétissant au milieu et un autre liquide plus clair, aux reflets dorés sur le dessus. Une couche de sédiments blanchâtre s'est déposée sur les parois du réservoir ; au fur et à mesure qu'elle se refroidit, la lie se sépare de la solution. Je presse avec mon doigt sur le Camelbak pour agiter les solides. Ils me rappellent un peu les dépôts, au fond des bouteilles de bière artisanale. En plus répugnant, bien sûr.

La nuit tombe à nouveau, précédée par l'habituelle brise qui remonte le canyon ainsi qu'une nuée de moustiques. Pourquoi sont-ils si actifs le soir ? « Et d'où viennent-ils, bordel ? » vociféré-je. Il doit y avoir des eaux stagnantes quelque part dans le canyon ; je n'en ai pas vu jusqu'ici, mais il s'en trouve peut-être en bas du Big Drop. Je crois me souvenir de l'avoir lu dans le guide. Je vérifie ma carte. La photocopie commence à s'effacer au niveau des plis, mais je peux toujours distinguer les indications. Il existe bien une vasque sous le rappel. Une marmite, sans doute, des restes de la dernière chute de pluie. En fait, selon ma carte, j'aurais dû tomber sur un bassin dans la section haute du canyon, et sur un autre, là où je me trouve, mais ils ont dû s'évaporer. J'espère qu'il y a encore de l'eau vers le rappel. Je parie que le canyon est asséché en hiver et en été, mais les moustiques, la vase au fond du canyon et les résidus humides sur les parois, tout cela m'incite à croire qu'il y a de l'eau. Un facteur important si je sors d'ici – c'est le seul point d'eau sur six kilomètres, jusqu'à l'apparition du Barrier Creek au fond du Horseshoe Canyon, après la Great Gallery.

Tu ne sortiras pas d'ici, mon petit Aron. Tu ne verras plus jamais d'eau de ta vie.

Obscurité.

Froid.

Étoiles.

Espace.

Frissons.

Me voilà embarqué dans le même processus que la nuit dernière. Je m'agite, puis me repose, mais je ne peux pas rester tranquille plus de dix minutes. Le froid semble plus intense, ce soir, ou peut-être que mon métabolisme cède à la faim et à la déshydratation. Je suppose qu'avec la dégradation de mon état depuis l'accident mon corps ne génère plus beaucoup de chaleur. La fraîcheur de la nuit me pousse à retenir toute la chaleur possible. Que puis-je trouver d'autre pour m'isoler mieux ? Mes écouteurs, débranchés du lecteur CD, pendent autour de mon cou et n'ont pas émis de musique depuis trois jours. Ils vont me servir de couvre-oreilles. Quand j'enfouis ma tête dans le sac à corde, je remonte la fermeture Éclair le plus haut possible. Mon visage est complètement enfermé, j'espère bénéficier de la chaleur de mon souffle, sans pour autant m'étouffer.

Le sac se remplit peu à peu d'air moite. Au lieu de laisser l'air se dissiper dans le froid de la nuit, je tente de récupérer l'eau présente dans mon corps. L'utilisation du sac comme chambre de respiration me paraît une théorie astucieuse, mais je ne sais pas si elle va m'aider à améliorer ma situation. J'ai une fois de plus l'impression de retarder pour rien l'inévitable. Après avoir respiré cinq ou six minutes dans le sac, le froid monte de mes jambes et du reste de mon corps pour pénétrer en profondeur. En tremblant, je lutte pour conserver ma position, la main gauche serrée sur mon épaule droite, assis dans mon baudrier. Mais cela ne dure, au plus, que trois ou quatre minutes, et les frissons me déchirent littéralement le corps. Je dois extraire ma tête du sac pour arranger les cordes enroulées autour de mes jambes et les protections autour de mes bras. Cette nuit, il ne me faut plus qu'une vingtaine de minutes, au lieu d'une demi-heure, pour tout remettre en place. Ce n'est pas un effort suffisant pour me réchauffer. Je ne me donne même plus la peine de buriner la pierre. Je n'ai plus qu'à endurer l'inconfort et la souffrance. J'en viens à prier pour survivre à la nuit.

Minuit. Nous sommes maintenant mardi 29 avril. Après des heures d'atermoiement, je décide de boire une gorgée de mon urine. Il me reste environ un demi-verre d'eau fraîche, mais je veux savoir si je peux supporter d'avaler ma propre urine. Avec le tuyau que je viens de remonter sur le sac souple, j'aspire deux petites gorgées que j'avale immédiatement. L'air froid a fait baisser la température du liquide à environ quinze degrés. Le goût très salé et acide est répugnant. Je grimace. Mais, surprise, ce n'est pas aussi horrible que je l'imaginais – pas de haut-le-cœur, ni de vomissement. Ma situation se complique. Si l'urine était imbuvable, j'aurais une option claire – ne pas la boire. Dans le cas présent, je pourrais avaler près de la moitié de ce que j'ai pissé avant d'arriver à la boue marron du fond de la gourde. J'ai tellement soif que je pourrais en boire deux verres sur-le-champ. Cela ne me paraît pas une bonne idée. Je crois avoir entendu parler de régimes dans lesquels il est recommandé de boire son urine, mais je suppose que, dans ce cas, on n'est pas déshydraté par ailleurs. Ce souvenir est peut-être un pur produit de mon imagination. Je ne peux plus faire confiance à mon cerveau dans l'état où je me trouve. De toute façon, une urine claire serait une meilleure alternative à celle que je produis actuellement. En fin de compte, je ne sais pas si je devrais continuer à boire cette pisse, mais je n'ai pas non plus d'indication contraire. Je suppose qu'il faudra tenter le coup, mais pas pour le moment. Je vais continuer à boire de l'eau au compte-gouttes pendant les douze prochaines heures. Il sera temps ensuite de penser à mon urine.

Le train-train se poursuit. 3 heures du matin, mardi. Soixantième heure d'immobilisation. J'ai dû ajuster mon programme d'hydratation en fonction de mes cycles plus courts. J'attrape délicatement ma bouteille de son perchoir et note ce qui me reste : à peine huit centilitres. Je serre la bouteille entre mes jambes et dévisse le bouchon avec ma main libre. Je lève la bouteille et, avant même d'avoir humecté ma lèvre inférieure, je me force à éloigner la bouteille, comme je l'ai fait toutes les heures au cours de la nuit.

Les dernières gorgées de ma réserve d'eau deviennent un trésor. En fait, le liquide a changé de nature : d'un élément terrestre banal, il est devenu quelque chose de sacré et d'éternel, il s'est transformé en temps. Et le temps, pour moi, est devenu la vie. Plus ma réserve d'eau durera, plus longtemps je survivrai.

Enfin, c'est ce que je me dis. Je perçois des signes qui m'indiquent mon état de déshydratation ; même si j'économise ma réserve, je vais bientôt mourir. Mon corps ne dispose plus d'assez d'eau pour fonctionner normalement. Mes yeux sont caverneux et secs – j'évite de regarder l'écran de la caméra parce que je vois ma peau de plus en plus tendue sur mes pommettes. L'air du désert irrite mes yeux couverts par mes lentilles de contact, je n'ai plus assez de liquide lacrymal pour éliminer la contamination ambiante. De plus, la déshydratation affecte mes muscles cardiaques ; mes battements s'affaiblissent, perdent toute régularité. Parfois mon cœur bat à cent vingt, plus de soixante pour cent de son rythme habituel. Mais, en dépit de cette accélération, ma circulation semble s'être ralentie au cours des trois derniers jours et mon sang s'est épaissi. Mes organes ne sont plus suffisamment irrigués pour éliminer les toxines. Comme ma pression sanguine ne cesse de diminuer, la température de mon corps varie de façon anormale et le moindre coup de vent me frigorifie. Mes organes souffrent de plus en plus ; en moyenne, je perds deux à trois kilos par jour. Ma main commence à se flétrir, on dirait une peau de reptile.

Mais les signes physiques de ma déshydratation ne traduisent pas, et de loin, l'ampleur de ma soif. J'ai soif, je veux boire, je ferais n'importe quoi pour boire.

Ma fin viendra d'un problème cardiaque, mais je me demande si la soif ne va pas m'emporter avant.

Il est 5 heures. C'est le moment de sacrifier au rituel de la goutte d'eau. Je serre la bouteille entre mes cuisses et dévisse le bouchon. Je la prends pour la porter à mes lèvres quand le bouchon se prend dans mon baudrier. La gourde glisse et tombe sur mes genoux. Mon cerveau embrumé réagit trop tard et la bouteille bascule à l'horizontale. Une giclée du liquide sacré se répand sur mon short.

Bordel de merde. Fais gaffe, Aron ! Regarde ce que tu viens de faire !

En renversant un peu du précieux liquide, combien d'heures ai-je perdues ? Six heures ? Dix heures ? Une demi-journée ? Cette bêtise anéantit mon moral. Elle détruit les fragiles murs de protection que j'ai bâtis grâce à la rigueur de ma discipline qui me permettait de résister au désespoir. Gâcher la moitié de ma minable réserve d'eau me rend conscient de ma dépendance psychologique. Même s'il ne me reste qu'une infime quantité à boire, émotionnellement, j'ai l'impression d'avoir sacrifié la moitié de ma vie.

Je suis là, frissonnant, la tête enfouie dans mon sac à corde ; je lutte de toutes mes forces contre ce froid envahissant quand, tout à coup, j'entends un cri au fin fond de mon esprit écrasé par le manque de sommeil. Nous sommes mardi, il est 6 h 15.

« Larry ! » Ma mère hurle le nom de mon père. Je la vois dans sa robe de chambre, dévalant l'escalier pour annoncer à mon père l'horrible nouvelle qu'elle vient d'apprendre. La vision s'arrête avant que je ne voie mon père. Rien à voir avec un souvenir ou un rêve, cela ressemble à une image à la télévision, comme si j'avais allumé le récepteur au fin fond de mon cerveau et que je recevais un reportage émis de la maison de mes parents. Est-ce que cela s'est déjà passé ? Ou est-ce une prémonition ? Quoi qu'il en soit, je suis certain d'être la raison pour laquelle ma mère se précipite vers mon père. Est-ce pour dire qu'elle sait que je suis en difficulté, ou pour lui annoncer qu'on m'a retrouvé mort ? Je ne sais pas.

Peu à peu, la lumière fait apparaître l'espace du canyon, et je me sens soulagé d'avoir survécu une nuit de plus. Maintenant que la visibilité est suffisante, je décide de faire le point de la situation devant ma caméra.

Je m'essuie l'œil gauche, passe ma main sur mon visage avant de soupirer. Je vérifie le cadrage pour m'assurer d'être au moins dans le champ, mais j'évite de regarder l'objectif de face quand je parle.

– Mardi matin. Il est 6 h 45.

« Je pense que maintenant Leona s'inquiète, enfin, je l'espère, puisque je n'étais pas à la soirée d'hier. Dans une heure et demie, mes collègues verront que je ne me suis pas présenté au boulot. Je n'arrête pas d'y penser. J'espère qu'ils le signaleront à la police. Il faudra attendre vingt-quatre heures avant qu'un rapport soit déposé. Donc, demain midi, je serai officiellement porté disparu.

Mon découragement s'accentue ; je suis sur le point de craquer et ma voix trahit mon désespoir.

– Bon Dieu, c'est incroyable ! Je vois maintenant à quel point cette histoire est stupide. Il faudra beaucoup de temps avant qu'on arrive à moi. J'y réfléchis depuis des heures. Ils vont devoir attaquer ce rocher au marteau-piqueur, à moins qu'ils ne m'amputent pour me sortir de là à temps. À condition que quelqu'un me trouve et parvienne à obtenir les outils nécessaires. Ensuite, ils devront me hisser jusqu'à un endroit accessible à un hélicoptère. Après cela, encore une heure de vol jusqu'à Grand Junction, peut-être un peu moins. Une demi-heure, disons.

Rien qu'à l'idée d'imaginer une équipe apportant un marteau pneumatique jusqu'au Blue John Canyon pour casser le caillou qui m'immobilise, je comprends que les secours sont des plus improbables. Il faudrait déployer des efforts considérables pour me dégager. Quant à m'évacuer sur une civière... L'espace est si confiné que je me demande comment ils pourraient passer.

Ce cauchemar logistique anéantit tous mes espoirs. Je sais que ce ne sont que des suppositions, mais tout cela va prendre des jours à partir du moment où les secouristes m'auront repéré. Déplacer un blessé sur une civière sur un chemin normal pendant une centaine de mètres demande cinq minutes et mobilise six personnes. Dans le cas d'un passage étroit et sinueux, la même opération peut demander une demi-heure d'efforts. Dès qu'un système de hissage ou de descente doit être mis en place, il faut ajouter une heure ou plus, et, cela, dans des conditions idéales. Chaque niveau de complexité ajoute du temps et des ressources, tout en augmentant les risques pour les sauveteurs. En ce qui me concerne, chaque rocher sous lequel j'ai rampé ou que j'ai escaladé diminue d'autant la probabilité de ma survie, le temps que prendra l'évacuation de mon corps invalide. Si je suis encore en vie quand une équipe de secours me retrouvera, je mourrai certainement avant de pouvoir être soigné correctement. Mais je me perds en conjectures : je serai mort bien avant que les secours n'atteignent cette partie du canyon. Je cligne des yeux, grimaçant à mon insu devant la caméra. J'en ai assez.

– J'ai tenté... oui, j'ai tenté de me couper le bras, mais je pouvais à peine entailler la peau avec ce couteau de merde. J'ai essayé les différentes lames, mais je n'ai réussi qu'à faire quelques marques. Je n'ai même pas pu voir de sang, il doit être trop épais, maintenant.

« Il me reste une infime quantité d'eau. Mais j'ai dû me résoudre à... j'ai avalé quelques gorgées de ma propre urine, que j'ai conservée dans mon Camelbak. Je la laisse décanter. Les sédiments se sont séparés du liquide.

Martelant chaque mot, j'ajoute :

– Le goût est dégueulasse. Il me reste une bouchée de burrito, mais je peux à peine l'avaler de toute façon.

« J'ai encore essayé de faire bouger le rocher. Ça ne sert à rien ; j'ai renoncé.

« Près de soixante-dix heures se sont écoulées depuis que je suis parti à vélo du départ de la piste de Horseshoe. Depuis, j'ai bu trois litres d'eau et deux gorgées de pisse. La faim ne me taraude pas, bien que je sois maintenant très fatigué. Je n'arrive même plus à buriner la roche. C'est trop... J'ai essayé, mais je n'ai plus l'énergie, ni l'envie... C'est ridicule.

Dégoûté par mon impuissance, je frissonne et je bâille. Je secoue la tête et fronce les sourcils, avant de me ressaisir et de regarder droit dans l'objectif pour ce que je veux ajouter.

– Maman, papa, je vous aime vraiment très fort. Je voulais profiter de ce moment pour vous dire que le temps passé avec vous a été formidable. Je ne vous ai pas appréciés autant que je l'aurais dû. Maman, je t'aime. Merci d'être venue me voir à Aspen. Papa, merci pour l'année dernière, quand je suis parti avec toi pour le Golden Leaf Tour. Ce furent les plus beaux moments passés avec vous depuis très longtemps. Merci à tous les deux de m'avoir compris, de m'avoir soutenu et encouragé pendant toute cette dernière année. J'ai vraiment vécu intensément cette période. J'aurais bien voulu avoir compris les choses plus finement, plus vite. Je vous aime. Je serai toujours avec vous.

Je sens les larmes qui montent. Je penche la tête, puis je salue la caméra, comme pour dire au revoir, avant d'appuyer sur le bouton pause. Une brise un peu molle parcourt le canyon : le calme de la nuit touche à sa fin. Quand je redémarre ma caméra, mes pensées vont vers ma sœur et la tristesse qui viendra gâcher sa remise de diplôme et son mariage, cet été.

– Je voulais dire à Sonja et à Zack que je vous souhaite tout le bonheur possible dans votre future vie commune. Vous êtes formidables tous les deux. Sonja, une grande carrière s'ouvre à toi. Je sais que vous serez très heureux ensemble. J'aurais bien aimé être là pour assister à tout ça. Vous serez diplômés dans environ un mois. Profitez de votre vie pour accomplir de grandes choses – c'est ainsi que vous me ferez honneur. Merci.

Penser à ma sœur me redonne un peu de bonheur. Moi qui ai plutôt eu de bons résultats scolaires, j'ai une sœur qui m'a dépassé dans tous les domaines, et je l'admire vraiment pour cette raison. Elle a la passion du savoir ; elle veut être enseignante. Je suis content pour elle, mais cela me rassure aussi. C'est comme si Sonja payait la dette que j'ai contractée en profitant du système sans rien donner en échange. Je suis plus fier des résultats qu'elle a obtenus au collège que de ce que j'ai pu faire depuis que j'ai reçu mon diplôme, il y a six ans. Même si je ne suis plus là, de grandes choses s'accompliront dans notre famille, et cela grâce à elle ; cette certitude me rassure.

Un autre coup de vent passe, arrivant du fin fond du canyon. Je m'inquiète d'un possible changement de temps. Je vois déjà une couche de nuages, plus épaisse que les précédentes. Pas de signes d'orage pour l'instant, mais je ne les verrai pas forcément avant l'arrivée d'une crue soudaine. J'avais oublié ce danger. Pendant que ma caméra est encore sortie, je décide d'ajouter quelques notes en vidéo, au cas où la pluie commencerait à tomber. Je déclenche l'enregistrement et je montre l'état du canyon, au-dessus de ma tête.

– Je viens de me rappeler qu'un risque de crue soudaine est toujours possible. Ce qu'on voit au-dessus de moi, les rochers qui sont coincés dans le canyon... ils ont été déposés par des crues. Il y a quatre profonds canyons en amont qui convergent tous dans celui-ci, et dont les flots peuvent passer par ce goulot d'un mètre de large où je me trouve. Même si je suis déjà mort quand cela se produira... tout sera emporté par la violence des eaux. Cette vidéo ne sera pas visible et mon corps aura été broyé. Pour l'instant, il n'en est rien. Mais j'aurais presque envie que cela se produise. D'une certaine manière, j'aurais enfin un peu d'eau. Je ne sais pas si tout cela semble ridicule, mais j'y pensais la nuit dernière. J'imagine qu'à partir du moment où l'on est contraint de boire ses propres urines... Je sais que je ne devrais pas le faire. Elles retiennent trop de sel et de toxines ; elles ne feront qu'accélérer le processus.

« Trois jours. Et je manque d'eau depuis un jour et demi. Il ne me reste probablement plus qu'un jour et demi. Si je survis jusqu'à mercredi midi, ce sera un véritable miracle.

J'arrête la bande. Ce sont des mots brutaux que je viens de prononcer. Dire à haute voix que je ne me donne pas plus de trente heures à vivre provoque un relent âcre qui me secoue violemment l'esprit. Je pose le Caméscope sur le rocher ; je sens mon corps s'effondrer dans mon baudrier. Les mots résonnent dans ma tête – « Si je survis jusqu'à mercredi » – et finissent par rebondir vers une partie du cerveau où il reste encore une petite réserve de courage. Sans m'en rendre compte, je défais les bandelettes de sangle qui me protégeaient du froid et je réinstalle mon système de levage à démultiplication 6/1. Avec la pratique que j'ai acquise, le tout est monté en un rien de temps et ma dextérité de manchot gaucher m'impressionne. Mes dérives mentales de la nuit m'avaient incité à croire que ma coordination était atteinte. Je dégage le dessus du rocher. Ma bouteille d'eau, ma réserve d'urine, mon couteau et ma caméra, tout disparaît en un clin d'œil dans mon sac à dos. Je cale mes lunettes de soleil rayées sur ma tête.

Prêt au décollage, me dis-je après avoir vérifié que les prussiks se bloqueront bien dans la bonne position. Les « pédales », les boucles en sangle dans lesquelles je vais poser mes pieds, ont été rehaussées par rapport à hier, et je m'installe en position.

O.K. Bouge ce rocher, Aron. Allez, vas-y. Pousse. Plus dur ! Tire sur cette corde – fort ! Encore un effort. Tu dois y arriver. Fais-le bouger !

Je grogne, je m'agite, je pousse de toutes mes forces, je pèse de tout mon poids sur la corde.

– Allez ! Bouge ! Merde !

Rien. Je ne peux rien contre cette masse de pierre et la friction des parois. C'est terminé. Je sais que je n'essaierai plus. Je suis vaincu. Je me noie lentement dans ce terrible isolement ; plus je me bats, plus l'étau semble se resserrer, comme si cet enfer insoutenable pressait mes derniers zestes de vie. Je me repose un quart d'heure. J'ai envie de pleurer, mais les sanglots ne produisent plus de larmes. C'est comme si j'étais trop découragé pour avoir encore l'énergie de pleurer. Qu'est-ce que ça m'apporterait ? Dilapider le peu de liquide encore présent dans mon corps ?

Peu à peu, je vois apparaître le reflet froid du couteau dans le fond de mon sac. Toute chose a un sens, y compris la raison pour laquelle j'ai emporté cet outil et, soudain, je sais ce que je vais entreprendre. Rassemblant mon courage, je dénoue un prussik de mon installation et le serre autour de mon biceps. Je prépare le reste de mon garrot de fortune, comme je l'avais mis au point hier – tube d'isolation de mon Camelbak enroulé deux fois autour de mon avant-bras, double nœud et tourniquet avec un mousqueton que je vais tourner six fois avant de l'attacher avec la sangle rouge pour le maintenir en place.

Je note l'heure sur ma montre attachée à la bretelle de mon sac à dos : 7 h 58.

Je déplie la plus petite des deux lames, referme le manche et le serre dans mon poing. Je lève l'outil au-dessus de mon avant-bras droit, je pique un point, à côté d'une tache de rousseur et non loin des marques que j'ai laissées hier matin. Ma main tremble, à trente centimètres au-dessus de la cible. Je me décide ; mon poing enfonce violemment la lame de quatre centimètres dans la chair de mon avant-bras.

– Aron ! Qu'est-ce que tu fais ?

Je suis tellement étonné que j'en ai presque le vertige. La lumière du canyon vire tout à coup au beige, les ombres deviennent marron foncé, comme si j'entrais brusquement dans une scène de film noir et blanc teinté sépia. Je penche la tête vers mon bras. Ma vision semble laisser des traînées hallucinogènes derrière moi, suivant mes mouvements décomposés, comme si ce film était projeté au ralenti. Je m'attendais à ce que la lame ricoche sur mon bras, mais, quand je desserre mon poing, je vois le manche de mon Leatherman planté, perpendiculairement à mon bras. Hier, j'avais cru impossible d'entailler la peau, mais, cette fois, pas de doute. Quand je reprends le manche et que je le bouge un peu, la lame cogne une partie dure, l'os supérieur de mon avant-bras. Je tapote le couteau vers le bas et je sens qu'il touche mon radius.

C'est dingue ! Vraiment bizarre.

Je suis envahi par la curiosité. Je sens à peine la lame sous ma peau. Mes nerfs semblent concentrés sur la partie externe de mon bras. J'en ai la confirmation en sortant la lame, coupant la peau par l'intérieur. Oh oui ! C'est là qu'ils sont ! La chair s'étire avec la lame, envoyant des signaux tout le long du bras au moment où j'ouvre une fente de trois centimètres. J'attends que la douleur se dissipe. Je remarque qu'il y a très peu de sang provenant de cellules déchirées de ma peau ; les vaisseaux capillaires doivent être contractés pour le moment. Fasciné, je tâte l'entaille avec mon outil. Aïe ! Poussant le couteau au fin fond du trou, j'examine la constitution interne de mon bras. L'épiderme est deux fois plus épais que je ne l'imaginais, et résistant comme du cuir. Des tissus graisseux jaunâtres entourent mon muscle, sous la peau. Quand je continue de fouiller, le sang vient remplir la blessure, masquant cette intéressante coupe anatomique. Je tapote l'os à nouveau et je sens les vibrations se répercuter à chaque coup sur mon pouce et mon index gauches. Même amorti par les tissus, le bruit creux du bout de la lame frappant mon os résonne jusqu'à mon coude. Ce son faible mais pénible m'indique que c'est le moment de mettre fin à cette expérience. Je ne peux pas couper les deux os de mon avant-bras.

Mettant de côté pour un instant cette sinistre constatation, je retrouve un peu d'humour, en considérant ma situation avec une certaine désinvolture – c'est la première fois depuis treize ans que je pratique une dissection, et je m'en sors bien mieux aujourd'hui, bien que ce soit mon propre bras. Je me souviens des yeux de mouton qui me fixaient du fond de leur cuvette en acier inoxydable, lors des cours de sciences naturelles, à l'école. Couper ces orbites gluantes avait suffi à me détourner du programme de biologie en cycle secondaire – je faisais tout pour éviter les morceaux de viande en dehors d'une cuisine. Cette dissection d'œil fut directement responsable de mon orientation vers une carrière d'ingénieur en mécanique. Il est étrange que je sois confronté ici, dans ce canyon, à cette vieille peur, profondément enfouie.

La montée d'adrénaline m'a mis en sueur. Je pose mon outil sur le rocher et je prends ma bouteille d'eau. Ce n'est pas encore le moment de boire ma prochaine ration, mais cette gorgée, je l'ai gagnée. Alors que les premières gouttes humectent mes lèvres, j'ouvre les yeux et regarde avec détachement le fond vide de la gourde. Je continue d'incliner le récipient, à la fois satisfait de profiter de ma récompense et réticent à aller jusqu'au bout – comme si je bravais un interdit mais que je m'en fichais. Je vais le faire, alors que je ne devrais pas, et cela me procure un malin plaisir.

Vas-y – finis-en avec cette flotte. Ça n'a plus d'importance.

Chaque petite gorgée d'eau me satisfait comme si j'en avalais de grands verres. Je ferme les yeux... Ça fait du bien ! Après trois secondes trop courtes, j'avale la dernière goutte de ma réserve d'eau. Voilà, c'est terminé. Je regarde dans le fond de la bouteille et la secoue, faisant descendre la dernière goutte des parois du goulot.

Terminé. Point barre, il n'y a plus la moindre gouttelette d'eau. Pas la peine de se lamenter. Je revisse le bouchon et je comprends que je viens de vivre un instant que j'anticipais depuis trois jours. C'est fini. Une préoccupation de moins ! Je décide de défaire le garrot. Il rend tout mon bras douloureux et, comme je ne vais pas poursuivre mon amputation, pourquoi supporter une souffrance de plus ? Je desserre lentement le mousqueton et mon bras reprend sa forme naturelle. La circulation se rétablit à un rythme d'escargot. Le sang ne coule pas plus qu'auparavant là où j'ai entaillé mon avant-bras. Je crois que je suis passé à côté des artères. Pourtant, l'hémorragie est bien inférieure à ce que j'imaginais. À croire que le garrot était superflu. Je trouve l'explication : comme le rocher a pincé les artères et les veines de mon poignet, il a réduit la circulation sanguine dans mon bras.

Je sors la caméra du sac et, la tenant cette fois dans ma main, je filme le résultat de mon intervention chirurgicale. Ma casquette, l'encordage et les éléments du garrot, posés sur le rocher, apparaissent sur l'image.

– Cette séquence n'est pas tous publics. Il est un peu plus de 8 heures. À 8 heures précises, j'ai bu ma dernière gorgée d'eau... et... Maman, ne regarde pas...

J'effectue un panoramique passant du rocher à mon bras où apparaît la blessure béante, maculée de sang. J'ai du mal à respirer en regardant les dégâts.

– Je l'ai tenté – courte carrière de chirurgien, comme vous pouvez le constater. Ces lames ne sont pas à la hauteur pour ce genre de boulot. J'ai pratiqué une incision de trois centimètres dans mon bras, profonde de deux centimètres. J'ai coupé dans la peau et les graisses, puis dans une partie du muscle. Je pense avoir coupé un tendon, mais je n'en suis pas sûr. J'ai essayé. Mais ça ne s'est pas passé au mieux. J'ai défait le garrot. Ce qui m'ennuie un peu, car je ne saigne pas beaucoup, à peine en fait. C'est très curieux. On aurait pu s'attendre à ce que plus de sang gicle du trou, mais enfin...

« Je suis foutu, maintenant. Je n'ai plus d'eau.

J'arrête l'enregistrement, plus déprimé que jamais. Avec cette blessure ouverte, j'ai introduit un nouveau concurrent pour la course à la mort. Lequel me tuera le premier : la déshydratation, l'hypothermie, la crue surprise, les toxines de ma main écrasée ou l'infection qui, à cet instant précis, doit commencer dans la blessure que je me suis infligée ?

Se poignarder avec une lame non désinfectée – c'était un coup de génie, mon petit Aron.

En espérant que les saignements ne vont pas empirer, je décide de couvrir ma blessure, pour empêcher la poussière, les insectes et le reste de s'y engouffrer. Je déchire mon T-shirt des Phish et je prépare une bande de coton que j'enroule trois fois autour de mon avant-bras. C'est fait, j'ai mis un pansement sur mon entaille.

Dans un bruit de battement d'ailes, le corbeau passe au-dessus de moi une fois de plus. Je consulte ma montre : 8 h 31. L'oiseau a quinze minutes de retard sur son horaire habituel.

Derrière moi, le canyon se teinte de couleurs pastel. Je sais que le soleil sera plus ponctuel que le corbeau et je remets ma caméra en place pour me filmer dans mon salut au soleil matinal. J'enregistre mon rituel d'étirement des jambes dans le mince rayon de soleil qui se déplace.

– C'est tellement beau là-bas. Pendant... près de vingt minutes, je peux profiter du soleil directement sur mes jambes si je fais un réel effort.

Comme un prisonnier bénéficiant d'une belle vue derrière les barreaux de sa cellule, je ne sais pas trop si la beauté du canyon dans la lumière matinale inspire ma ténacité ou, au contraire, érode ma détermination. Je ne désire qu'une chose : plus de liberté.

Mon esprit s'évade vers mes amis éparpillés dans tous les États-Unis, qui se préparent à une journée de travail. Je me demande si l'un d'eux pense à moi. Je doute fortement que mon absence ait provoqué autre chose que de l'agacement dans les bureaux du premier étage de mon lieu de travail, l'Ute Mountaineer. Théoriquement, mon patron se demande ce qui m'est arrivé, s'il n'a pas déclenché des recherches. Je commence à me remémorer mes amis, nos randonnées favorites et les endroits que nous avons vus ensemble. Pour quelqu'un de vingt-sept ans, j'ai l'impression d'avoir vécu les aventures d'une personne ayant le double de mon âge. J'ai eu la chance de rencontrer des gens sympathiques dans tout ce que j'ai expérimenté, que ce soit des voyages, des concerts, ou des expéditions dans la nature. En pensant à cette kyrielle d'amis et à ma famille, je ne peux que sourire. Les souvenirs ramènent une vague d'espoir. J'oublie toutes mes préoccupations immédiates et l'horreur de mon poignet écrasé sous ce rocher de malheur. Mon humeur bascule : entre la déprime et le plaisir de revivre les meilleurs moments de ma vie, mieux vaut le film de ce passé heureux. Je tiens absolument à enregistrer ce regain de bonne humeur sur la bande vidéo. Je me demande si mes amis auront l'occasion de visionner la bande lors de mes obsèques et cette pensée sinistre me rassure d'une certaine manière – j'imagine une église pleine à craquer, avec mes amis tout en noir, le regard fixé sur un grand écran placé près de l'autel. Je me prépare, ajuste ma casquette, m'éclaircis la gorge et tente d'avaler, ce qui fait claquer mes lèvres tant ma bouche est sèche.

– Je pensais à ce que j'ai dit tout à l'heure, à propos de mes regrets de ne pas m'être investi davantage pour mon entourage. Mais je ne sais pas. Je crois qu'au fond ce n'est pas tout à fait exact.

« Je repensais à mes excursions favorites en compagnie de mes meilleurs copains. Erik et Jon, on s'est bien amusés.

« Sonja, je me souviens de notre voyage à Washington. Et quand nous sommes allés à Havasupai et que j'ai failli me noyer dans le Colorado.

Je ris tout seul, un rire provoqué par l'épuisement. Je me souviens avec ironie des moments où j'ai côtoyé la mort de près.

J'ai fait la liste des moments où j'ai failli mourir et ce sont parmi mes souvenirs préférés, des instants où j'ai éprouvé du plaisir à cause de l'intensité de l'expérience. En dépit des implications psychologiques, j'éprouve un soulagement presque comique en regard de ma situation actuelle et je me demande si j'aurai la même sensation en y pensant si jamais je m'en sors.

– Bien sûr, j'inclus dans ces moments glorieux tous les voyages effectués en famille mais ceux-ci en particulier : papa, nous en avons bien profité, tous les deux, lorsque nous sommes allés à Gettysburg, que nous avons visité les lieux historiques de la Virginie et de la Pennsylvanie. Et la première fois où nous avons exploré les Canyonlands, Zion, Bryce, Capitol Reef Arches et tous ces endroits magnifiques dans le désert. Merci pour tout. Tant de moments formidables avec des personnes merveilleuses.

Je secoue la tête, étonné de ma chance. Mes souvenirs se bousculent dans le désordre ; ma mémoire déverse les grands moments de ma vie en un chaos décousu. D'autres anecdotes me reviennent, toutes plaisantes.

Je sens que la fatigue m'empêche de prononcer des phrases cohérentes. Le simple effort de rester éveillé m'épuise. J'ai besoin d'un peu de repos, mais impossible de dormir. Posant mon coude droit contre la paroi sud du canyon, je soutiens ma tête avec ma main et je continue.

– Zach, merci d'être mon ami, je garde un bon souvenir de notre randonnée sur le Sandia Peak. Quelle rigolade ! J'apprécie tous ces moments, j'ai côtoyé tellement de types géniaux. Rana, tu te rappelles notre balade au Telluride pour voir le groupe Cheese ?

Je souris tellement que mes lèvres desséchées se craquellent. Il me faudrait du baume, mais je ferai ça plus tard. Même la douleur de mes lèvres accentue la reconnaissance que j'éprouve envers les personnes que j'aime.

– Merci à vous tous. Merci pour ces grands moments. J'apprécie chacun de vous du fond du cœur. À tous les parents de mes amis, aussi, merci d'avoir élevé des personnes de qualité qui m'ont aidé dans la vie. À mes potes d'Aspen, avec qui j'ai passé les six derniers mois, vous êtes tous vraiment géniaux. Bryan et Jenn Welker, Bryan Gonzales et Mike Check, merci.

Rachel, tu es une femme merveilleuse. Je vous adore tous. Je vous embrasse.

J'éprouve une curieuse sensation. Je me demande si je vois défiler ma vie entière, mais au ralenti. Pourquoi le cerveau humain réagit-il ainsi à l'approche de la mort ? J'ai toujours pensé que l'on voyait des images de sa famille, comme pour prendre congé d'eux, mais en constatant l'effet que mes souvenirs déclenchent, le surcroît d'énergie positive qu'ils m'apportent, le sentiment de bonheur, je pense que ces images du passé ont peut-être une raison plus profonde. Peut-être que ce défilement des souvenirs heureux de la vie est l'expression de l'instinct de survie, quelque chose d'enfoui dans notre subconscient, le dernier tour que joue notre cerveau pour prolonger sa propre existence. Je suppose que, lorsque l'adrénaline n'a pas suffi à nous entraîner dans un dernier effort, les flashes de mémoire agissent comme un réflexe secondaire et nous motivent pour continuer à lutter quand on ne croit plus à rien. Face à sa disparition imminente, le bulbe rachidien passe en surrégime et nous murmure : « Tu crois que tu es foutu ? Et tous les gens qui t'aiment ? Hein ? Tu vas les laisser tomber ? » Et voilà un dernier sursaut d'énergie. Peut-être est-ce pourquoi on se suicide quand il n'y a personne pour vous dire qu'il tient à vous, ou quand on s'en fiche – pas de flashes de souvenirs heureux, le système de secours ne se déclenche pas. Mieux encore : peut-être est-ce la raison pour laquelle le cerveau emmagasine les souvenirs ? Pour donner un coup d'aiguillon sur un corps têtu lorsque le moment de la fin approche. Je ne sais pas. Profitons de ce coup de tonus et oublions les interrogations psycho-je-ne-sais-quoi. Je me sens bien, c'est le principal.

Midi. J'attends la mort, enchaîné à la paroi du canyon. Maintenant que j'ai l'habitude d'être assis dans mon baudrier, j'ai trouvé la position la plus confortable pour mes genoux, la bonne hauteur pour la daisy-chain et l'emplacement idéal pour le coussin de corde qui amortit mes tibias. J'ai pris soin de mon corps de la façon la plus astucieuse en fonction des ressources dont je disposais. Curieusement, j'ai encore envie de pisser.

Avant d'ouvrir ma braguette, je décide de transvaser la partie la plus claire de l'urine que j'ai conservée dans mon Camelbak vers ma bouteille vide. Ce n'est pas évident. Je serre la bouteille entre mes cuisses et la maintiens immobile pendant que je tiens avec les dents le haut du Camelbak. J'incline le réservoir avec mon unique main valide en prenant soin de laisser les sédiments au fond. Il ne reste que la lie. Je ferme la bouteille et la pose sur le rocher et je verse le contenu du sac souple derrière mes pieds. Dégueulasse ! Ce truc pue vraiment. Je m'autocongratule :

Très bien, tu t'es débarrassé des mauvaises matières.

Je pisse à nouveau dans le Camelbak et referme le goulot. Le fluide est sombre. Il dégage une odeur âcre. Je vais le laisser refroidir et décanter. Le goût est moins pénible quand c'est froid.

Vers 13 h 30, j'éprouve le besoin de prier une fois de plus. Cette fois, il ne me reste qu'une seule option : attendre la mort ou les secours – la mort est plus probable. Au lieu de demander un soutien, je demande de la patience.

– Mon Dieu, c'est encore Aron. J'ai encore besoin de votre aide. La situation ne s'améliore pas. Je n'ai plus ni eau ni nourriture. Je sais que je vais mourir bientôt, mais je veux partir naturellement. J'en ai décidé ainsi : quoi que je doive endurer, je ne me suiciderai pas. Au point où j'en suis, je ne crois pas que je survivrai un jour de plus – je suis là depuis trois jours, déjà –, je pense que je serai mort avant mercredi midi. Mais s'il vous plaît, mon Dieu, accordez-moi la force de ne rien faire contre moi-même.

J'irai jusqu'au bout, quelle qu'en soit la fin.

Cela fait exactement trois jours pleins que je suis coincé. Je n'ai plus une goutte d'eau fraîche à boire, plus aucune solution pour me libérer. À 15 heures, n'ayant plus aucune décision à prendre, mon existence est réduite à très peu de chose : prendre soin de moi du mieux que je peux, physiquement et mentalement. Côté physique, je n'ai besoin de rien avant la tombée de la nuit – l'après-midi est le moment le plus chaud, il me suffit donc de changer la position de mon corps pour favoriser la circulation sanguine.

Pour l'instant, mon corps n'a aucune exigence et je peux consacrer toute mon attention sur mon cerveau. Comme je ne dors pas, les stimulations extérieures semblent à peine réelles et j'ai parfois des hallucinations. J'ai entendu des voix par deux fois depuis que j'ai résolu le mystère du nid de rat. Ce n'étaient pas de véritables bruits, mais plutôt des inventions de mon esprit pour ébranler le silence du canyon. Ma pensée consciente n'est reliée à la raison que par un fil mince et fragile. Je me méfie de la moindre chose qui pourrait me conduire à une décision irrationnelle et dangereuse. Le temps passe plus vite lorsque je fais appel à ma mémoire pour évoquer des souvenirs. Je retourne sans cesse dans le passé. Je me suis rendu compte que j'avais oublié de citer certains amis très proches dans ma vidéo ; c'est l'occasion de reprendre mon enregistrement.

Ma respiration laborieuse résonne dans le canyon. Je tente de la réguler avant de commencer à parler, mais je dois faire une pause au bout de quelques mots. La fatigue a atteint les muscles de mon cou et je suis contraint de maintenir ma tête avec ma main gauche, comme je l'ai fait plus tôt.

– Je poursuis. Je pensais à Mark Van Eeckhout, à tous les moments exceptionnels que nous avons passés ensemble : notre randonnée à Aravaipa, notre descente à ski du Williams Peak, près de Flagstaff, et notre mémorable journée dans la poudreuse, à Wolf Creek. Parmi mes expéditions favorites en montagne. Quels souvenirs !

J'affiche un sourire épuisé. Après une pause, je change de sujet. Je ne dois pas négliger les questions financières, que ma famille va devoir régler.

– Parlons un peu finances, maintenant. J'ai des actions Compuserve, UBS Paine Webber. Toutes les informations sont rangées dans les valises, sous mes penderies, à Aspen. J'ai revendu les actions Delphi, mais j'ai encore des GM. Elles peuvent aller à Sonja, ou à papa et maman, si vous en avez l'usage. Pour le personnel des équipes de sauvetage qui récupèrent les morts, je crois qu'il serait juste de prévoir un don.

Je me félicite d'avoir pensé à tout pour faciliter la tâche de mes parents qui devront régler ma succession. Mais, en réalité, je ne pense qu'à une chose : nourriture et boisson. Des produits succulents, frais, comme des fruits, des desserts glacés.

– C'est dingue, je n'arrête pas de penser à du jus de pamplemousse, à une margarita, à des choses que j'aimerais bien avaler. Une orange, une mandarine. C'est vraiment pénible, il faut que je pense à autre chose.

« Je crois que dans le meilleur des cas quelqu'un a dû maintenant prévenir papa et maman. Vous devez savoir que je suis porté disparu. Enfin... je ne sais pas.

Je voudrais que mes parents sachent qu'au moment où ils ont appris que j'avais disparu j'étais encore en vie.

Environ quarante minutes plus tard, un peu avant 16 heures, je déballe ma dernière bouchée de burrito de son sac en plastique. La pâte est toute desséchée. Le morceau que j'ai avalé à midi avait un goût de carton, idéal pour absorber les dernières gouttes de liquide que contient mon organisme. Une fois de plus, je pèse le pour et le contre de ce que je m'apprête à faire. Est-ce que cette dernière portion de nourriture va me déshydrater plus qu'elle ne me nourrira ? Je ne sais pas. Mais j'ai faim. Les indications sur l'emballage me renseignent. Au cours des dernières soixante-douze heures, j'ai absorbé un total de cinq cents calories avec mes deux burritos. J'imagine qu'avec ce qui reste je dispose encore d'une cinquantaine de calories. Lorsque je suis actif, je mange deux fois la quantité moyenne de nourriture d'un adulte normal, entre quatre et cinq mille calories par jour. Depuis samedi, je n'ai pratiquement rien mangé et mon organisme se consume lui-même pour rattraper la différence. Que je l'avale ou pas, le petit bout ne fera pas une grosse différence, mais, au moins, je pourrai satisfaire mon estomac. J'ingurgite le morceau de burrito, je mâche pendant une vingtaine de secondes, puis je bois une gorgée d'urine pour faire passer. C'est infect ! Je fais la grimace. Il me faut mastiquer pendant encore un bon moment, puis je finis par avaler ce truc dégoûtant, en buvant encore un peu d'urine vraiment amère. En tout cas, je n'aurai pas à recommencer ce supplice, puisque je n'ai plus rien à manger. J'ai léché les emballages de mes barres sucrées, récupéré les miettes de mes muffins et avalé les deux burritos. Voilà, c'est fini. Je suis maintenant au strict régime urine.

Je reprends ma caméra vidéo pour m'occuper la tête. Je vais dire que je viens de terminer ma réserve de nourriture. Je me filme. Je parle très lentement, en faisant de longues pauses entre chaque phrase. Je remarque que le timbre de ma voix est monté d'un ton et je me demande si c'est la déshydratation qui me tend les cordes vocales.

– Mardi, 16 heures. La température est d'environ dix-huit degrés. Je refais encore une fois mes petits calculs. Il reste très peu d'espoir. Je viens de manger ma dernière portion de burrito et j'ai dû la faire passer avec une gorgée d'urine. Le liquide semble plus dense au fond de la bouteille, mais ce n'est tout de même pas de la citronnade. Voilà ce que j'aimerais boire, de la citronnade. Je ne voulais pas conclure sans avoir dit « je t'aime » à grand-mère et grand-père – les deux couples, les Anderson et les Ralston. Eh, les grands-pères, on se retrouvera bientôt là-haut ! Quant à vous, mes deux grands-mères, je vous adore toutes les deux. Toute la famille de l'Ohio, je ne vous oublie pas non plus. Je suis fier d'être un membre de cette famille.

J'ai envie de voir ma famille, mais je sais que le compte à rebours est déclenché. Je vais bientôt mourir. La nuit va être difficile.

10

Sauvetage : premières étapes

Dum spiro spero
Partie de la devise officielle de la Caroline du Sud. Littéralement : « Tant que je respire, j'espère. » Ou, plus communément : « Tant qu'il y a de la vie, il y a de l'espoir. »

Samedi après midi, Kristi et Megan, après m'avoir quitté, marchèrent le long de la West Fork du Blue John Canyon et s'arrêtèrent pour déjeuner. Les deux jeunes femmes bavardèrent avant d'emballer soigneusement les restes de leur repas et de continuer leur promenade. Un peu plus tard, elles s'égarèrent, incapables de se repérer sur leur carte. Revenant en arrière, puis remontant en aval du canyon, elles perdirent une heure à essayer de comprendre les instructions de leur guide.

– Si nous remontons par la droite, nous devrons passer par le canyon de droite. Je ne crois pas que ce soit le bon chemin.

Kristi montra les deux branches parallèles en amont :

– Et ce ne sera pas facile d'essayer de passer ce rebord, dans le canyon de gauche.

– Oui, et je n'escalade pas ce ressaut non plus. Mais par où passer ? demanda Megan.

La paroi de grès, face à elle, était décourageante. En feuilletant son guide, elle trouva la page concernant le Blue John Canyon.

– O.K., voilà. D'après le bouquin, il faut suivre le flanc est et l'on tombe sur deux sections pentues. Mais on est certaines que c'est bien le flanc est ?

– Je ne crois pas. L'est est plus en aval, d'où nous venons. Nous sommes en train de remonter la West Fork, donc, nous allons vers l'ouest. Je n'y comprends rien. Je peux revoir la carte ? demanda Kristi.

Megan lui passa le plan, en suivant des doigts le dessin du guide.

– Merde, si Aron était là, il aurait trouvé en un rien de temps.

Elle soupira et recommença son cheminement sur la carte.

– D'accord, c'est là que j'ai laissé mon vélo, au départ de la West Fork. Et nous sommes ici... ou quelque part par là. Nous n'avons pas quitté le cours principal. Oui, on doit tourner à gauche. Alors pourquoi lit-on qu'il faut aller à droite ?

– Mais... Bien sûr ! Kristi ! Nous sommes vraiment idiotes. Le « petit cours » est sur notre gauche. Il doit être un peu plus haut, quelque part.

Elle indiqua sa gauche.

– C'est sûr ! Quelles crétines ! C'est ridicule. Comment a-t-on pu louper ça ?

Kristi était mortifiée de s'être fait avoir comme une débutante (elle tenait la carte à l'envers).

Megan trouva une saillie sur leur gauche. Elles la suivirent jusqu'en haut de la falaise, qu'elles parcoururent. Deux heures plus tard, bien après 17 heures, elles rejoignirent la piste principale, là où la bicyclette de Kristi était enchaînée à un sapin. Pour savoir qui prendrait le vélo, elles jouèrent à pile ou face et Kristi perdit. Elle devrait pédaler jusqu'à l'endroit où elle avait garé son camion, au départ de piste de Granary Spring. Pendant le parcours sur le plateau, Kristi chercha mon vélo. Si elle avait su où regarder, elle l'aurait trouvé, appuyé sur un genièvre à cent mètres à gauche de la route, à mi-chemin du départ de piste. Quand elle hissa sa bicyclette sur le toit de son pick-up et repartit chercher Megan, elle pensa qu'elles avaient mis trop de temps à sortir du canyon et qu'elles avaient loupé le rendez-vous.

Arrivée près de sa copine, Kristi baissa la vitre et plaisanta :

– Eh, vous ! Je vous dépose quelque part ?

Installées dans la cabine, les deux filles remplirent leurs gourdes et se désaltérèrent. Megan eut des scrupules.

– On ne devrait pas revenir au parking du Granary Spring, pour attendre Aron ?

– Je crois qu'il est allé plus vite que nous, en fait.

Megan n'était pas d'accord.

– Impossible. Il avait encore seize kilomètres de marche à faire. Il ne peut pas avoir fini avant nous.

Kristi objecta :

– Mais j'ai cherché son vélo et je ne l'ai pas vu. Il n'y avait pas beaucoup d'endroits pour le planquer dans les parages. Je crois qu'il ne nous a pas attendues. Il a sûrement pris la route pour Goblin Valley, pour aller à cette fête.

Megan était persuadée que Kristi n'avait pas trouvé mon vélo et que je serais là dans deux ou trois heures.

– Tu ne crois pas qu'on devrait retourner là-bas, pour voir s'il se pointe ?

Kristi s'inquiétait pour l'essence. Elle savait que la prochaine station se trouvait à plus de quarante kilomètres. Elle hésita.

– Si on continue les allées et venues, on n'arrivera pas à Hanksville. Il reste de quoi rouler cinquante kilomètres – nous devrions aller prendre de l'essence et on le retrouvera à Goblin Valley avant la nuit.

Les deux copines filèrent jusqu'à Hanksville pour faire le plein et manger un hamburger.

Une heure plus tard, pendant que Brad et Leah fonçaient sur les pistes désertiques de Goblin Valley, Kristi et Megan prirent la direction du State Park pour rejoindre la même fête. Un grand panneau indiquait que le camping était complet. Kristi s'arrêta pour réfléchir.

– Est-ce qu'on devrait aller jusqu'au camping pour essayer de trouver cette fête ? demanda Megan.

– Je ne sais pas, répondit Kristi en rigolant avant de reprendre : drôle de journée. Pleine de décisions à prendre... On attend ou on va chercher de l'essence ? On passe par ici ou par là ?

– Ce serait sympa, mais je suis fatiguée, dit Megan.

– Moi aussi. Mais ce sera sympa.

Megan ajouta :

– Tu sais ce qui va se passer ? On y va, tout le monde picole, et nous aussi, on va picoler. Ensuite, il fera nuit. Le camping étant complet, on sera un peu bourrées et on devra rouler dans le désert pour trouver un endroit où camper.

Persuadées qu'elles me retrouveraient au Little Wild Horse Canyon le lendemain matin, Kristi et Megan firent demi-tour et repartirent dans cette direction, jusqu'au bout de la route goudronnée. Elles bifurquèrent dans un chemin de traverse où elles campèrent pour la nuit. Le dimanche matin, elles prirent tout leur temps pour se préparer et se rendirent au parking de Little Wild Horse. Elle s'arrêtèrent à côté d'un pick-up Toyota et c'est Kristi qui le remarqua.

– Tu te souviens de la marque de la voiture d'Aron ?

– Euh, je ne crois pas qu'il nous l'ait dit, répondit Megan, encore un peu fatiguée des efforts de la veille dans le Blue John.

– Ce Toyota pourrait bien être le sien. Il a des skis sur le toit et un porte-vélo. Et les plaques d'immatriculation sont celles du Colorado. Je te parie que c'est son camion.

– Il est probablement déjà dans le canyon, supposa Megan.

Kristi approuva.

– Oui, il est déjà 11 h 30. Il est sûrement parti.

– On devrait laisser un mot sur son pare-brise avec nos e-mails, au cas où on ne le retrouverait pas dans le canyon.

– Et si ce n'est pas son camion ?

Megan avait l'habitude d'échanger son adresse e-mail avec les gens qu'elle rencontrait, pour organiser de futures randonnées, ou les inviter à Moab. Elle était étonnée de ne pas l'avoir fait la veille.

– Tant pis, ils jetteront le mot.

– Ce canyon n'a qu'une sortie. S'il est là, on le verra quand il sortira, dit Kristi.

– D'accord. Et si on déjeunait avant de partir, pour voir si Aron se pointe ?

– Je n'ai pas encore faim.

Kristi était pressée de se lancer dans une nouvelle excursion.

Pendant qu'elles marchaient, Megan continuait à se demander si elles allaient tomber sur moi à Little Wild Horse.

– Tu crois qu'il est déjà venu et reparti ?

Kristi hésita quelques secondes.

– Écoute. Soit il s'est levé très tôt et il est déjà reparti, soit il a la gueule de bois et il a décidé de se reposer.

– Pourquoi ne lui a-t-on pas demandé son numéro de téléphone ? se lamenta Megan.

– On allait se revoir plus tard dans la journée.

– Oui, mais c'est bizarre. Normalement, on aurait échangé nos téléphones, ou nos e-mails, et on ne l'a pas fait. Il était vraiment sympa. C'était génial de le rencontrer dans le canyon. En plus il nous a accompagnées.

Les deux filles passèrent une bonne matinée à explorer le goulot étroit du Little Wild Horse. À la fin, elles rebroussèrent chemin et retournèrent vers la zone de stationnement. Le dimanche après-midi, après avoir emballé leurs affaires dans le pick-up blanc de Kristi, elle repartirent vers Moab via Green River. Megan se demandait ce qui m'était arrivé, mais ni l'une ni l'autre ne s'inquiétèrent.

Jeudi matin, après m'avoir aidé à dégager mon camion embourbé, mes amis Brad et Leah quittèrent le secteur du mont Sopris, près de Carbondale, et prirent la magnifique route du McClure Pass pour filer vers le sud-ouest de l'État du Colorado. Il faisait déjà nuit quand ils arrivèrent à Silverton, où ils dormirent à l'arrière du camion de Brad, garé dans Main Street. Leah était enceinte de quatre mois ; elle partit le lendemain avec sa mère pour une journée de shopping à Durango pendant que Brad allait skier sur la Silverton Mountain avec des collègues de travail d'Aspen. Ils avaient mis de côté leurs pourboires de toute la saison pour s'offrir une randonnée sur des pistes uniquement ouvertes aux connaisseurs. Le coût des remontées dépassait les cent dollars, mais le tarif comprenait un guide et un parcours exceptionnel hors piste, auquel les fous de poudreuse ne pouvaient pas résister. Ce soir-là, Brad et ses copains restèrent à Silverton, dans une chambre d'hôtel, pour se remettre des effets de la bière locale consommée à un festival des artisans brasseurs. Après un départ tardif le lendemain matin, Brad se rendit à Durango pour retrouver Leah. Ils prirent la Devil's Highway, la route 666, qui traverse le désert de l'Utah. Samedi, en fin d'après-midi, Leah surveillait leurs téléphones portables pendant qu'ils roulaient sur la Highway 95. Ils attendaient mon appel pour préciser notre rendez-vous du soir dans la Goblin Valley.

Vers 19 heures, ils se dirigeaient vers le San Rafael Swell. Leah remarqua que le niveau de réception de son portable faiblissait. Ils n'avaient de signal que lorsque leur véhicule se trouvait légèrement en altitude.

– Et si on l'appelait ? suggéra Leah.

– Aron n'a pas de portable. Il a dit qu'il appellerait pour demander le chemin.

– Tu sais quoi ? Avant de nous enfoncer trop loin et de perdre la réception, nous devrions vérifier les messages. Retourne sur le petit monticule, là-bas, j'avais un signal suffisant, dit Leah.

Brad fit demi-tour.

– O.K., arrête-toi là, sur cette petite colline.

Leah écouta les trois messages qu'elle avait sur son téléphone, mais aucun ne venait de moi.

– C'est bizarre qu'il n'ait pas appelé. Est-ce qu'il a dit qu'il viendrait vraiment ?

Brad répondit :

– Il n'a jamais dit ça. Je lui ai parlé de cette fête et lui ai dit que nous y serions. Je lui ai précisé qu'il y aurait beaucoup de gens d'Aspen que nous connaissions. Il avait l'air intéressé, et il a ajouté qu'il appellerait pour demander à quel endroit ça se passait.

– Il a peut-être décidé de ne pas venir. Est-ce qu'on attend ici, pour voir s'il appelle ? dit Leah.

– Il n'avait pas décidé de son programme avant son départ. Il voulait seulement grimper et marcher. Tu sais, faire des trucs hors saison. Je ne lui ai pas demandé de m'écrire noir sur blanc s'il comptait venir. Je crois qu'on devrait continuer pour trouver ce panneau d'affichage.

Un des amis de Brad avait promis de laisser des directives plus précises collées sur une affiche, à l'entrée du State Park, pour indiquer les éventuels changements de dernière minute.

Peu de temps après, le pneu arrière gauche creva. Brad découvrit que la pression dans la roue de secours était, elle aussi, très basse. Le couple continua à se diriger vers le Goblin Valley State Park en roulant à petite allure. Brad trouva les indications. Il suffisait de tourner à gauche dès qu'ils apercevraient le « Scooby-Doo » en peluche perché sur un genièvre. Brad avait le soleil couchant droit dans les yeux. Le pare-brise poussiéreux ne laissait rien voir. Ils dépassèrent la bifurcation menant à la fête et tournèrent en rond jusqu'à la tombée de la nuit.

Épuisés par leurs pérégrinations à la vitesse de l'escargot ils cherchèrent un endroit pour se garer et passer la nuit. Ils n'étaient pas déçus d'avoir loupé la fête. Il y en aurait beaucoup d'autres. Le dimanche matin, ils roulèrent sans but dans les parages et tombèrent sur des participants de la fête, allongés, disséminés sur le sol du désert, comme si un avion s'était écrasé dans un ravin. Un de leurs copains trouva assez d'énergie pour les emmener à Green River réparer leur pneu.

Brad et Leah partaient en voyage de noces aux Bahamas, ils avaient d'autres préoccupations. Il leur restait deux jours à Aspen pour les préparatifs. Ils pensaient me retrouver lundi soir, à Spruce Street.

Lundi fut une journée agitée dans la maison. Mes colocataires se préparaient pour la première fête de l'après-saison. Les quatre domaines skiables d'Aspen étaient maintenant fermés, la saison des sports d'hiver touchait à sa fin. Après avoir bossé avec moi à l'Ute tout l'hiver, Leona Sondie partait s'installer à Boulder, où elle comptait prendre un boulot de paysagiste pour l'été. Elliott Larson emménageait pour rejoindre son équipier de compétition de VTT, Joe Wheadon. Brian était de retour après une absence de deux mois – son accident de ski en janvier l'avait forcé à retourner chez ses parents, dans l'Ohio. Quant à moi, je devais être de retour. Ce serait une des rares occasions où nous serions tous réunis. La fête aurait lieu en semaine, mais cela avait peu d'importance ; les invités n'auraient pas de responsabilités sérieuses à assumer le lendemain, la fin de la saison allégeait la charge de travail. L'organisation de cette soirée consistait à aller chercher un baril de bière, des provisions pour les grillades, et il fallait s'occuper de la décoration de la maison avec des éclairages appropriés, sans oublier de confirmer les invitations pour cinquante personnes et de relever la porte du garage pour gagner un peu d'espace.

Notre maison du 560, Spruce Street avait le style typique des vieilles bâtisses du quartier de Smuggler Mine d'Aspen. Elle avait subi plusieurs transformations au cours de ses cent quinze années d'existence. C'est pourquoi elle avait un aspect un peu hétéroclite, avec un rideau métallique déroulant monté dans le mur du salon. La Smuggler Mine Company avait fait construire le bâtiment comme une sorte de laboratoire où des assesseurs pesaient le minerai d'argent et mesuraient sa pureté. En 1894, lorsque la plus grosse pépite d'argent au monde fut extraite, elle avait dû passer par le 560, Spruce Street pour évaluation, bien qu'avec le krach de 1893 le cours de ce métal se soit effondré. Posée sur la balance des assesseurs, la plus grosse pépite au monde n'avait plus alors qu'une valeur anecdotique.

Après-guerre, le bureau fut transformé en un appartement d'une pièce. Puis l'endroit fut encore étrangement modifié. La cuisine entourait une sorte de salle de bains improvisée, avec deux entrées pour la douche, dont une, juste derrière l'évier ! L'espace boutique, puis garage, y compris le rideau métallique, devint le salon. Dès le printemps, on pouvait relever le rideau métallique et profiter plus amplement du soleil et de la brise.

Lundi soir, les amis commencèrent à arriver. Parmi eux, Brad, Leah et Rachel Polver. Avant le coucher du soleil, toutes les grillades avaient déjà été consommées. Rachel trouva curieux que je ne sois pas là, étant donné mon insatiable appétit, mais Leona la rassura. La fête battait son plein et les copains continuaient d'affluer. La musique résonnait dans la nuit et mes colocataires se demandaient où diable je pouvais bien être.

Un gobelet de bière à la main, Elliott posa la question :

– Vous n'avez pas vu Aron ? Je croyais qu'il travaillait demain.

– Il doit encore être en vadrouille. Je ne l'ai pas vu depuis mercredi. Il était au courant de la soirée ? demanda Brian à Leona.

Leona répéta ce qu'elle avait déjà dit à Rachel :

– Oui, quand il est parti, il nous a affirmé qu'il serait là ce soir. Je lui ai dit que je partais mardi et que ce serait probablement la dernière fois qu'on se verrait. Il m'a promis d'être là. C'est ma soirée d'adieux. Il n'a pas intérêt à la louper, sinon, il va en entendre parler.

– Quelle heure est-il ? S'il arrive trop tard, il va s'écrouler sur son lit.

Elliott craignait que, si je rentrais fatigué en voulant aller me coucher, ils ne doivent abréger la soirée.

– Il aura du mal à s'endormir, avec le boucan qu'on fait. Peut-être qu'il y a pensé et qu'il s'est arrêté pour dormir quelque part.

– Ce serait plus sympa que de ficher tout le monde à la porte. J'ai l'impression que ça va se terminer tard, dit Brian.

Il avait raison. Bien qu'il se soit couché peu après minuit, il était plus de 2 heures du matin quand Joe et Leona raccompagnèrent les derniers invités.

Mais mardi matin, à 8 h 15, je n'étais toujours pas arrivé à l'Ute Mountaineer pour ma journée de boulot. Mon patron, Brion After, appela à la maison. Leona venait de se réveiller, elle titubait à moitié dans sa chambre, encore un peu sonnée par les excès de la veille.

– Allô, Leona ? C'est Brion. Est-ce qu'Aron est là ?

Brion avait l'air plus curieux qu'inquiet.

– Quoi ? Non. Il n'est pas au magasin ?

Leona fut complètement réveillée par l'inquiétude.

– Non, il n'est pas là et n'a pas appelé. Je pensais qu'il avait oublié de se réveiller. Est-ce que son camion est là ?

Leona fit le tour de la maison, téléphone sans fil à la main. Elle regarda par la fenêtre de la cuisine pour voir si mon véhicule était garé. Elle pensait que j'avais profité jusqu'au dernier moment des vacances et que j'irais directement travailler en sautant de mon camion. Elle alla vérifier dans ma chambre, mais aucun signe de présence. Ce n'était pas normal.

– Il a fait comme moi, il a joué les Leona ? Peut-être qu'il s'est trompé dans son planning...

Brion et Leona se mirent à rire. Elle avait la réputation de se tromper dans ses horaires de travail et elle s'était pointée au magasin un jour où elle ne devait pas travailler.

– C'est possible, mais, en partant, il a dit : « À mardi. » Il savait qu'il était programmé aujourd'hui, dit Brion.

– Il doit encore être sur le chemin du retour. Peut-être qu'il sera là dans une heure, ajouta Leona.

– Peut-être. Je dois y aller, mais je rappellerai plus tard. Quand pars-tu ?

– Dans une heure, quand j'aurai chargé la voiture.

– D'accord. Appelle-moi si tu le vois, dit Brion.

– O.K., salut.

Leona raccrocha. Elle était inquiète. Elle commença à mettre ses affaires dans sa voiture. Mais plus l'heure du départ approchait, plus elle s'angoissait.

Sachant que je n'avais jamais eu plus d'un quart d'heure de retard, Brion, lui aussi, commençait à s'inquiéter. Il descendit dans le magasin à 8 h 30 pour interroger un autre employé, Sam Upton.

– Tu n'as pas vu Aron ?

– Non. Il doit refaire l'étalage des affaires de camping ce matin, non ?

Ignorant la question de Sam, Brion insista :

– Il n'a pas appelé, ou fait signe ?

Sam sentit la tension dans la voix de Brion.

– Non. Il y a un problème ?

– Je ne sais pas. Je viens de parler à Leona et il n'est pas chez lui. Elle dit qu'il ne semble pas être rentré. La seule fois où Aron a eu plus de cinq minutes de retard, c'est lorsqu'il a eu cet accident, au Pearl Pass.

Sam demanda :

– Tu crois qu'il lui est arrivé quelque chose ?

– Je n'en sais rien. Tout ce que je peux dire, c'est que ce n'est pas son genre. Il a peut-être eu un problème grave.

– Il pourrait s'être perdu, ou blessé. Mais je doute qu'il se soit perdu – il a toujours sa boussole et sa montre-altimètre, et il sait très bien s'en servir, répondit Sam.

– Oui, je sais. Ne paniquons pas. Aron est assez costaud pour s'en sortir s'il lui arrive quelque chose. Rien ne le ralentirait, à part une jambe cassée. Et encore, dans ce cas, il serait capable de ramper. Il lui faudrait du temps, mais il s'en sortirait. Laissons-lui vingt-quatre heures, conclut Brion.

Sam approuva.

Leona appela toutes les heures. Elle discuta avec Brion et Paul Perley, le directeur général. Elle leur raconta en détail la dernière fois qu'elle m'avait vu, mercredi soir, près d'une semaine auparavant.

– Il avait sorti ses malles d'équipement d'escalade et ses affaires de vélo. Il allait faire un peu d'escalade, un peu de canyoning et peut-être du VTT. Il a préparé ses affaires sans arriver à se décider : « Je devrais prendre ceci, juste au cas où j'utiliserais le vélo » et « Ah, je devrais emmener ça au cas où je grimperais ». D'habitude, il planifiait tout, mais cette fois je ne pense pas qu'il savait où il voulait aller. Il m'a dit qu'il filait dans l'Utah, dans la région des Canyonlands. Mais est-il vraiment allé jusqu'au désert ?

L'après-midi passant, Brion confirma sa décision.

– On doit lui laisser jusqu'à demain matin, 9 heures. Tout alpiniste voudrait qu'on lui laisse une chance de s'en tirer tout seul avant d'envoyer les hélicoptères. S'il n'est pas là demain matin, j'appellerai ses parents et lancerai les procédures de recherche.

Mardi soir, vers 18 h 30, en sortant de leur travail, mes colocataires Brian et Joe étaient assis dans le salon, sirotant la bière qui restait après la fête.

– Alors, qu'est-ce qui se passe avec Aron ? demanda Joe.

– Toujours pas rentré. Je crois que Leona a parlé aux gens de chez Ute ce matin. Il ne s'est pas présenté au boulot.

– Qu'est-ce qu'on devrait faire ? Appeler les flics ?

Si Joe n'était pas très chaud pour le faire, Brian, lui, pensait que c'était peut-être une bonne idée.

Il sortit l'annuaire et chercha le numéro du commissariat de police d'Aspen. On décrocha dès la première sonnerie.

– Un de nos amis aurait dû rentrer hier soir. Nous pensons qu'il a pu rencontrer un problème. Nous sommes inquiets, sans plus. Que pouvons-nous faire ?

– Nous pouvons émettre un avis de recherche. Vous dites que l'individu a disparu depuis vingt-quatre heures ? répondit l'officier de permanence.

– Oui. Il aurait dû rentrer de l'Utah hier et il ne s'est pas présenté à son travail aujourd'hui.

– Quel est son nom ?

Brian donna mon signalement – nom, âge, taille, poids et description – à la police. Le tout fut enregistré dans le système informatique.

– Avez-vous le numéro d'immatriculation de son véhicule ?

– Oui, attendez, je crois que nous l'avons.

Brian se rendit dans ma chambre et trouva un vieil itinéraire de mon ascension des Bells, deux mois auparavant. Le numéro de ma voiture y figurait – NM846-MMY – ainsi que l'année et le modèle du véhicule.

– Où pensez-vous qu'il se soit dirigé ? L'Utah ?

– Je sais qu'il allait skier sur le mont Sopris jeudi, mais il avait du matériel cycliste. Je crois qu'il partait pour Moab, dans l'Utah.

– Des précisions supplémentaires, ou seulement la région de Moab ?

– Rien de plus. D'habitude, il laisse toujours un itinéraire, mais cette fois il est parti sans rien préciser.

– Bon, c'est toujours un début.

Ils raccrochèrent.

Mais le policier de permanence omit d'expliquer à Brian qu'en fait je n'avais pas disparu depuis assez longtemps pour que la police intervienne.

11

Cinquième jour : dans un état second

La véritable évaluation d'un choix est : « Referais-je le même choix ? »

Personne ne peut imaginer les conséquences d'un choix qu'il ne comprend pas.

Gloria FOSTER,
dans le rôle de l'Oracle dans *Matrix Reloaded*

Des visages d'ivoire me sourient. Chauves, pâles et irréels, ils semblent sortis des parois d'une matrice rougeâtre. Ces parois ressemblent à celles d'un tube de tissus organiques, un tunnel fibreux, pulsant par vagues, comme si je me trouvais à l'intérieur d'un vaisseau sanguin de trois mètres de diamètre. Dans ce rêve éveillé, je me penche et j'effleure cette matière spongieuse avec mes doigts. Elle réagit à mon toucher par des caresses avenantes. Comme si j'avais déclenché ma libération, je sens que j'avance le long de ce tube, comme propulsé par des vagues. Une pulpe filandreuse se colle à mon visage et à mes bras avec la douceur invisible d'un pétale de fleur sauvage, alors que je flotte dans les méandres du passage. Passant devant les visages, je distingue vaguement leur expression animée dans ma vision troublée. Ils ressemblent à des mimes qui m'appelleraient, mais dont je n'entendrais pas la voix. Impossible de déterminer leur sexe, mais ces têtes paraissent avoir mon âge ou un peu plus. En fait, je me sens très à l'aise dans cette étrange atmosphère, comme si ces visages étaient des amis – ou plus exactement comme si ces personnages avaient les traits de mes amis.

C'est agréable, mais aussi inquiétant. Que se passe-t-il ? Où suis-je ? Est-ce un rêve ? Et où est le canyon ? Je sens un appui plus ferme et, soudain, là, devant moi, le tunnel se met à grimper. Jusqu'ici, je ne me suis déplacé qu'à l'horizontale, sans avoir conscience de la force de gravité, alors que maintenant c'est comme si j'escaladais un circuit de montagnes russes. Plus de visages, juste les parois de ces murs glissant dans une progression monotone, minute après minute. À quelle hauteur suis-je monté ? Plusieurs centaines de mètres, j'imagine. La force de ces pulsations devient plus subtile, en dépit d'étranges vibrations qui accentuent cette sensation de me trouver sur le chariot d'une attraction de fête foraine. Une pression s'exerce sur mes jambes, mes reins, mon torse, mon dos.

Les vibrations s'intensifient, je suis de plus en plus secoué. Maintenant, je veux savoir ce qui se trouve au bout de cette pente. J'ai idée que ce sera une sorte de porte d'entrée. Je veux la voir, peut-être même la franchir, cette porte, mais, curieusement, je sais que je serai libéré de ces délicates parois qui m'entourent avant de passer cette entrée. Les vibrations provoquent en moi des spasmes terribles. Je n'arriverai pas jusqu'au bout, je ne saurai pas ce qui se trouve après cette montée. Je me détache... de violentes secousses m'arrachent des parois évanescentes de cette artère géante. Sans leur soutien, j'effectue une roulade en arrière, comme suspendu au ralenti, tremblant violemment, comme si j'allais brusquement exploser. Le noir efface le tunnel rougeoyant et mon état onirique s'achève en frissonnements réels. Mon corps essaie de se libérer des serres noires du canyon.

Mardi soir. Le soleil vient de se coucher et mon esprit éprouvé par le manque de sommeil se fabrique une liberté illusoire.

Distrait par la fatigue et la relative chaleur de la journée, je ne me suis pas préparé, mais la fraîcheur du soir annonce une lutte épuisante. Ce matin, avant ma tentative d'intervention chirurgicale, j'avais enlevé mon short de cycliste en Lycra. Sûr de réussir, j'avais prévu d'utiliser les partie rembourrées comme bandage absorbant pour le moignon. Bien que n'ayant aucune formation dans le domaine de la médecine d'urgence, je suis fier d'avoir couvert autant de besoins sanitaires. Je suis presque déçu. Je n'aurai pas l'occasion de tester leur efficacité. J'ai décidé d'oublier toute idée d'amputation. J'ai désormais la preuve qu'il serait impossible de me couper les os. Limité par mes capacités de plus en plus amoindries, toute nouvelle tentative de me couper le bras serait un véritable suicide.

La mort par déshydratation va déclencher des souffrances psychologiques plus terribles que je ne l'imaginais samedi dernier. Le manque d'eau me hante en permanence, le Léviathan indomptable du désert se rapproche de moi d'heure en heure. L'insomnie aggrave l'angoisse. Mon cerveau m'entraîne dans la quatrième dimension. Je ne suis plus dans le continuum espace/temps habituel. Minute après minute, le manque de sommeil anéantit mes repères mentaux. Vu l'état lamentable dans lequel je suis, ce sera un miracle de survivre jusqu'à demain matin. Mais j'ai dépassé mes prévisions : je pensais ne pas tenir jusqu'à mardi soir. Peut-être vais-je survivre à moi-même.

Tiens bon. C'est tout ce que tu peux faire.

Je décide de remettre mon short en Lycra sous mon autre short de Nylon. Cette opération me prend près de dix minutes. Je défais mon baudrier et le laisse tomber à mes pieds. J'enlève mon short et admire un instant mes jambes décharnées à la lumière de ma frontale. J'ai perdu beaucoup de poids, au moins dix kilos, alors que je n'étais déjà pas très enrobé. J'ai encore une bonne marge avant d'avoir épuisé ma masse corporelle mais, hélas, je crois qu'elle servira surtout à nourrir les insectes et les charognards. J'enfile difficilement mon short de cycliste élastique à cause de mes chaussures. Le short en Nylon est plus facile à remettre. Ensuite, je m'installe à nouveau dans mon baudrier. J'ai désormais du mal à coordonner mes mouvements.

L'obscurité m'ensevelit dans le fond du canyon. Encore une nuit à lutter contre l'hypothermie. Je reprends le rituel des nuits précédentes : resserrer la corde enroulée autour de mes jambes, puis m'accorder dix minutes d'immobilité entre des accès de frissons. Ces moments de calme s'accompagnent d'extraordinaires hallucinations, de transes fantasmagoriques. Mon cerveau cherche à se libérer et j'ai l'impression de quitter mon corps plusieurs fois au cours de la nuit. Parfois, ces voyages se situent sur un plan psychédélique, comme la progression dans le vaisseau sanguin, d'autres fois, je me vois de haut ; je quitte mon corps et mon esprit s'envole loin du canyon, comme dimanche après-midi, quand je survolais le Pacifique et me transformais en photon interstellaire.

Autres transes : je commence par voir mes amis, mais ils sont transparents, des fantômes qui habitent temporairement le canyon avec moi. Ils ne communiquent jamais par la parole, seulement par des gestes. Ils parviennent à transmettre des émotions chaleureuses par des ondes invisibles. Ils veulent que je me sente rassuré et ils y parviennent. Ces hallucinations sont toujours interrompues par une voix intérieure qui me rappelle que je dois m'occuper de mon corps. Je cherche à retarder cet instant, jusqu'au moment où les convulsions dues à l'hypothermie reprennent le dessus. En fait, je sais toujours quand je dois sortir de cette léthargie fantasmagorique.

Dans la réalité, coincé entre le rocher et les parois du canyon, je verse le liquide décanté de mon urine dans ma bouteille en plastique. Ensuite, je jette le reste dans le sable, derrière moi. Je répète cette activité plus souvent que nécessaire, juste pour m'occuper. Que ne donnerais-je pas pour un daiquiri à la fraise dans de la glace pilée, ou une margarita, un grand verre de jus de pamplemousse, ou même une Budweiser bien fraîche ! Chaque pensée est précédée, et suivie, d'une soif inextinguible. Les verres sont projetés dans ma mémoire dès que je ferme les yeux, flottant à portée de main, devant moi, à quelques centimètres au-dessus du niveau de mes yeux. Quelle que soit la boisson, elle revient toujours d'un souvenir du passé et reste en suspension au même endroit, accessible mais absente. Je ne sais plus si, quand je laisse mon imagination divaguer de la sorte, cela m'aide à tenir le coup ou si, au contraire, cela augmente ma soif. Que ce soit au moment de manger ma dernière portion de nourriture, d'avaler la dernière goutte d'eau, de boire mon urine, le même dilemme se représente : « Est-ce bon pour mon organisme, où est-ce que cela va aggraver les choses ? » Pour chacun de mes choix, j'ai pesé le pour et le contre. Et je suis toujours là.

Confusion, délire, froid, ainsi se déroule la nuit. Le temps se déstructure, de courts instants semblent durer une éternité. Les constellations en fer à cheval que j'avais repérées dans la nuit de dimanche se dessinent au-dessus du Blue John Canyon. Le déplacement des points lumineux suit la fente céleste que j'aperçois entre les hautes parois rocheuses. Je me demande qui d'autre se trouve dans le désert, sur le plateau, à contempler les mêmes étoiles, et si, eux aussi, remarquent leur rotation dans l'espace. Mais cette pensée ne m'accapare pas longtemps. Mon esprit bafouille, comme un moteur en panne d'essence. Au bout de trois ou quatre mots formés dans ma tête, mon cerveau divague dans le silence s'il n'est pas sollicité par un besoin pressant. Je ne peux plus me concentrer.

Mon esprit est en jachère. Il ne perçoit plus le temps avec exactitude, que ce soit consciemment, en regardant ma montre, ou inconsciemment, par un instinct sur lequel je peux d'habitude compter. J'ai un sens du temps extrêmement précis. Par exemple, lorsque j'ai été coincé ici, au début, si je consultais ma montre, puis pensais au mariage de ma sœur, puis tripotais ma lampe frontale et arrangeais les sangles autour de mon bras droit, j'avais l'intuition qu'il s'était écoulé environ deux minutes. Mon estimation du temps correspondait aux indications sur le cadran de ma montre.

Aujourd'hui, toute corrélation temporelle a disparu. La fatigue interrompt le fil de ma pensée, tout semble prendre un temps infini. J'ai du mal à comprendre pourquoi, sur le cadran de ma montre, deux minutes seulement se sont écoulées. Un accès de paranoïa s'empare de moi : je crois dur comme fer que ma montre a été endommagée lors de l'accident et qu'elle ne m'indique plus l'heure avec exactitude. Peut-être l'aube est-elle plus proche que je ne le pense ; peut-être sommes-nous un jour plus tard. (Ou peut-être suis-je totalement déconnecté.) Il me faut quelque temps pour admettre qu'en fait ma montre est toujours exacte – sinon, comment pourrait-elle prédire la venue de l'aube, l'apparition régulière du corbeau et du rayon de soleil du matin, et la tombée de la nuit avec une telle régularité ? D'accord, d'accord, j'ai compris, il n'est donc que 2 h 30.

Il me reste une bonne demi-heure avant ma prochaine gorgée d'urine. Au moins, la pisse est froide ; un motif de satisfaction. Mais je suis encore plus content lorsque les souvenirs de boissons passées font une apparition plus réaliste, de temps en temps.

Je ferme les yeux ; je suis un petit garçon de huit ans, assis sous le porche de la maison de mes grands-parents dans l'Ohio. Je joue au gin-rummy avec mon grand-père Ralston. On résiste à la chaleur grâce à de la limonade, versée d'une bouteille sortie tout droit du réfrigérateur, dans un gobelet en plastique, avec cinq gros glaçons. Les bulles me chatouillent le nez quand je soulève le gobelet pour boire une gorgée. Au moment où je sens le goût sucré de la limonade, apparaît le gobelet de plastique dans un halo de lumière à contre-jour. Je frissonne avant d'ouvrir les yeux. Bien que l'intérieur de mon sac à corde soit totalement noir, la vision s'évanouit.

Je referme les yeux, et me voilà transplanté à la fin de l'été 1987. C'est un vieux souvenir d'enfance : je viens de faire une pause au cours d'une journée campagnarde de mise en balle du foin. Nous sommes avec des amis de la famille sur une colline verdoyante de l'est de l'Ohio. Le panorama vers le nord est vaste et luxuriant ; un bouquet d'arbres coupe l'horizon à deux cents mètres de là. Nous sommes assis sur le plateau de la remorque à foin, nous buvons à tour de rôle du thé glacé bien sucré, en nous passant la Thermos rouge et blanc. Lorsque la bouteille arrive dans mes mains, je la soulève et la condensation tombe en gouttes fraîches sur mes joues. Je m'arrête pour essuyer l'humidité qui me mouille les yeux, puis je frissonne et la vision disparaît avant que je puisse avaler une lampée de ce merveilleux thé glacé.

Une succession de visions me fait parcourir le monde et les moments de ma vie. Je goûte pour la première fois de la bière, une canette de Budweiser, avec mon père et mon oncle, en 1985. Je bois du saké chaud avec mes potes Jon, Erik, Moody et

Chrystie, dans notre chambre d'hôtel de Nagoya, au Japon, juste avant un concert des Phish en 2000. Un après-midi de juillet 1991, j'aspire, à l'aide d'une double paille, un soda coincé entre les barres de mon guidon de vélo, près de la maison de mes parents, dans la banlieue de Denver. C'était juste avant que je n'obtienne mon permis de conduire.

Une boisson, en particulier, ne cesse de me revenir en mémoire : dans un verre dont les bords sont enduits de sel, c'est le mélange délicieux de glace, de tequila, de triple sec et de citron vert d'une margarita. Ma langue se colle à mon palais sec et cotonneux. Ma respiration se fait rauque dans ma gorge desséchée et je me souviens maintenant d'une chose, que les réminiscences de liquides m'avaient fait oublier un moment : je suis en train de mourir.

3 heures du matin. J'applique du baume sur mes lèvres dans l'espoir de retenir ce qui reste d'humidité dans cette partie de mon corps. Il me vient une idée : pourquoi ne pas enduire aussi ma langue ? Je passe le bâton sur toute ma langue et me voilà qui salive. Je suce le baume, curieux de son contenu calorique. Peut-être devrais-je en manger un peu ? J'en mords un petit bout, un dixième de mon bâton, et commence à mâcher. Mes dents et ma langue se retrouvent enduites et je sens la salive monter entre cette gelée fade. Je décide de ne pas l'avaler. Le fait que je produise encore de la salive me redonne de l'espoir : je n'en suis pas encore au stade ultime de la déshydratation. En dépit de cette conclusion intéressante, je n'ai rien gagné à cet effort. J'ai toujours aussi faim.

Sans aucune activité physique pour m'occuper, les heures froides de la nuit s'écoulent en rêves du passé. Du fond de ma mémoire remontent les images de mes plus beaux voyages en compagnie de ma famille et de mes amis. Du Japon au Pérou, de l'Europe à l'Alaska, de la Floride à Hawaii, des ascensions de sommets aux concerts de mes groupes préférés, je revis les meilleurs moments de mon existence. Je me suis épanoui en explorant une grande partie de ce monde, et j'ai donné envie aux autres de vivre de grandes aventures.

Mais non ! je ne suis pas prêt à mourir. Je plonge dans une succession d'hallucinations. Dans l'une d'elles, un de mes amis apparaît devant le rocher, revêtu d'une tunique blanche ; il m'invite (sans un son) à le suivre. Nous nous tournons vers la paroi du canyon, j'appuie sur une trappe, dans le grès, et le mur bascule sur lui-même, s'ouvrant tout d'un coup vers la droite. Nous partons ensemble, lui devant, en passant une porte qui vient miraculeusement de se dessiner, et nous entrons dans le hall d'entrée d'une maison. Il me guide vers le salon, déjà occupé par de nombreux amis confortablement assis sur des canapés et dans des fauteuils. Je suis envahi par un immense sentiment de réconfort, comme si je rentrais chez moi après un long voyage. Je ne peux toujours pas distinguer qui sont ces amis, mais ils discutent entre eux comme si nous participions à une soirée. J'entends leurs voix qui bruissent dans mes oreilles, à un niveau trop faible pour pouvoir discerner ce qu'ils disent.

Je me tiens sur le pas de la porte, très à l'aise, mais sans pouvoir parler à qui que ce soit. Ils évoluent dans une dimension différente de la mienne et, bien que nous puissions nous voir, je suis autre – d'une certaine manière, ils sont irréels. Mes amis interrompent leur conversation comme pour me faire comprendre qu'ils ont lu dans mes pensées et ils s'écrient tous en chœur : « Nous sommes là si tu as besoin de nous. Quand tu seras prêt, nous nous matérialiserons. »

Je suis décontenancé : suis-je ou non en train de rêver ? Je suis à peu près certain de ne pas avoir perdu conscience ni de dormir pendant ces étranges épisodes. Cet exil mental est un lieu plus abstrait que ma conscience habituelle, mais ce n'est pas non plus un univers de rêve. Je ne sais comment, mais mon corps reste dans le canyon tout en voyageant vers d'autres univers.

Mes sens me fournissent des informations réalistes ; ce monde hallucinatoire existe vraiment. Je peux toucher les murs et les meubles de cette pièce pleine d'amis. J'arrive même à sentir l'odeur des bougies parfumées sur la table. Je sens la brise lorsqu'un invité ouvre la porte de verre coulissante donnant sur le patio pour aller faire un tour dehors. Mais, si le tableau paraît convaincant, j'ai tout de même l'impression de le voir à travers un miroir sans tain. Il se passe des choses, mais je ne peux pas y participer. En fait, je ne peux rien bouger d'autre que ma tête et mes bras ; mes jambes sont paralysées au niveau des genoux. Et cette histoire de paroi qui s'ouvre ? C'est aberrant.

Je finis par réintégrer mon corps ; les convulsions dues au froid me ramènent à la raison. Je passe une heure à remettre en place les protections de fortune qui m'isolent un tant soit peu de la fraîcheur nocturne. Mais, bien vite, je quitte à nouveau le canyon. Cette fois, je suis avec mon vieux copain de lycée, Jon Heinrich. J'assiste au spectacle de mon esprit qui flotte et qui s'éloigne de ma tête enfouie dans son sac à corde. Nous marchons dans le canyon sinueux, comme je l'ai déjà fait par deux fois, puis nous entrons dans une petite pièce sombre, à peine suffisante pour nous accueillir tous les deux sans que nous nous touchions. L'endroit baigne dans une totale obscurité, à part une bande de lumière violente qui se reflète sur le sol en ciment. Jon semble avoir perdu la clé qui doit ouvrir la porte. Il pousse un interrupteur et je vois des étagères métalliques pleines de produits d'entretien, puis un évier dans le coin gauche. Nous sommes dans le cagibi d'un gardien d'immeuble. Je comprends vaguement qu'il s'agit d'un hôpital et non d'une école ou d'un immeuble de bureau. Mes espoirs se raniment.

Cogne à la porte, Aron ! Demande de l'aide ! Tu as besoin de te faire soigner et les gens, ici, sont là pour ça.

Mais Jon ne me laisse pas frapper à la porte de métal, comme pour me dire que cela ne servira à rien – l'hôpital et le canyon sont des mondes bien à part. Les minutes passent, je comprends peu à peu que l'assistance ne viendra pas des médecins et des infirmières, de l'autre côté de la porte, mais de mon ami Jon qui m'encourage et me redonne des forces. J'ai beaucoup de chance de l'avoir comme soutien et je suis tout ému de sa présence ici. Cependant, une voix intérieure vient briser cet élan d'émotion : *Il est temps de dire au revoir.*

Je ne veux pas partir... Une fois de plus, mais se faisant plus insistante, la réalité me rattrape : *Il est temps de se quitter.* Je fais signe à Jon que j'ai apprécié sa visite. Je suis sur le point d'éclater en sanglots, mais je sais qu'il faut partir. La sensation est étrange, comme si ma conscience était une boule d'énergie solidifiée qui soudain fond comme de la glace et se répand sur le sol, puis réapparaît trempée, sortant du monde des hallucinations pour entrer dans l'espace étroit des parois du canyon. Comme un fluide remplissant lentement un volume par le bas, je réintègre mon corps frigorifié.

Les tremblements commencent. Mon organisme se venge. Je me demande si, cette fois, je ne suis pas resté trop longtemps dans le monde du rêve. Mais cette voix sans timbre envahit mon corps réel et m'appelle à chaque fois que je sombre dans le sommeil mortel de l'hypothermie. Dans ces transes, je ne sens plus ni froid, ni douleur, ni faim, ni fatigue. Je n'ai même plus soif. Quelle que soit la destination, un cagibi de gardien, un grand salon, des collines bucoliques, chacune de ces expériences est rassurante, et je ne veux pas qu'elles prennent fin. La visite de Jon m'a redonné un peu de courage et d'espoir ; je finis par dire à haute voix : « Il me reste encore quelques jours d'énergie. » Si je peux aller et venir dans ces états hallucinatoires, profiter de la présence de ma mère, de mon père, de ma sœur et de mes copains, j'ai peut-être trouvé la méthode pour survivre un peu plus longtemps que mon ultime prévision, mercredi midi.

Mes hallucinations me soutiennent, c'est vrai, mais elles me font aussi mieux comprendre à quel point je suis prisonnier. J'ai eu beau passer une dizaine de minutes hors de mon corps, ces dix minutes me rapprochent de mon sort inéluctable. Même si je résiste encore quelques jours, ce ne sera jamais suffisant pour que les sauveteurs me retrouvent.

Si le paradis s'avère aussi agréable que ces transes, ma situation dans le canyon peut se comparer à l'enfer. On le décrit toujours comme une fournaise très peuplée où règne un démon à cornes qui décide des tortures à infliger aux âmes perdues. Non. L'enfer est d'un noir effrayant, d'un froid insupportable, un endroit solitaire, une prison arctique sans gardien, où n'est enfermé qu'un seul détenu, oublié à jamais, même par le maître des enfers. On n'y trouve plus aucune énergie spirituelle, bonne ou mauvaise, pour projeter de l'amour ou de la haine. Il n'existe qu'une seule émotion en enfer : le désespoir absolu, enveloppé d'une solitude abjecte.

L'aube éloigne enfin l'envoûtement maléfique du Blue John Canyon. Une dizaine de moustiques, puis une brise poussiéreuse annoncent le matin. Après deux heures à écraser où à ignorer ces insectes tenaces, j'entrevois enfin une consolation : la lumière du jour. Je vais être un peu moins seul, le soleil arrive. Il va passer la journée avec moi. Une journée de plus. Des torrents de lumière dorée envahissent le canyon. Pour la première fois depuis deux jours, je sors mon appareil photo numérique pour emmagasiner cette brusque irruption lumineuse. Lorsque je regarde en aval, derrière moi, les couleurs semblent irradier des surfaces de grès, plus qu'elles ne se reflètent. La vision est exaltante. Mes yeux s'emplissent de larmes. Avant de ranger l'appareil, je fais un autoportrait, le scintillement des rayons du soleil flotte comme une auréole derrière ma tête. Avec le jour, les activités naturelles de la vie du désert recommencent : le rat sauvage s'agite dans son nid et les insectes bourdonnent autour de mon visage.

Le journal vidéo est une autre obligation de mon rituel matinal. Juste avant 9 heures, je sors ma petite caméra vidéo de mon sac à dos. Pourquoi n'est-elle pas sortie en permanence ? Je n'en sais trop rien. Peut-être est-ce une façon supplémentaire d'occuper mon temps ? Je dois défaire, puis reboucler la bretelle sur mon épaule droite.

Je me demande si mes parents participent à d'éventuelles opérations de secours. Pour les autorités, le seul moyen de me retrouver consiste à obtenir l'historique de mes dépenses par carte de crédit. Cela les conduirait à Glenwood Springs, Moab, et Green River. Non, j'ai payé en espèces pour les bouteilles de soda, à Green River. Merde ! S'ils retrouvent mon camion à Moab, ce sera un coup de chance. Quand le délai légal de disparition sera atteint et que la police entamera enfin les recherches, ils s'assureront d'abord que je ne cherche pas à m'enfuir. Ensuite, ils devront déduire que je suis toujours dans l'Utah et prévenir les autorités locales, le bureau du shérif et le National Park Service.

Le plus déprimant, dans ce compte à rebours, c'est que je ne suis pas dans un des endroits les plus fréquentés de cette région. La police et le NPS (National Park Service) vérifieront beaucoup d'autres sites plus proches de Moab avant d'aller aussi loin que le Horseshoe Canyon. Comme leurs ressources sont limitées, les sauveteurs du NPS commenceront par les lieux où les gens se perdent le plus souvent. Le Horseshoe est à trois heures de voiture de Moab, ce sera un des derniers endroits visités. D'ici là, une journée de plus se sera écoulée.

Si, par miracle, le NPS retrouve mon véhicule, ils enverront des équipes fouiller le Horseshoe Canyon. Mais s'ils ne trouvent mon camion qu'en début d'après-midi ils attendront le lendemain matin pour explorer l'amont du Blue John Canyon, vingt-cinq kilomètres plus bas. Encore onze kilomètres dans le Blue John et ils me retrouveront, mais ils ne disposeront pas du matériel nécessaire pour me libérer. J'estime qu'il faudra encore vingt-quatre heures à partir du moment où ils m'auront retrouvé avant d'être désenclavé et transporté par hélicoptère. Mais, au moins, ils auront de l'eau. Un ou deux litres, et je pourrai facilement résister une journée de plus. Je parie qu'ils en auront assez pour étancher ma soif. Les rêves d'eau fraîche m'empêchent de penser aux secours.

Finalement, j'allume ma caméra. Avant de commencer l'enregistrement, je me regarde sur l'écran. J'ai l'air très alerte, étant donné ma situation, et je suis surpris de constater que mes rougeurs oculaires ont disparu. En revanche, je ne suis pas trop rassuré par mes joues creuses. Je m'éclaircis la gorge avant d'appuyer sur le bouton, puis l'enregistrement commence. Ma voix est montée d'une octave depuis hier. La déshydratation resserre encore mes cordes vocales.

– Mercredi matin, 9 heures. Je serais curieux de savoir comment les recherches se déroulent. J'espère que quelqu'un aura eu l'idée d'analyser mes dépenses par carte et saura que je suis passé à Grand Junction et à Moab.

« Peut-être que le ranger du NPS posté à Horseshoe a fait un rapport sur mon camion, resté là depuis quatre jours.

Je hausse les épaules.

Je me souviens que je devrai partager mes affaires, à Aspen, il faut en faire profiter d'autres personnes ; je donne des instructions supplémentaires à mes parents.

– Le vélo qui se trouve dans ma chambre, à Aspen, appartient à John Currier, qui habite tout près de chez Erik Zsemlye. Vous trouverez toutes ces adresses et ces noms dans mon PalmPilot, qui se trouve dans la boîte à gants de mon camion. Ah, autre chose. Le sac de couchage dans ma penderie est à Bill Geist, merci de lui faire parvenir.

Puis me reviennent en mémoire de vieux souvenirs.

– De la limonade dans un gobelet en plastique.

Je donne une explication, puis je tente de faire revenir l'image dans ma tête une fois de plus.

– Je vais énumérer quelques-unes de mes boissons préférées.

J'ai besoin de reprendre mon souffle entre les phrases. Je crois qu'il est temps de mettre fin à cette séance lamentable. Lorsque j'ai arrêté la caméra et que je l'ai posée sur le rocher, devant moi, je récapitule les heures passées ici : cela fait maintenant quatre-vingt-seize heures que je ne dors pas, quatre-vingt-dix heures que je suis bloqué, vingt-neuf heures que je bois mon urine et vingt-cinq heures que j'ai terminé ma dernière goutte d'eau potable.

Pendant que je revois tous ces chiffres, le corbeau passe au-dessus de ma tête. Je bouillonne d'envie d'être aussi libre que cet oiseau.

Moins grave, cela fait quatre jours que je ne me suis pas brossé les dents. Je donnerais n'importe quoi pour revivre normalement. Une semaine sans se raser. Quand je passe ma main sur mon visage, je me demande quelle longueur aura ma barbe quand ils me retrouveront – je sais qu'elle continue à pousser pendant un ou deux jours après la mort –, un centimètre, deux centimètres ?

Le temps ne veut plus rien dire. Compter les jours, les heures n'est plus qu'une routine. L'exercice ne provoque aucune émotion. Je l'enregistre, c'est tout : *D'accord, je suis ici depuis tout ce temps.* D'ailleurs, nous sommes au milieu de la matinée et je ne consulte même plus ma montre. Je ne veux pas savoir à quelle vitesse la journée s'écoule ; je redoute déjà la nuit et je ne suis pas pressé d'y arriver. Le mieux est d'ignorer le temps. Je ne peux ni l'accélérer, ni le ralentir. Je ne peux que subir les impressions irréelles qui tournoient dans ma tête. Je n'ai pas dormi depuis si longtemps que ma pensée n'est plus rationnelle.

Soudain, j'ai une nouvelle idée : pourquoi ne pas me servir d'un caillou pour concasser le rocher et dégager ma main ? Mais ce n'est peut-être pas une idée si nouvelle. N'y avais-je pas déjà pensé ? Je ne m'en souviens plus. En tout cas, c'est du brutal, comparé à la précision avec laquelle je pouvais buriner le roc à coup d'outil multi-lames.

Je sélectionne une pierre grosse comme un melon parmi celles qui se trouvent à mes pieds. En m'appuyant contre la paroi avec mon bras gauche, je me sers de ma jambe pour rouler la boule au niveau de mes genoux. Mais c'est une masse importante ; j'hésite. Si je lâche la pierre, elle va me tomber sur les pieds. Elle pèse plus de dix kilos, ce n'est pas raisonnable, mais je veux essayer. Je soulève la boule au niveau de mes épaules et la jette sur le rocher, pulvérisant des éclats et de la poussière de grès et de calcaire. Comme on pouvait s'y attendre, la pierre rebondit sur le rocher et tombe. J'écarte les jambes pour ne pas la prendre sur les pieds et elle s'écrase sur la pile, là où elle était. Mieux vaut la laisser là. L'impact n'a pas produit grand-chose ; les éclats provenaient surtout du projectile, non pas du rocher. Il me faut une pierre plus dure que le grès. Je scrute le sol : rien ne convient. C'est d'ailleurs la raison qui, il y a trois jours, m'avait conduit à renoncer.

Parfois, lorsque je grimpe, je me retrouve coincé dans une section difficile parce que je m'obstine à reprendre la même méthode. Bien entendu, elle échoue. C'est à ce moment que je me rends compte de mon aveuglement. J'ai choisi l'option la plus évidente sans réfléchir à toutes les autres possibilités. Si je regarde autour de moi, je peux peut-être trouver un appui qui me permettra de positionner mon corps plus haut, ce qui me donnera la possibilité de trouver une prise que je ne voyais pas de là où je me trouvais.

Et ici, quel est le chaînon manquant ? Qu'ai-je ignoré par manque d'imagination ? Je penche la tête en arrière, je suis presque à l'envers. Et j'aperçois plusieurs pierres logées au-dessus de moi, parmi les débris. Là, noire avec une pointe de rouge, je repère une pierre de la taille d'un œuf ; elle n'a pas l'air d'être en grès, c'est un autre type de minéral. Elle n'est peut-être pas plus dure que le grès, mais ce pourrait être ma chance. Je fouille dans le nid à rat, au-dessus de ma tête, et je retire la pierre. Un autre caillou tombe et manque de peu ma tête.

Saloperies de pierres instables. Elles devraient être indiquées, vociféré-je.

Le morceau de pierre noire, dans ma main, est de la bonne taille. Parfait. Je peux le soulever sans trop d'effort, et frapper le gros bloc sans le lâcher. Pourquoi m'a-t-il fallu tant de temps pour me retourner et regarder autour de moi ? Je crois que la fatigue m'entraîne dans un engourdissement léthargique. Mon esprit devient confus. Mais enfin, dans cet état, toute nouvelle initiative est déjà un exploit.

Ma main gauche ne supporte pas longtemps d'absorber à chaque frappe l'impact du recul. Après quelques dizaines de coups, je dois abandonner. Ma main est déjà bien endommagée.

Mes chances de survie sont au plus bas. Je reprends ma caméra, décidé à enregistrer mes toutes dernières volontés. Je commence à parler, la voix tendue ; la fatigue rend difficile tout discours cohérent.

– Mercredi après-midi. 14 heures. Bientôt quatre jours que je suis coincé dans ce trou. Encore quelques détails pratiques à régler. La crémation est à mon sens la meilleure solution ; ma dépouille sera certainement en trop mauvais état quand on me retrouvera. Si possible, j'aimerais choisir ceux qui porteront le cercueil. Je voudrais que ce soient Jon Heinrich, Erik Johnson, Erik Zsemlye, Brandon Rigo, Chip Stone, Norm Ruth ainsi que Mark Van Eeckhout.

J'ai énuméré mes amis les plus proches, plus qu'il ne sera nécessaire pour m'emmener à ma destination finale, mais je veux en inclure le plus possible.

Pendant que je réfléchis, la bande arrive à sa fin. Je la rembobine et je la regarde depuis le début. Les images me captivent et me voici dans un état d'envoûtement proche de celui d'un môme regardant son émission favorite. Je me distrais pendant une heure à regarder la bande que j'ai filmée. Les sujets abordés sont plutôt lugubres, mais je suis content de me voir. Pourtant, je ne suis pas satisfait des messages adressés à ma famille. Je corrige, je coupe, je monte dans ma tête, comme si j'allais procéder à une seconde prise. Débile ! Moi en train de me mettre en scène : *O.K. pas mal, Aron. Mais cette fois, mets-y un peu plus de* sentiments. Ridicule !

J'arrête la machine et rembobine une seconde fois, pour continuer à parler. Tant pis, j'efface les séquences sur le mont Sopris. J'ai un message plus urgent à communiquer. Je veux qu'on disperse mes cendres dans mes endroits préférés des États-Unis.

– Je parlais de la cérémonie et de la crémation et je voudrais disperser les cendres dans les endroits qui me sont chers. J'aimerais aussi que ma famille en conserve un peu. Ensuite – tout n'est pas encore précis dans ma tête –, je voudrais qu'Erik en emporte en Californie et qu'il les jette sur la côte, à Big Sur, où nous avons fait un voyage superbe, ou à Santa Barbara. Une autre partie peut aller avec Jon sur la côte est ; il pourrait les disperser près du mont Greylock. Sonja, si tu peux emporter une petite partie de mes cendres à Havasupai, au cas où tu y retournerais, ce serait vraiment sympa. Quant à Mark, tu peux organiser une petite cérémonie de dispersion au sommet du Sandia Peak. Ce serait génial.

« Bon, dernières volontés, je crois... En fait, Chip et Norm, peut-être que vous pouvez prendre un peu de mes cendres avec Erik et les jeter dans le Rio Grande. Voilà, océans, rivières, collines, forêts, tout est couvert.

« Je n'ai pas mentionné Dan et Julia, des amis vraiment précieux. Et Dan, et Mark, Jason, Allison, Steve Patchett et les gars des équipes de secours, un jour de poudreuse, s'il reste encore un peu de moi, semez les cendres à Pajarito ou à Wolf Creek.

J'ai oublié mes plus beaux souvenirs de concerts. Je fais encore un effort, malgré ma respiration faiblarde, et j'ajoute :

– Je ne peux pas partir sans avoir mentionné le Japon, en 2000, et Bonnaroo, et Horning, les meilleurs moments passés entre potes à écouter de la musique. Le nouvel an avec les Phish, à Big Cypress, le réveillon avec les String Cheese, à Portland. Merci pour tous ces moments.

Je termine mon petit discours, me sentant un peu plus rassuré sur ma longévité, tout en sachant que je suis au bout du rouleau. Regardant droit dans l'objectif, je dis une dernière fois adieu.

– Je tiens encore le coup, mais je baisse. Le temps passe au ralenti. Alors, encore une fois, je vous embrasse tous. Apportez amour, paix et bonheur en ce monde en mon honneur. Ce serait pour moi une grande satisfaction. Merci. Je vous aime tous.

Un cortège de nuages légers défile là-haut au cours de l'après-midi, empêchant la température de s'élever dans le fond du canyon. Ma montre indique la plus haute température de la journée : quatorze degrés. Les nuages s'étendent au-dessus du plateau de Robbers Roost, puis se dissipent quand arrive le soir. C'est la plus basse température diurne depuis cinq jours : cette nuit sera fraîche et pénible. Mes forces diminuent et les dernières ressources de mon corps sont presque épuisées. Même en ce début de soirée, je ne peux m'empêcher de frissonner. Je coupe un bout de ma sangle et l'enroule autour de mon cou, pour me protéger le plus possible du froid. Avec un peu de chance, je gagnerai un demi-degré.

Je voudrais continuer à frapper le rocher avec mon marteau en pierre, mais je ne supporte plus la douleur de ma main gauche. C'est comme si je frappais à répétition sur un mur de brique à poing nu. J'ai l'idée d'entourer la pierre de ma chaussette gauche pour amortir les chocs. Chaque impact abîme un peu plus ma main, mais les progrès sont spectaculaires comparés à mes efforts avec le couteau. Les séries d'attaques effectuées au cours de l'après-midi contre le rocher m'ont permis d'enlever plus de matière que le total de mes tentatives précédentes. La quantité de débris est telle que j'ai dû protéger le bandage de fortune qui obture la coupure que je me suis faite au bras droit avec le sac qui me servait de manche au bras gauche. Juste après 18 heures, j'interromps mon activité pour reposer ma main gauche et je sors mon appareil photo. Je prends mon avant-bras droit couvert de débris. Après avoir rangé l'appareil, je déblaie les gravats, pour éviter d'exposer trop longtemps ma blessure à la poussière. Le désespoir me pousse à accélérer le rythme. Même à cette vitesse, je ne pourrai pas entamer le rocher suffisamment pour dégager mon poignet. Je serai mort avant. Et cela, en supposant que je puisse continuer à concasser le rocher. La douleur à ma main gauche devient insupportable au point que je crois maintenant avoir la paume fracturée. Je regarde tristement mon marteau de fortune, portant ma chaussette grise comme un bonnet, et je décide là encore d'abandonner ma tentative.

Laisse tomber, Aron. Laisse ce rocher. Pourquoi t'infliger tant de douleur quand tu sais que c'est inutile ?

Je remets ma chaussette à son pied en la remontant le plus possible sur mon mollet, sachant que je ne peux pas me permettre de sacrifier le moindre calfeutrage en prévision de la nuit qui va bientôt tomber. Quelque part dans ma tête, je sais que je ne résisterai pas à une nouvelle nuit dans le Blue John Canyon. Ma mort prochaine me paraît inéluctable. Par rapport à mes accès de colère du début, quand je frappais le rocher de la paume de ma main, je suis calme, j'accepte cet état de fait en comprenant que je ne suis pas maître de cette situation. Si mon heure est venue, c'est qu'elle devait arriver et je n'y peux plus rien. Mais si, au contraire, mon heure n'est pas venue, c'est que la vie en a décidé ainsi et je ne devrais pas m'inquiéter. Je pense tout de même que la première hypothèse est la plus réaliste. C'est la fin, et je ne survivrai pas à la nuit. Cette idée ne me révolte plus, parce que j'ai cessé de lutter. Je lâche prise, plus question de déjouer le destin. Je ressens un sentiment de légèreté qui approche du bonheur parfait. Je me demande si c'est le fameux « enchantement », cette expérience mystique de fusion entre l'âme et le divin. Ce n'est pas la même chose que mes hallucinations extracorporelles, ce n'est pas non plus de l'apathie ou de la résignation, c'est plutôt comme si je m'étais débarrassé d'un fardeau spirituel. J'ai l'impression de découvrir une grande vérité : une Force merveilleuse contrôle mon existence depuis toujours. Quel que soit le nom que je lui donne, ce n'est pas moi qui suis aux commandes.

Un vent moite vient aspirer la chaleur de mon corps. Je grelotte de plus en plus. Ce canyon est une vraie glacière. Les nuits sont devenues de plus en plus fraîches, mais cette brise va m'achever.

En comptant du crépuscule à l'aube, je dois tenir neuf heures et à peine deux se sont écoulées quand je décide de procéder à une annotation finale. Ma montre me le confirme : nous sommes le 30 avril. Je me suis désintéressé du temps tout l'après-midi, mais maintenant, au milieu de la nuit, chaque minute me semble importante. Chacune d'elles pourrait être la dernière. Je grave de nouveau mon nom sur la paroi, au-dessus de mon épaule gauche, repassant sur les lettres que j'ai écrites samedi à la pointe de mon couteau après avoir inscrit « Le temps géologique c'est aussi maintenant. » Au-dessus des lettres capitales de mon prénom, ARON, je grave OCT 75. Et sous mon nom, j'ajoute AVR 03. Je n'ai pas l'idée d'écrire MAI, car je suis certain de ne pas assister à l'aube, au bout de cette nuit glacée. Je termine mon épitaphe en inscrivant REP – Repose En Paix – au-dessus de ma date de naissance. Une fois que j'ai fini, je pose le couteau sur le rocher avant de glisser dans une autre hallucination.

Les couleurs explosent dans ma tête. Je traverse les parois du canyon. Cette fois, je suis seul et j'entre dans un salon. Un petit garçon blond de trois ans habillé d'un polo rouge arrive, traversant en courant un parquet illuminé de soleil. Je sais que je suis dans ma future maison. Par la même intuition, je sais que cet enfant est le mien. Je me penche pour le prendre avec mon bras gauche, me servant de mon bras droit sans main pour le balancer et nous rions ensemble quand je le passe sur mes épaules. Cette action tranche curieusement avec mes rêves précédents ; avant, j'étais comme envoûté et je ne pouvais pas interagir avec les autres. Maintenant, je participe à l'action. Je suis mobile, libre.

Le petit garçon se perche tout content sur mon épaule droite, tenant mes bras dans ses petites mains pendant que je le stabilise avec ma main gauche et mon moignon droit. En souriant, je sautille et survole sur la pointe des pieds les flaques de lumière qui inondent le plancher de chêne. Le petit semble tout content. Soudain, la vision disparaît. Me voilà de retour dans le canyon, les échos de ce moment joyeux résonnent encore dans ma tête. Mais je suis rassuré, mon subconscient me dit que je survivrai à cet emprisonnement. J'avais accepté mon sort, finalement persuadé que j'allais mourir avant l'arrivée des sauveteurs, mais, maintenant, je sais que je vais vivre.

Cette certitude, ce petit garçon bouleversent mes perspectives.

12

Tempête de feu

Savoir ne suffit pas, nous devons disposer. Vouloir ne suffit pas, nous devons agir.

Johann Wolfgang von GOETHE

Le mercredi 30 avril à 9 heures, mes vingt-quatre heures de sursis étaient écoulées. Brion After traversa les rayons de l'Ute Mountaineer, mécontent : « Mais où est-il passé ? » Il faisait les cent pas entre les présentoirs d'équipement de ski, de chaussures et de matériel de camping, de plus en plus inquiet. Deux jours d'affilée, je ne m'étais pas présenté et je n'avais pas appelé. À 9 h 15, Brion téléphona chez moi, à Spruce Street, pour voir si je n'étais pas rentré. Aucune réponse. Brion fut interrompu par un appel de Leona.

– Il est rentré ?

Malgré ses efforts pour se contrôler, sa voix tremblait. Elle était bouleversée par ma disparition.

– Non, il n'est pas là. Il est toujours à l'heure, d'habitude, je sais qu'il est arrivé quelque chose.

Leona était du même avis.

– Il faut prévenir ses parents.

– C'est justement ce à quoi je pensais. Mais il y a peut-être une chance qu'il les ait appelés de son côté. Tu peux les contacter ? Je dois ouvrir le magasin.

Ce n'était pas vraiment la conscience professionnelle de Brion qui le poussait à demander l'aide de Leona. Ni l'un ni l'autre n'avaient envie d'annoncer de vive voix à mes parents que leur fils avait probablement de graves ennuis. Leona rechigna à jouer les Cassandre.

– Je n'ai pas leur numéro. Mais je suis certaine qu'il l'a laissé dans son formulaire d'embauche. Tu as son dossier ?

– Oui, bien sûr, un instant... il est dans mon tiroir... voilà.

Brion sortit une chemise en carton de son classeur et l'ouvrit. Le numéro de téléphone et l'adresse de mes parents y figuraient bien, comme l'avait supposé Leona.

À 9 h 30, Brion appela la résidence de mes parents à Denver. Mon père était à New York, ma mère rentrait juste de faire une course à la poste. Elle était assise dans son bureau, dans la pièce qui me servait de chambre avant mon départ pour le collège. Elle répondit, utilisant son expression habituelle :

– Allo, bonjour, c'est Donna.

– Donna, bonjour. C'est Brion After. Je vous appelle de l'Ute Moutaineer, à Aspen.

– Ah oui, Brion. Comment allez-vous ?

Ma mère avait fait la connaissance de Brion la semaine précédente, quand elle était venue me rendre visite à Aspen.

Brion hésita.

– Ça va, merci. Je voulais vous demander si vous aviez des nouvelles d'Aron.

Après une pause, il continua :

– Il ne s'est pas présenté au boulot depuis deux jours. Il n'a pas prévenu, et personne ne l'a vu depuis une semaine.

Les paroles de Brion causèrent un choc terrible à ma mère. Elle resta silencieuse un instant, assise sur sa chaise pivotante, digérant l'information qu'on venait de lui asséner. Le jour tant redouté, celui qu'elle espérait ne jamais vivre était arrivé.

Brion savait ce que signifiait le silence au bout du fil : elle non plus n'avait pas eu de nouvelles. Il ne savait pas si elle allait éclater en sanglots ou exploser de colère. Il fut soulagé quand elle répondit d'une voix ferme :

– Vous vous rendez compte de ce que cela signifie ?

– Nous pensons qu'il lui est arrivé quelque chose, dit Brion.

– Oui. Les activités qu'il pratique sont extrêmement dangereuses et il part souvent en solitaire. Il n'est pas du genre à manquer à son travail sans prévenir. Quelque chose de terrible s'est produit. Avez-vous parlé à ses colocataires ?

Brion était impressionné par le calme apparent de ma mère et fut soulagé que le poids psychologique de la responsabilité soit maintenant partagé. Il avait trouvé l'alliée dont il avait besoin pour continuer les recherches. Il expliqua à ma mère où il en était.

Elle trouvait bizarre que je n'aie rien dit de mes plans à mes colocataires, mais elle n'en fut pas totalement étonnée. Elle m'avait supplié, lors de mes premières saisons d'alpinisme d'hiver, de toujours laisser un mot sur mon bureau, à Intel, ou chez mes copains, pour que tout le monde connaisse ma destination. Auparavant, je laissais un mot sur le tableau de bord de ma voiture, garée au départ de pistes enneigées, mais, quand j'ai commencé à explorer des endroits de plus en plus isolés, je me suis rendu compte qu'il me fallait un système plus sûr. En effet, il faudrait des semaines, sinon des mois, avant qu'on retrouve mon véhicule. J'ai donc écouté les suggestions de ma mère : j'ai pris l'habitude d'indiquer à au moins une personne quels étaient mes plans. Lors de l'hiver 2000-2001, j'avais appelé ma mère avant chaque ascension, mais les détails de mes projets aventureux l'effrayaient. J'avais donc repris mon ancienne méthode et laissais un mot à mes amis.

Terrifiée, ma mère fit un effort pour se concentrer sur les actions à entreprendre. Mettant de côté la peur qui lui étreignait le ventre, elle interrogea Brion.

– Avez-vous prévenu la police ?

– Non, pas encore. J'attendais de vous avoir parlé.

– Les signalements des personnes disparues doivent être émis dans la juridiction où elles résident, je crois. Ce serait donc à la police d'Aspen d'agir. Pouvez-vous les avertir ?

– Je les appelle tout de suite et je vous tiens au courant dès que j'en sais un peu plus, répondit Brion.

– Merci, Brion.

Elle téléphona immédiatement à sa vieille amie Michelle Kiel.

– Aron a disparu, viens tout de suite ! balbutia-t-elle.

Quelques minutes plus tard, Michelle ouvrait la porte de la maison. Elle trouva ma mère se balançant sur une chaise, dans la cuisine. Elle sanglotait. Elles s'embrassèrent et maman trouva le courage de rechercher des amis à moi susceptibles d'être au courant de mes projets.

Ce furent les heures les plus difficiles. Toutes les suppositions, même les plus pessimistes, lui passèrent par la tête, mais elle parvint tout de même à poursuivre son raisonnement.

– D'habitude, il dit toujours où il va à une personne au moins. S'il n'a rien dit à ses colocataires, ni laissé de note à son travail, c'est bizarre. Peut-être a-t-il envoyé un e-mail à quelqu'un, avec sa destination.

Le visage de Michelle s'éclaira.

– A-t-il une adresse Internet, Yahoo, ou Hotmail ?

– Je sais qu'il a une adresse Hotmail. Pourquoi ?

– Tu connais son mot de passe ?

– Non. Aucune idée.

– Allons voir ce que nous pouvons faire.

Michelle cherchait à accéder à mes courriers dans l'espoir de trouver un indice de mon itinéraire.

Michelle cliqua sur le lien qui indiquait « mot de passe oublié ? » Il ne manquait que le code postal. Ma mère courut chercher son carnet d'adresses et trouva le code de ma maison d'Aspen, mais ce n'était pas le bon. Au bout de vingt minutes, elle se souvint que j'avais acquis cette adresse Internet lorsque j'étais au Nouveau-Mexique. Elle retrouva le vieux code postal de mon adresse d'Albuquerque et le site proposa la phrase clé qui devait permettre de retrouver le mot de passe. Elle trouva immédiatement la réponse. Encore fallait-il orthographier le mot correctement. Michelle et ma mère cherchaient les variantes de ce mot quand le téléphone sonna.

À la boutique Ute, les événements s'étaient emballés depuis la première conversation avec ma mère. Brion contacta Adam Crider, de la police d'Aspen. Peu après 10 heures, j'étais déclaré disparu. Brion expliqua que j'étais parti en week-end et que je n'étais pas revenu pour une soirée prévue le 28. Ensuite, je ne m'étais pas présenté au travail depuis deux jours sans donner signe de vie. Adam tapa le rapport, notant que Brion était « très inquiet ». Puis il demanda à Brion de continuer à chercher ma destination.

À 10 h 19, Brion appela mon colocataire Elliott. Pouvait-il trouver un indice sur mes déplacements ? Brion voulait des informations concernant mon expédition en Alaska. Il ajouta :

– Elliott, j'ai besoin de ton aide. Quelqu'un a dit qu'Aron devait retrouver ses équipiers du Denali pour une randonnée d'entraînement. Peux-tu regarder dans sa chambre ? Qu'on sache qui sont ses équipiers ?

– Oui, bien sûr.

Elliott avait tout son temps depuis sa démission de la boutique de vélos où il était mécanicien. Il alla fouiller dans les papiers qui traînaient dans ma chambre. Il ne trouva que des vieilles photocopies de cartes, celles de mes précédentes expéditions.

Finalement, il tomba sur une chemise orange étiquetée « Denali 02 ». Des noms et des numéros de téléphone figuraient sur une liste d'e-mails, mais le permis d'ascension datait d'avril 2002. Elliott pensa que le service des Parcs d'Alaska disposait des informations relatives à ma nouvelle équipe. Il appela la station de rangers de Talkeetma, en Alaska. Mais les rangers n'ont pas l'autorisation de fournir ce genre de renseignements. Le temps passait, mais Brion, de son côté, avait trouvé ce qu'il cherchait.

– Salut, Elliott. J'ai trouvé les infos dans l'armoire d'Aron. C'est là que j'aurais dû chercher tout de suite.

Brion envoya un e-mail au Team Green Chili Winds, pour leur signaler ma disparition.

De : Brion After
Envoyé : mercredi 30 avril 2003, 10 h 48.
À : Janet Lightburn, Bill Geist, Jason Halladay, David Shaw
Sujet : recherche d'Aron Ralston

Bonjour,
Je suis le patron d'Aron à l'Ute Mountaineer d'Aspen, Colorado. Curieusement, il ne s'est pas présenté à son travail

depuis deux jours. Nous sommes très inquiets sur son sort, et je me demande si l'un de vous saurait où il se trouve, ou pourrait nous fournir des informations sur ses randonnées les plus récentes. Aucun de ses amis ne sait où il est parti, mais nous pensons qu'il s'est rendu dans l'Utah le 24 ou le 25 avril. Peut-être pour retrouver l'un de vous pour son entraînement avant l'expédition sur le Denali. Si vous avez la moindre information concernant Aron, écrivez-moi à cette adresse. Sinon, vous pouvez m'appeler à l'Ute Mountaineer. Nous avons prévenu la police et sa famille, car, habituellement, Aron est toujours ponctuel et reste en contact avec nous et ses amis.

Salutations,

Brion After

Mais Brion, après avoir enquêté très efficacement, devait partir pour l'Australie pendant quelques semaines. Il avait pris du retard dans son travail à la boutique. Il passa le relais à Elliott.

– Quel est ton programme pour aujourd'hui ?

Comprenant les implications de cette question, Elliott répondit :

– Tu as besoin de moi ? Pas de problème, je suis prêt à te donner un coup de main.

– Génial. Je suis débordé. Je dois partir demain pour deux semaines. Peux-tu venir à la boutique passer quelques coups de fil et surveiller les réponses à mes courriers ?

– Bien sûr. J'allais faire un saut de toute façon et te tanner pour que tu me trouves un boulot. Je serai là dans dix minutes.

À 11 h 30, Brion appela ma mère. Elle cherchait toujours mon mot de passe. Brion lui demanda si elle connaissait le numéro d'immatriculation de ma voiture. Pour Noël 2000, avant mes ascensions en solitaire, je lui avais donné les infos en vitesse et elle retransmit à Brion un renseignement erroné.

C'est à ce moment-là qu'elle retrouva mon mot de passe. Michelle et elle étaient ravies.

– Nous l'avons ! Ça y est !

– Que se passe-t-il ? demanda Brion à l'autre bout du fil.

– Nous essayons d'accéder à la boîte postale d'Aron depuis plus d'une heure. Nous venons juste de trouver le mot de passe. Nous allons lire ses derniers courriers et voir s'il mentionne l'endroit où il est parti.

Brion sentit le regain d'espoir qui animait ma mère.

– Vous êtes sur son compte ? demanda-t-il.

– Oui. Si nous ne trouvons rien, pouvez-vous envoyer un mail groupé à tous ses amis ?

– Excellente idée, répliqua Brion.

Ma mère communiqua mon mot de passe à Brion. Dès qu'il eut raccroché, il appela Adam Crider pour fournir à la police la description et le numéro d'immatriculation de mon camion.

Ma mère téléphona à ma sœur, à l'université de Texas Tech. Elle lui annonça la nouvelle avec précaution.

– Sonja, je viens d'apprendre que ton frère ne s'est pas présenté à son travail depuis deux jours. Aurais-tu une idée de ses projets ?

Sonja resta calme, mais elle ne m'avait pas parlé depuis deux semaines.

– Je n'ai aucune idée de ce qu'il fait, maman. Tu vas bien ? Tu veux que je rentre à la maison ?

– Non, termine ta thèse. Je te tiendrai au courant. Essaie de te concentrer, n'y pense pas trop.

Ma mère, malgré sa volonté de garder son calme, ne pouvait pas se résoudre à reprendre son travail comme si de rien n'était.

Vers midi, Elliott arriva à l'Ute Mountaineer et Brion lui tendit le dossier sur l'expédition Denali 2003. Il résuma la situation.

– Voici la liste des personnes avec qui il doit escalader le Denali. J'ai déjà quelques réponses et j'ai pu parler à l'un d'eux, Jason Halladay. Son numéro est dans le dossier. De même que celui de la mère d'Aron. Tu trouveras aussi son adresse e-mail et le mot de passe. Sa maman veut envoyer un mail groupé à tous ses amis.

Brion parlait à toute allure : il avait du mal à garder son sang-froid, avec tous les problèmes qui lui restaient à résoudre.

– Qui s'occupe d'Aron à la police ? demanda Elliott.

– Ah oui. Je leur ai parlé plusieurs fois. Voici le numéro du type, là-bas, Adam.

– Que leur as-tu dit ?

Brion résuma sa conversation avec Adam. Elliott s'assit au bureau de Brion pour réfléchir à la prochaine étape.

Dans la pile d'e-mails imprimés que Brion avait laissés sur son bureau figurait la réponse de Jason Halladay. Il avait réagi dans les quinze minutes : « Nous n'avons pas de nouvelles de lui depuis la semaine dernière. Le dernier mail d'Aron, ici, à mon bureau, date du 22 avril, mais il n'a pas mentionné ses projets. J'aurai peut-être un courrier plus récent de lui chez moi. Je vérifie. » Une demi-heure plus tard, Jason avait envoyé un autre message. Il était sur le bureau de Brion.

De : Jason Halladay
Envoyé : mercredi 30 avril 2003, 11 h 40
À : Brion After
Sujet : recherche d'Aron Ralston

Brion,

J'ai vérifié mon courrier chez moi et les dernières nouvelles d'Aron datent du 23 avril. Il me raconte son expédition sur le Quandary. Il n'a pas évoqué ses plans du week-end, mais il m'avait parlé des canyons qu'il aimerait explorer dans l'Utah :

Canyon :
Black Box de San Rafael ;
Virgin River du Zion ;
Cable/Seger Canyons (région de San Rafael) ;

Et toutes les autres gorges listées comme « techniques » dans les livres de Kelsey (as-tu le bouquin sur le San Rafael Swell ? – Excellent).

Avec un peu de chance, nous le verrons demain à Georgetown. Mais tu as raison, ce n'est pas son genre d'oublier ses rendez-vous et de ne pas donner de nouvelles.

À bientôt,

Jason

Brion discuta avec Elliott.

– Je crois que Brad Yule est la dernière personne à avoir vu Aron. Mais je ne sais pas comment le joindre.

– J'ai son numéro de portable avec moi, s'exclama Elliott.

Il appela Brad sur-le-champ et le joignit à l'aéroport de Denver, alors qu'il allait embarquer pour Atlanta.

– Salut, Brad. J'ai une chose à te demander. Aron n'est pas venu travailler hier et aujourd'hui et on commence à s'inquiéter sérieusement. Sais-tu où il est allé ?

Brad lui raconta la randonnée à ski sur le mont Sopris, y compris les problèmes rencontrés avec mon camion. Il lui dit que j'étais parti pour le désert, mais que je n'avais pas précisé ma destination.

– Nous pensions avoir de ses nouvelles avant la soirée « Scooby-Doo » samedi, mais il n'a pas appelé. Et nous ne sommes pas allés à cette soirée.

– Bien. Te souviens-tu de ce qu'il avait dans son camion ?

– Il avait son VTT et ses skis sur le toit. Il avait aussi emporté son équipement d'escalade, ses affaires de ski et son matériel de camping.

– Avait-il prévu de skier ?

– Non, je suis pratiquement certain qu'il désirait faire du canyoning.

– Ah, d'accord. La police réclame une description de ses vêtements. Son sac à dos, sa veste.

– Elliott, j'embarque maintenant. Je vais réfléchir et je te rappelle dès que j'arrive à Charlotte.

À bord de l'appareil, Brad sortit son appareil numérique et visionna les photos prises au mont Sopris, vérifiant le type de sac que j'avais avec moi, et la couleur de la veste que je portais.

Juste avant de prévenir ma sœur, à 11 h 43, ma mère envoya un mail à l'équipe du Denali. Jason Halladay l'appela du Laboratoire national de Los Alamos, où il était technicien informatique. Ma mère marqua les emplacements du Zion National Park et du San Rafael Swell dans un atlas.

Elliott transmit les informations fournies par Brad à la police. Adam n'était pas satisfait : le désert de l'Utah était immense. Elliott énuméra alors la liste des endroits possibles indiqués par Jason. Le policier localisa le Zion National Park et le San Rafael Swell sur une carte de l'Utah. Adam Crider retransmit fidèlement les détails aux polices locales et aux services des Parcs nationaux.

La région de Moab est si touristique que les Parcs nationaux disposent d'un commandement central et d'un centre d'information. Maintenant, tous les services administratifs du sud-est de l'Utah disposaient des informations sur mon véhicule. Les recherches actives n'étaient pas encore lancées – c'était trop coûteux –, mais les rangers promirent de contacter la police d'Aspen s'ils retrouvaient mon camion.

Elliott avertit tous mes amis. Depuis le bureau de Brion, il surveillait les différentes adresses e-mail. La plupart répondaient : « Je ne sais pas où est Aron, mais je suis inquiet pour lui. » Mon ami Dan Hadlich indiquait le mont Sopris, mais aussi le mont Holy Cross, dans le Colorado, et rien sur l'Utah.

C'était en contradiction avec les propos que j'avais tenus à Brad, mais Elliott ne pouvait pas ignorer cette information.

Lorsqu'il appela Adam à la police d'Aspen, celui-ci l'informa d'un problème.

– Le numéro d'immatriculation que vous m'avez donné est faux. Nous avons consulté nos bases de données et cette plaque du Nouveau-Mexique, 888-MMY, n'a jamais existé. J'ai signalé aux services de rechercher un pick-up Toyota Tacoma marron de 1998, mais il nous faut la bonne immatriculation.

Elliott téléphona aussitôt à ma mère.

Incapable d'avaler quoi que ce soit, hantée par l'angoisse, ma mère finit par se ressaisir.

– Je dois agir ! dit-elle à voix haute.

Ce n'était pas son genre de rester assise à attendre que les nouvelles lui parviennent.

À deux reprises, elle tenta de joindre mon père à New York. Puis elle récapitula les services et les personnes à contacter : la police d'Aspen, Brad Yule, la police routière de l'Utah, et les services du Zion National Park.

Mais son téléphone mobile sonna. Elliott l'informait que le numéro d'immatriculation de ma voiture était incorrect.

– Vous dites 8-8-6, madame Ralston ? Brion avait écrit 8-8-8. La suite est bien M-M-Y ? J'appelle la police tout de suite.

Une demi-heure plus tard, Elliott rappela ma mère. Ce numéro non plus n'était pas exact, il correspondait à un 4 × 4 Chevrolet Blazer bleu. Elliott avait alors contacté le service des cartes grises du Nouveau-Mexique en donnant mon nom et la description du véhicule, mais sans effet. Cette piste ne leur permettait pas d'avancer dans les recherches.

À 15 h 45, mon père appela de New York. Ma mère, le cœur serré, lui révéla ma disparition.

– Le patron d'Aron a appelé ce matin. Il n'est pas venu travailler hier et ce matin. On ne l'a pas vu depuis vendredi ; personne ne sait où il est.

Après avoir encaissé le choc, mon père tenta d'imaginer mon sort. Il était troublé que je n'aie informé personne, mais décida de se concentrer sur les questions pratiques. Il aurait tout le temps de pleurer plus tard et voulait rejoindre ma mère.

– Non, c'est inutile. Le temps que ton travail te trouve un remplaçant, nous serons samedi soir. Et tu rentres dimanche, de toute façon, répondit ma mère.

– Promets-moi d'appeler la paroisse et de demander à quelqu'un de dormir à la maison.

– Cela ne sera pas nécessaire, répliqua-t-elle.

Mon père réussit pourtant à la convaincre. Ma mère lui expliqua alors qu'elle allait téléphoner à la police et au service des Parcs nationaux.

– Si tu ne l'as pas déjà fait, note toutes tes démarches, lui recommanda mon père.

– Oui, j'ai déjà commencé à tenir un journal des appels téléphoniques.

Après avoir tout passé en revue, mes parents ne trouvèrent aucune explication plausible à mon absence prolongée.

Mon père était rongé d'angoisse. Ma mère, avec son caractère volontaire, détestait demander de l'aide. Mais, quand une de ses amies l'invita pour la nuit, elle se sentit soulagée.

Vers 17 h 30, elle contacta, une par une, toutes les autorités de l'Utah.

Steve Patchett fut informé de ma disparition par le réseau d'alpinistes. Membre des sauveteurs de montagne d'Albuquerque, il savait à quel point chaque minute était précieuse. Depuis Albuquerque, Steve appela Mark Van Eeckhout à Los Alamos et ils discutèrent de la liste des canyons. Mercredi, à 15 h 40, ils en avaient localisé quelques-uns.

Steve appela ensuite Elliott à l'Ute Mountaineer et s'engagea à contacter les autorités du Colorado et de l'Utah. Elliott, entretemps, avait reçu un e-mail de Wolfgang Stiller qui expliquait l'annulation de notre randonnée sur le mont Holy Cross à cause des risques d'avalanche. Mais, selon Wolfgang, il était possible que je tente la balade en solitaire. Elliott transmit l'information à Steve, qui appela le shérif de l'Eagle County, où se trouvait le Holy Cross. Elliott, lui, concentrait ses efforts sur l'Utah. Steve avait mobilisé une équipe d'Albuquerque qui devait s'y rendre le lendemain.

Steve contacta tous les services des Parcs ; des volontaires inspectèrent les endroits auxquels on peut accéder à pied ou en VTT.

Vers 18 h 30, Steve Patchett appela ma mère pour la mettre au courant des recherches en montagne. En comparant les informations de Steve avec sa propre liste, ma mère reconnut l'Emery

County. Elle téléphona à 19 h 20. Le ranger de permanence lui apprit que les patrouilles « n'avaient pas établi de contact avec la personne disparue, ni retrouvé son véhicule ».

Ma mère les supplia de poursuivre les recherches durant la nuit, mais la réponse fut négative : la plupart des agents quittaient leur service. Et le gardien de permanence se permit de suggérer :

– Parfois, les randonneurs se perdent. La plupart du temps, ils retrouvent leur chemin tout seuls.

Ce type ne connaît pas mon fils ! pensa ma mère, et elle répliqua :

– Il n'est pas perdu. Il a eu un accident.

Dix minutes plus tard, elle parla à Eric Ross, qui avait pris le relais d'Adam au poste de police d'Aspen. Il lui réclama mes numéros de compte en banque et de cartes de crédit, et lui expliqua qu'il allait appeler les compagnies de crédit pour trouver trace de mes derniers achats et appeler ma banque dès l'ouverture, le lendemain matin.

Épuisé par cette journée, Elliott, avant d'aller s'écrouler dans son lit, colla un mot sur la porte de ma chambre : « Aron, tu es porté disparu. Tout le monde te cherche. Frappe à ma porte ou appelle-moi sur mon portable dès que tu rentres. »

Ma mère rappela mon père vers 21 heures pour le mettre au courant de l'avancement des recherches. Il savait que je n'avais pas disparu volontairement et que je ne m'étais pas perdu ; pour lui, soit je m'étais cassé une jambe, soit j'étais coincé par une chute de pierre sur un flanc de montagne. « Tiens bon Aron, accroche-toi ! » murmura-t-il pour exorciser le pire. Incapable de dormir, il prépara des notes professionnelles, au cas où il devrait rentrer d'urgence.

À Boulder, ma copine Leona revenait d'une séance de méditation qui n'avait pas apaisé son angoisse. Comme dans un rêve, elle sentit ma présence, mais elle ne pouvait dire où je me trouvais. Quand elle sortit de sa transe, elle était épuisée et alla directement se coucher.

À 22 h 20, après avoir parlé à ma sœur, ma mère alla se coucher. À 2 heures, incapable de trouver le sommeil, elle appela la police d'Aspen. Les recherches étaient au point mort : je ne m'étais pas servi de mes cartes de crédit depuis le jeudi 24 avril, pour un plein d'essence à Glenwood Springs. Mais le gros problème était le numéro d'immatriculation.

À 3 heures du matin, elle parlait avec un policier de Santa Fe qui avait accès à la base de données. Dix minutes plus tard, elle disposait finalement du bon numéro – NM 846-MMY – et transmit aussitôt l'information à la police d'Aspen. Épuisée, elle s'assit sur les marches de l'escalier et pria : *Tiens bon, Aron, on arrive. Courage !*

13

Éclaircissement et euphorie

Ce n'est que lorsqu'on a tout perdu qu'on est libre.

Brad PITT,
dans le rôle de Tyler Durden dans *Fight Club*

Je sors la tête de mon sac à corde et j'observe l'aube qui fait son entrée dans les entrailles du canyon. La lumière toute neuve dissipe les visions qui ont dominé ma nuit. Cependant, mon cerveau semble tellement tourmenté par cent vingt heures de veille que le jour apparaît comme une nouvelle fabrication hallucinatoire. je discerne à peine l'immonde rocher qui m'écrase le bras dans l'imaginaire élaboré par mon esprit en délire. En cinq jours, la poussière s'est accumulée sur mes lentilles de contact ; mes yeux souffrent à chaque battement de paupières. Je n'arrive même plus à maintenir ma tête. Je suis un zombie. Je suis un mort-vivant.

Jeudi, 1er mai, je n'arrive pas à croire que je suis encore en vie. J'aurais déjà dû mourir depuis plusieurs jours. Comment ai-je pu tenir le coup toute cette nuit, dans des conditions d'hypothermie notoire ? Je suis presque déçu d'avoir survécu, parce que, maintenant, l'épitaphe que j'ai gravée sur la paroi est incorrecte. Je n'ai pas « Reposé En Paix » au mois d'avril. Pendant un instant, je me pose la question : dois-je modifier la date ? Pour quoi faire ? Ceux qui récupéreront ma dépouille ne s'en préoccuperont pas et le médecin légiste établira l'heure exacte de ma mort d'après la décomposition de mon corps. Donc, pas de problème.

Où est passée la confiance que j'ai ressentie lors de ma vision du petit garçon blond, mon futur fils ? Je pensais avoir touché le fond hier soir, en gravant mon épitaphe, mais j'avais repris espoir en serrant ce petit môme dans mes bras. Mon optimisme n'a pas résisté à la puissance stoïque du rocher, et au goût âcre de la pisse.

Il est 8 h 30, mais le corbeau n'est pas encore passé. Je m'en étonne, mais je suis trop occupé à chasser les insectes qui bourdonnent avec insistance tout autour du rocher. J'en tue quelques-uns avec ma main gauche. Je consulte ma montre : 8 h 45. Même l'oiseau m'a abandonné. Son absence semble signifier que mon temps tire à sa fin, comme si cet oiseau était une divinité totémique qui me protégeait.

J'éprouve soudain un dernier désir : je veux mourir en écoutant de la musique ! L'air qui m'obsédait quelques jours plus tôt n'encombre plus ma tête. Mais je n'ai plus une seule mélodie en mémoire. Tout ce que j'entends, c'est le silence effrayant du canyon. Les écouteurs sont restés pendus à mon cou depuis cinq jours, mais mon lecteur et mes deux CD sont dans le compartiment principal de mon sac à dos. Je le balance facilement d'un coup d'épaule et le pose sur mon genou gauche levé. Je fouille fébrilement dans le fond et je trouve la machine et les disques... baignant dans un centimètre de sable. Avant d'avoir sorti l'appareil, je sais qu'il sont foutus. En cinq jours, le désert a abrasé leur surface comme si je les avais passés au papier de verre. En plus, le lecteur ne veut même plus fonctionner. Chaque fois que j'appuie sur le bouton, il indique « pas de disque ». Je change les piles par acquit de conscience, mais l'appareil est mort. J'ai dû le cogner à un moment ou à un autre.

Le Caméscope, lui, a bien résisté aux rigueurs du sable et des chocs. Tant pis pour la musique ! Je pose la caméra sur le rocher et je me prépare à parler. Dès les premiers mots, la faiblesse et le timbre de ma voix m'impressionnent. Encore un signe que ma mort est proche ; j'attends la Grande Faucheuse.

– Jeudi, 9 heures. Maintenant, on va peut-être me retrouver encore vivant.

C'est presque une bonne nouvelle, me dis-je. J'ai établi une fenêtre de sauvetage située entre aujourd'hui et dimanche, mais je ne m'attends pas à l'arrivée imminente d'une équipe de secours. Mes chances ont simplement augmenté de « hautement improbable » à, disons, « peu probable ». Inutile de ruminer sur ma situation. D'ailleurs, comme mon esprit est de plus en plus embrumé, je suis incapable de réfléchir longtemps à quoi que ce soit. Tout à coup, je pense au mariage de ma sœur. Zack et elle m'avaient demandé de jouer un peu de piano pendant la cérémonie, en août prochain.

– Sonja... Si tu veux toujours que je joue du piano pour ton mariage... tu trouveras une cassette, au fond d'une boîte, dans la cave de papa et maman. Sur la boîte, j'ai écrit « Mon Piano » ou « Ma Musique ». Prends la cassette, elle comporte essentiellement les auditions de 1993 et 1994.

Je l'imagine insérant la cassette, écoutant les morceaux avec ma mère. Je sais que pour eux ce sera pénible. Écouter Mozart, Bach, Beethoven et Chopin, mon préféré, joués par moi : un vrai supplice. Une autre image surgit dans ma tête. Je ne sais pas où cela se passe, mais le mariage est en plein air. Les mêmes airs de piano sortent des haut-parleurs de la sono et tout à coup un nuage éclate et une pluie de larmes s'abat sur tous les membres de la famille. Ma mort va gâcher le mariage de Sonja, mais je sais qu'elle ne l'annulera pas. Pas question de le retarder. La vie continue ; elle doit continuer.

Je me force à extraire de ma tête les images de ma mère et de ma sœur. J'ai encore oublié un détail sur ma situation financière, je mentionne donc mon plan d'épargne-retraite.

– J'oubliais, mon plan d'épargne peut profiter à Sonja...

Je ne termine pas la phrase. Mes pensées en désordre se télescopent dans mon espace mental. Je flotte, sans expression, perdu, puis une autre pensée accapare mes neurones à la dérive, mais je ne peux pas m'y raccrocher assez vite pour la transformer en mots. Elle replonge dans les abysses de mon cerveau épuisé. Puis elle refait surface ; cette fois je la saisis. C'est au sujet de ma crémation et de la dispersion des cendres.

– Encore... quelques... précisions... Knife Edge Peak, pour les cendres à jeter dans le Nouveau-Mexique. C'est là que devraient se rendre Dan et Willow, Steve DeRoma, Jon Jaecks, Eric Neimeyer et Steve Patchett.

Je m'éclaircis une fois de plus la gorge et je presse le bouton d'arrêt. J'espère que les paroles prononcées sur la bande expriment mon amour pour ma famille et mes amis, mais aussi mes dernières volontés et mon testament. Je suis vidé par l'effort accompli. Ce sera la dernière fois. Je replie l'écran et range la caméra dans le coin du rocher, contre la paroi du canyon.

Je suis mal. Une heure s'écoule sans que je fasse quoi que ce soit. Au moins n'ai-je pas à lutter pour garder un peu de chaleur. Mais comme je n'ai pas à remettre sans cesse en place les cordes enroulées sur mes jambes et le plastique qui me protège les bras, je suis désemparé. Je n'ai rien à faire. C'est seulement dans l'action que ma vie prend son sens. Sans occupation, sans stimulation, je ne vis plus, je ne survis même plus. J'attends, c'est tout.

L'impact de mes coups de marteau ont endommagé ma main gauche, je ne peux plus espérer autre chose que l'attente. Mais l'attente de quoi ? Des secours... ou de la mort ? Cela n'a plus d'importance. Les deux issues augurent la délivrance. Et, quand j'en ai assez d'attendre, il ne me reste qu'une chose, encore attendre.

En revanche, je peux ignorer la douleur de ma main gauche et casser de la pierre avec mon marteau primitif. Je peux reprendre les coups de canif dans le grès, malgré leur inutilité. Je peux reprendre tout ce que j'ai fait depuis cinq jours, avec, pour seule motivation, bouger, m'agiter. J'attrape ma pierre. Ah, je vais avoir besoin de ma chaussette pour amortir les coups. Allez, on enlève sa chaussure gauche, on récupère un matelassage pour sa main abîmée. Les meurtrissures sur mon pouce demandent grâce dès la première frappe. Je dois m'arrêter au bout de cinq coups. L'adrénaline fait monter ma colère et je lève le marteau. Je vais me venger sur ce caillou qui m'a bousillé la main gauche. La rage s'empare de moi. Je cogne comme un forcené. Ma main souffre de plus en plus.

Je dois me contraindre au repos, mais je ne peux plus lâcher mon caillou. Mes doigts sont tétanisés par la puissance de ma poigne.

Aron. Tu y vas un peu fort.

Peu à peu, mes nerfs se relâchent, mes doigts se desserrent, je lâche prise et pose le caillou sur le rocher. J'ai tout sali une fois de plus. Je veux brosser les gravats accumulés sur mon avant-bras, surtout autour de ma blessure. Je prends mon couteau et racle les particules de roche avec la lame. En éloignant la saleté de mon pouce, le couteau s'enfonce dans ma chair et un petit morceau se détache. Je savais que ma main était en train de se décomposer. Privée de circulation sanguine, cette partie de mon corps a commencé à mourir dès que le rocher lui est tombé dessus. Lorsque je songeais à l'amputation, c'était en pensant que ma main était fichue et qu'il faudrait de toute façon l'amputer si on parvenait à me dégager d'ici vivant. Mais je ne m'étais pas rendu compte de la vitesse à laquelle la décomposition avait avancé depuis samedi après-midi. Maintenant, je comprends pourquoi les insectes se font de plus en plus nombreux. Ils sentaient déjà leur prochain repas, le nouveau havre pour leurs larves.

Par curiosité, je pique mon pouce droit avec la lame. Au second coup de lame, l'épiderme cède. Le couteau s'enfonce comme dans du beurre, et un léger sifflement se fait entendre. Des gaz. Ce n'est pas bon signe : la pourriture a progressé plus rapidement que je ne le prévoyais. L'odeur est encore faible, mais c'est la puanteur d'une carcasse déjà bien avancée.

Cette odeur réveille en moi une idée – la gangrène qui a commencé dans ma main va bientôt se propager dans mon avant-bras, si ce n'est déjà le cas, et empoisonner tout mon corps. Je secoue mon bras furieusement, dans l'espoir de me dégager de ces menottes de grès. Je veux me débarrasser de tout contact avec cet appendice en putréfaction.

Je n'en veux pas.

Ce n'est plus une partie de moi-même.

C'est de la pourriture.

Débarrasse-t'en, Aron. Fais-le tout de suite.

Je gigote comme un forcené. Je hurle de colère en me débattant dans tous les sens. Je perds toute dignité, après m'être efforcé pendant tant de jours de la garder. Puis je sens que mon bras se tord de façon étrange. Une révélation ! Une intervention divine qui me fait comprendre quel chemin je dois prendre.

Si je tords mon bras suffisamment, je peux briser les os de mon avant-bras.

Je peux arquer cette saloperie de bras jusqu'à ce qu'il se brise !

Et merde, Aron ! C'est ça, c'est ce qu'il faut faire ! BORDEL DE MERDE !

Je me dépêche de dégager tout ce que j'ai posé sur le rocher. Il n'y a pas à hésiter. Comme en pilotage automatique, je me baisse sous le rocher, mais je n'arrive pas à descendre assez pour forcer sur mon bras. Je suis gêné au niveau de la taille. Je détache ma sangle et me laisse tomber le plus bas possible. Il faudrait presque que je touche le sol des fesses. Je place mon bras gauche sous le rocher et je pousse de toutes mes forces. Plus fort ! ENCORE PLUS FORT ! En pliant lentement mon bras vers le bas et vers ma gauche. Paf ! Un claquement résonne comme un coup de pistolet muni d'un silencieux dans le Blue John Canyon.

Je sens une excroissance anormale un peu au-dessus de mon poignet. J'éloigne mon corps du rocher et je recommence à bouger et, là, je sens l'interstice entre les deux parties de mon os brisé.

Sans prendre le temps de souffler, je presse mon corps contre le rocher avec une seule idée en tête. Je pousse avec mes jambes et j'attrape le dessous du rocher avec ma main gauche. J'applique toutes mes forces avec la férocité d'un sauvage. Fort ! Plus fort ! TRÈS, TRÈS FORT ! Et j'entends un second coup de pistolet amorti. En sueur, euphorique, je tâte une seconde fois mon avant-bras à cinq centimètres au-dessus du poignet et j'éloigne mon épaule droite de la paroi. Les deux os sont fracturés au même endroit, le cubitus un peu plus près du coude que le radius.

Je tourne mon avant-bras et je constate qu'il est maintenant indépendant du poignet ! Tout excité, je déplie la seconde lame de mon outil, celle qui coupe le mieux. Je laisse tomber la procédure du garrot et je place ma lame entre deux veines bleues.

J'enfonce le couteau dans mon poignet, regardant, fasciné, ma peau qui se distend. La lame finit par percer l'épiderme et s'enfonce jusqu'à la garde. La douleur est intense. Je sais que je n'en suis qu'au début. Je consulte ma montre, il est 10 h 32. *O.K., Aron, on y va. Pas le moment de flancher.*

J'oublie mes propos sur l'amputation, qui ne serait rien d'autre qu'un suicide lent. Je fonce, porté par une puissante vague émotionnelle. Je décide de faire face à la mort. Je suis enthousiasmé d'avoir trouvé comment amputer ce bras qui disparaît dans le grès comme un cauchemar surréaliste.

Je commence par entailler le plus de peau possible, en évitant les veines, comme des spaghettis cachés sous la peau. Lorsque j'ai pratiqué une incision assez grande dans mon bras, à environ dix centimètres sous mon poignet, j'enlève le couteau, en tenant le manche entre mes dents et je plonge mon index gauche dans l'ouverture pour tâter ce qui s'y trouve. Fouillant dans cette texture bizarre et pour moi plutôt inhabituelle, j'établis une sorte d'image mentale de l'intérieur de mon bras. Je sens des paquets de fibres musculaires, puis je palpe deux bouts d'os cassés proprement, mais en biais. Lorsque je tourne mon avant-bras droit, comme pour tourner ma paume emprisonnée vers le bas, je constate que les bouts d'os suivent le mouvement librement, alors que les autres extrémités des cassures restent fixes. Le mouvement est douloureux, certes, mais c'est un geste que je n'ai pas pu faire depuis samedi. Bientôt, je serai libéré du reste de ma main écrasée. Ce n'est plus qu'une question de temps.

Je tâte, je pince et j'arrive maintenant à distinguer entre la matière dure des tendons et des ligaments et celle plus molle et plus élastique des artères. Je décide de ne couper celles-ci qu'au tout dernier moment, si j'y parviens.

Je sors mes doigts ensanglantés de l'entaille et j'isole un filet de muscles. Le tenant entre mon pouce et la lame, je commence à couper un filament rougeâtre, épais comme un doigt. Je dois m'y reprendre une douzaine de fois, glissant la lame dans le muscle filament par filament.

Séparer, pincer, tourner, trancher.

Et je recommence.

Quelle que soit la masse sanguinolente que je place entre mon pouce et la lame, elle cède au va-et-vient du couteau. Je suis comme un coupeur de tuyau qui incise la circonférence externe d'une sorte de tube flexible. À chaque fois que j'isole un bout de muscle pour le soumettre à ma lame, je sonde pour voir si je ne suis pas tombé sur une artère. Si j'en trouve une, je tire un peu dessus pour la séparer du filet que je vais trancher. Finalement, ayant déjà coupé environ un tiers des tissus divers qui composent mon avant-bras, je sectionne une artère. Je n'ai pas encore mis le garrot, mais je suis comme un gamin de cinq ans devant l'arbre de Noël, impatient de déballer ses cadeaux – maintenant que j'ai commencé, rien ne pourra m'arrêter. Le désir de me libérer est si fort que j'échafaude une théorie médicale : je ne perds pas trop de sang parce que ma main écrasée fait fonction de valve d'isolation dans mon système circulatoire.

Un quart d'heure s'écoule. Je suis absorbé par ma tâche. Je veux effectuer l'opération chirurgicale le plus vite possible. Bloqué par le tendon jaunâtre d'un bon centimètre de diamètre, je dois pourtant m'arrêter. Il est temps de serrer mon garrot de fortune. J'ai déjà coupé une seconde artère et le sang a coulé le long de la paroi du canyon, sous mon bras. Peut-être que, ayant enlevé la plupart des tissus dans la partie médiane de mon avant-bras, les vaisseaux se sont ouverts et l'hémorragie s'est accélérée depuis quelques minutes. La chirurgie est ralentie par le tendon et je ne veux pas perdre inutilement du sang pendant que je suis encore prisonnier du roc. J'aurai besoin de toute mon énergie pour rejoindre mon camion et conduire vers Hanksville ou Green River.

Je n'ai pas encore décidé de la voie la plus rapide pour atteindre une antenne médicale. La cabine téléphonique la plus proche se trouve à Hanksville, à une heure de voiture à l'ouest, si j'arrive à passer les vitesses avec ma seule main. Mais je ne me souviens plus s'il existe un hôpital ; ne me reviennent à l'esprit qu'une station-service et un petit restaurant. Green River se trouve à deux heures de voiture vers le nord, mais je sais qu'il y a une clinique là-bas. J'espère tomber sur quelqu'un, à l'entrée de la piste, qui pourra m'y conduire, mais, si je me rappelle bien, samedi, il n'y avait que trois véhicules dans le parking. Et c'était un week-end. Nous sommes maintenant en plein milieu de la semaine. Je dois supposer qu'il n'y aura personne en arrivant au camion, et doser mes efforts pour tenir le coup six ou sept heures avant tout soin médical.

Je pose mon couteau devant moi, sur le rocher, et attrape le tube en néoprène de mon Camelbak qui traîne là, inutilisé depuis deux jours. J'entoure mon bras à double tour, à sept centimètres au-dessous de mon coude. Je tiens le tube élastique d'un côté avec mes dents et je serre avec ma main libre. Ensuite, je fixe rapidement un mousqueton dans le garrot et je tourne six fois, comme j'en avais fait l'essai, il y a une éternité ; était-ce mardi ? ou lundi ?

Pourquoi n'ai-je pas trouvé comment casser mes os à ce moment-là ? me demandé-je. *Pourquoi avoir souffert pendant tout ce temps ?* Je dois vraiment être idiot. Il m'a fallu six jours pour trouver comment me couper le bras. Je n'arrive pas à le croire.

Aron, tu t'égares. Ça n'a plus d'importance. Concentre-toi sur ton travail de charcutier.

J'accroche le mousqueton à une seconde boucle de la sangle, autour de mon biceps, pour empêcher le néoprène de se desserrer, et je reprends mon outil ensanglanté.

Je procède à la chirurgie en dégageant les dernières fibres musculaires autour du tendon. Puis je coupe une troisième artère. Je n'ai toujours pas émis un son. Je ne cherche même pas à exprimer ma douleur ; ce n'est pas plus important pour moi que la couleur du garrot.

J'ai maintenant un meilleur accès au tendon. J'ai beau scier comme un bûcheron, impossible d'entamer ces fibres d'une résistance extraordinaire. Je tire dessus avec mes doigts et je me rends compte que le tendon est aussi solide qu'un câble tressé ; cela ressemble à une double épaisseur de bande en fibre renforcée utilisée pour les emballages. Je ne peux pas le couper. Je décide donc d'utiliser la pince de mon Leatherman. Je dois d'abord replier la lame pleine de sang avant de déplier le manche pour accéder aux mâchoires de la pince. Et j'attaque le tendon. Je serre, je tords, je déchire enfin un fragment. Oui, j'ai trouvé la manière. Je me lance dans la partie la plus sauvage de ma propre amputation.

Attraper, serrer, tordre, arracher.

Et je recommence.

Quelle histoire incroyable à raconter à mes potes, me dis-je. *Jamais ils ne croiront la manière dont j'ai dû m'y prendre pour me couper le bras. J'y crois à peine moi-même. Et en plus je me regarde en train de le faire !*

Petit à petit, je déchire le tendon et je finis par sectionner totalement cette matière entrelacée, solide comme une corde. Je rechange ensuite la configuration de l'outil, utilisant mes dents pour ressortir la lame. Il est 11 h 16. Je charcute depuis plus de quarante minutes. Avec mes doigts, je fais l'inventaire de ce qui reste à couper : deux petits filets de muscle, une autre artère, et un quart de circonférence de peau contre la paroi. Il ne faut pas oublier la pâle mèche de nerfs blanchâtres, qui ressemble à une poignée de cheveux d'ange. Je crois que couper dans cette pelote sera inévitablement très douloureux. Je prends bien soin de ne pas toucher le nerf principal avec mes doigts. Je préfère ne pas savoir à l'avance ce qui m'attend. Les plus petites branches nerveuses sont déjà tellement sensibles que le moindre déplacement occasionne des chocs éprouvants jusqu'à l'épaule. Il faudra pourtant tous les sectionner. Je place le fil de la lame sous le nerf et le titille, comme si je soulevais une corde de guitare jusqu'à ce qu'elle cède. La douleur est intense. Je dois réévaluer ma résistance à la douleur – j'ai l'impression de plonger mon bras entier dans un chaudron de magma.

Quelques minutes plus tard, j'ai suffisamment récupéré pour continuer. La dernière étape consiste à étirer le dernier morceau de peau de mon poignet et à le scier contre la paroi du canyon, comme si je coupais une tranche de cartilage dans ma cuisine. Alors qu'approche le moment final de la libération, le taux d'adrénaline grimpe. Ce n'est plus du sang qui coule dans mes artères, mais tout mon avenir. Je puise de l'énergie en repensant à tous les grands moments de mon existence ; ces souvenirs représentent aussi des opportunités pour l'avenir.

Jeudi 1er mai 2003. Il est 11 h 32. Pour la seconde fois de ma vie, je viens de naître. Cette fois, je sors du ventre d'un canyon rosé, où j'incube depuis six jours. Je ne suis pas un bébé, je suis un adulte et je comprends pleinement la signification et l'incroyable puissance de cette naissance, comme aucun de nous ne le comprend quand cela nous arrive la première fois. Ma famille, mes amis, mes passions engendrent en moi une énergie qui peut s'apparenter à celle que je ressens quand je touche un sommet après une ascension difficile, mais en mille fois plus fort. Je tire sur les derniers restes de tissus qui me relient encore à ma main et je presse la lame contre la roche. Le dernier morceau de chair se détache.

Un moment cristallin : le monde est soudain différent. Là où je me sentais confiné, je suis soudain libéré. Sous la force du recul de ma brusque libération, mon bras gauche m'entraîne en arrière. Je tombe à la renverse contre la paroi nord du canyon, transporté de joie. En regardant ce que j'ai gravé sur la pierre, moins de douze heures auparavant : REP OCT 75 ARON AVR 03, je m'écrie :

– JE SUIS LIBRE !

Je vis le moment le plus intense de toute ma vie. J'ai l'impression que je vais exploser. Je suis tellement choqué que je reste paralysé pendant un long moment. Terminé : je ne suis plus prisonnier de l'espace que j'ai occupé pendant près d'une semaine. Je me sens comme drogué et déstabilisé, mais galvanisé par ma liberté toute neuve. Sonné comme un boxeur. Ma tête ne tient plus sur mes épaules et je dois m'appuyer contre la paroi rocheuse. Je trébuche sur les pierres qui jonchent le sol du canyon, mais mes jambes réagissent vite et je me rétablis avant de chuter. Même la possibilité de tomber me semble miraculeuse. Je regarde le sang qui barbouille l'infâme rocher et le mur nord du canyon. Les éclaboussures cachent la masse sombre et informe de ma main restée là, mais les deux os blanchâtres dépassent de cette masse sanguinolente. Je suis fasciné à la vue de cette section béante de mon avant-bras.

Bon, ça suffit. Tu n'en as pas fini. L'heure tourne, Aron. Il faut sortir d'ici.

14

« On a retrouvé son camion »

Il faut y croire avant de l'imaginer.

Mark TWIGHT,
dédicace sur mon exemplaire de *Kiss or Kill*

Ma mère resta assise pendant trois heures sur les marches de l'escalier de la maison, les mêmes marches que je dévalais à fond de train lorsque j'étais gamin, encore écolier. Imaginant les pires éventualités, elle attendait dans une anxiété extrême l'ouverture des divers services administratifs qu'elle avait contactés.

Ma mère est, comme moi, impatiente. À 5 h 45, elle téléphona à nouveau à toute sa liste d'agences administratives en charge des territoires du centre de l'Utah. Après avoir contacté plusieurs services de police, elle tomba sur une interlocutrice compatissante, aux services de la Sécurité civile. Elle expliqua que je n'avais pas beaucoup d'argent et qu'en conséquence je campais dans la benne de mon camion. Cependant, j'étais quelqu'un de très sérieux et de responsable et j'aurais donc certainement appelé mon lieu de travail si j'avais eu accès à un téléphone.

À 6 h 52 fut diffusé par radio dans tout l'État un avis de recherche reprenant les informations fournies par ma mère.

À toutes les voitures de Richfield, ordre de recherche d'une personne disparue, partie d'Aspen, Colorado, en direction de l'Utah, pour une randonnée dans le désert. Aperçu pour la dernière fois jeudi 24 avril, à Aspen. Informé qu'il se rendait quelque part, dans l'Utah pour une randonnée en climat chaud.

Son véhicule est un Toyota Tacoma marron, année 1998, immatriculé dans le Nouveau-Mexique, numéro Huit-Quatre-Six-Mike-Mike-Yankee, je répète : Nouveau-Mexique Huit-Quatre-Six-Mike-Mike-Yankee. Véhicule équipé d'une galerie porte-skis.

À toutes les voitures, l'individu est un dénommé Aron Ralston, âge vingt-sept ans, sexe masculin, taille 1,88 mètre, corpulence 80 kilos, yeux marron, cheveux châtains. Il est seul, c'est un randonneur expérimenté, brevet de secourisme, alpiniste et skieur. Personne très sérieuse et responsable.

L'individu ne s'est pas présenté à son travail mardi comme prévu. Aucune nouvelle de lui depuis. Il doit avoir des skis et un équipement de skieur dans son véhicule. Très peu d'argent.

À 8 heures, ma mère parla à Larry Shackleford, du Bureau de l'administration des territoires, à Salt Lake City. Il lança un « avis d'observation » sur mon véhicule et appela ensuite ses contacts personnels dans les différents services, pour s'assurer que le message avait bien été reçu et qu'on avait agi en conséquence. Ma mère fut rassurée de constater que, dans ces deux administrations, on l'avait écoutée et mobilisé les services pour activer les recherches. Elle était fatiguée d'entendre depuis hier la même litanie de la part des services de police : « C'est une chose courante », et « il va réapparaître quelque part ». Elle était impatiente de reparler au capitaine Kyle Ekker, le contact le plus coopératif qu'elle avait trouvé depuis vingt-quatre heures. Il n'allait pas tarder à reprendre son service.

À 9 heures, Adam Crider partit vérifier mes comptes à la banque. En quelques minutes, on retrouva trace de mes transactions.

– Il semblerait que son dernier achat date du 25, à Moab.

– Quel en était le montant ?

– Vingt-deux dollars trente et un cents. (J'avais acheté de l'eau, des fruits, des barres sucrées, et les burritos.)

– La transaction précédente ?

– Vingt-neuf dollars vingt-deux cents, chez Clark's, ici, le 24. (J'avais acheté des provisions avant de rentrer chez moi, pour ma balade à ski avec Brad, mais le supermarché n'avait passé la transaction qu'après minuit.)

– C'est tout ? Rien après le 25 ? Quelle est la fréquence de la mise à jour ? demanda Adam.

– Tout est immédiat, du moins en quelques heures, en fonction des habitudes des commerçants.

Adam Crider savait déjà que j'avais pris de l'essence à Glenwood Springs. De là, il est possible de bifurquer vers l'est, ou vers l'ouest, en prenant la route I-70. Les policiers n'étaient pas beaucoup plus avancés, hormis le fait de savoir que je n'avais pas utilisé ma carte depuis une semaine. Avec les informations fournies par la banque, Adam apprenait au moins que j'étais passé par Moab le vendredi et que j'en étais parti. Mais dans quelle direction ?

Jeudi matin, à 9 h 07, Steve Patchett, dans sa cuisine, réfléchissait à l'orientation des recherches. Il appela les bureaux du shérif de l'Emery County et parla au capitaine Kyle Ekker, qui lui expliqua que les recherches étaient restées vaines.

– On a envoyé nos gars un peu partout, mais ils n'ont rien trouvé. On les a rappelés juste avant la nuit.

Après avoir évoqué d'autres possibilités dans le secteur, Steve dit à Kyle :

– Je suis pratiquement certain qu'il est dans votre juridiction.

Kyle promit de tenir Steve au courant. *S'il est dans ce secteur, il doit être au sud, dans le coin du Robbers Roost*, se dit-il.

Kyle appela la station du Hans Flat, à l'entrée du Maze District de Canyonlands, et demanda si on n'avait pas aperçu un Toyota Tacoma dans les parages. À 9 h 15, le ranger Glenn Sherrill, qui répondit au téléphone, reconnut immédiatement la description du véhicule. Ce camion était garé à l'entrée du Horseshoe Canyon depuis le week-end.

– J'ai vu ce véhicule, il y a trois jours. Et il est toujours là, précisa-t-il.

En général, moins de dix personnes par jour visitent le Horseshoe Canyon, peut-être un peu plus pendant les week-ends. La plupart y restent moins d'une demi-journée. Chaque jour, les rangers du service des Parcs nationaux inspectent le canyon, les randonneurs et les pétroglyphes de la Great Gallery. En général, ils sont les premiers sur place, et les derniers à quitter les lieux. Ils ont l'habitude de voir le parking vide, ou occupé par un ou deux véhicules de campeurs. Une voiture stationnée là pendant près d'une semaine ne peut pas échapper à leur attention. Et, comme mon camion bloquait le panneau d'accès à l'entrée de la piste, il était d'autant plus notable.

Glenn resta prudent.

– Je suis presque sûr que c'est le véhicule dont vous me parlez.

Kyle demanda :

– Vous avez quelqu'un qui peut vérifier la plaque d'immatriculation ?

– Oui. On y va. Je vous rappelle.

Glenn lança un appel radio aux rangers qui s'apprêtaient à pénétrer dans le canyon. Ils étaient encore sur l'aire de stationnement. Ils confirmèrent que mon camion était toujours là, puis vérifièrent le numéro. Glenn rappela Kyle.

– Confirmé, nous avons le véhicule.

– Merci de votre aide. Nous envoyons quelqu'un sur place.

Le capitaine expédia le sergent Mitch Vetere jusqu'à l'entrée de piste et chercha à joindre par radio le shérif du Wayne County, Kurt Taylor. Moins d'une heure plus tard, son adjoint, Doug Bliss, rappela.

L'entrée de piste du Horseshoe Canyon se trouve à la limite du Wayne County, et la responsabilité des recherches revenait donc à cette juridiction. Mais, si mon véhicule était bien stationné dans le Wayne County, je pouvais aussi bien me trouver dans l'Emery County si j'avais marché vers le nord, ou dans le Wayne, si j'étais parti vers le sud. Avec l'autorisation de Doug, Kyle dirigea les opérations. Il demanda au service de Park de Price, dans l'Utah, d'envoyer un hélicoptère.

Dès 9 h 37, Elliott savait qu'on avait retrouvé mon camion au Horseshoe Canyon. Une demi-heure plus tard, il avait prévenu tout le monde. Au Nouveau-Mexique, Steve Patchett appela Jason Halladay à 10 h 31. En une heure, ils avaient réuni deux groupes d'amis, des secouristes d'Albuquerque et des alpinistes de Los Alamos, qui prirent immédiatement la route de Horseshoe Canyon. Steve prévint Kyle Ekker qu'une équipe de l'Albuquerque Mountain Rescue Council arrivait.

Chez mes parents, à Denver, ma mère et son amie Ann Ford s'activaient. Elles avaient décidé d'envoyer une affichette à toutes les églises méthodistes de la région de Grand Junction. Elle colla une photo de moi sur une feuille de papier et ajouta la description suivante.

Aron Ralston, né le 27/10/75, taille 1,88 mètre, poids 80 kilos, Vu pour la dernière fois le jeudi 24 avril vers 18 heures près de Carbondale, Colorado. S'est arrêté à la station-service de Glenwood Springs le 24 avril au soir. Très sportif – se dirigeant peut-être vers l'Utah pour camper, faire du VTT ou skier.

Ma mère avait ajouté les caractéristiques et le numéro d'immatriculation de mon camion ainsi que le numéro de téléphone de la police d'Aspen. Elle photocopiait le document quand on sonna à la porte d'entrée.

C'était son amie Sue Doss, qui venait lui soutenir le moral. À trois, elles se lancèrent dans la distribution par fax de l'affichette. Cette fois, ce fut le téléphone portable qui vint interrompre ma mère.

À l'autre bout du fil, le chef ranger Steve Swanke du Canyonlands National Park lui annonça :

– Madame Ralston, nous avons retrouvé le véhicule de votre fils.

Ma mère était tout excitée.

– Ils ont trouvé son camion ! Dieu merci, ils ont trouvé son camion !

Ma mère savait maintenant qu'elle n'avait plus rien d'autre à faire que prier pour qu'ils me retrouvent vivant.

Le ranger Steve Swanke et le capitaine Kyle Ekker demandèrent des hélicoptères, des chiens, une équipe de montagnards, des hommes à pied et des équipes à cheval pour fouiller de fond en comble le Horseshoe Canyon. Dans les locaux du Commandement unifié, à Moab, Swanke assigna deux hommes qui tombèrent immédiatement sur mon site Web, avec la description de mes projets d'alpinisme et les récits de mes randonnées de canyoning. Ils en déduisirent que j'étais un sportif avec une bonne expérience de la montagne, mais que je n'avais pas forcément une bonne connaissance du Horseshoe Canyon.

Le guide de l'Association nationale des recherches et secours aide les responsables d'opérations à déterminer l'urgence relative d'une disparition en fonction du nombre de personnes disparues, de leur âge, de leur état de santé, de leur équipement, de leur expérience et des facteurs météorologiques. Chaque facteur est gradué de 1 à 3. Lorsque la somme des facteurs atteint entre 9 et 12, il faut intervenir d'urgence.

D'après les informations qu'ils avaient, étant donné mon absence de près d'une semaine, le ranger Swanke estima que les secours étaient d'extrême urgence. À sa demande, un hélicoptère décolla de Durango, Colorado, juste avant midi. Un second hélicoptère du service des Forêts partit du sud de l'Utah. Leur mission : « localiser, accéder à, stabiliser et transporter Ralston avant 20 heures le 1er/05/03 ». Ils espéraient me sortir de là en dix heures.

Le capitaine Ekker discuta avec l'officier du Wayb County, le chef adjoint Doug Bliss, qui proposa d'envoyer ses éclaireurs équestres. Ekker plaisanta.

– Avec les hélicoptères, on l'aura trouvé avant même que les chevaux n'arrivent sur place. Mais amenez-les quand même. Préparez-vous à y passer la nuit.

À 11 h 25, Bliss convoqua toutes ses équipes de recherche à Hanksville.

– Retrouvez-vous au Carl Hunt pour une recherche dans le secteur du Horseshoe Canyon. Amenez les chevaux et soyez prêts à fouiller toute la nuit.

L'hélicoptère de Terry Mercer, pilote de la Sécurité civile, était prêt à décoller sur la plate-forme hélico de l'aéroport de Salt Lake City. À 10 h 40, on l'appela.

Moins de vingt-cinq minutes plus tard, il était en vol et communiquait par radio avec le capitaine Ekker, qui lui demanda de prendre au passage un de ses hommes à l'aéroport de Huntington, situé à environ cent dix kilomètres du Horseshoe Canyon. Terry se posa à 12 h 50 et fit monter à bord Greg Funk, qui venait de boucler une enquête pour la brigade des stupéfiants de l'Emery County. Le canyon n'était qu'à trente-cinq minutes de vol.

L'hélicoptère de la Sécurité civile fut le premier arrivé au Horseshoe Canyon. Il se posa sur l'aire de stationnement, au départ de la piste. Le sergent Mitch Vetere montra à Terry mon camion garé dans le coin du parking et ils inspectèrent mon matériel de randonnée et de camping stocké dans la benne. Après une rapide discussion, les trois hommes en conclurent que le meilleur endroit pour commencer les recherches était la section nord du canyon, vers l'intersection de Green River. Lorsque l'autre hélicoptère arriva, il fut assigné au survol de l'amont du canyon, en direction du sud.

Une fois les plans de vol établis, le ranger Mitch Vetere grimpa dans l'appareil. Mieux valaient plusieurs paires d'yeux pour scruter ces reliefs particulièrement complexes.

Terry décolla à 13 h 56 dans un tourbillon de poussière rouge. Il survola le Horseshoe en direction du nord-est, vers la confluence de la Barrier Creek et de la Green River. Pendant trente kilomètres, il pilota la machine bien à l'intérieur du canyon, en suivant les méandres du lit asséché de la Barrier Creek. Greg Funk et Mitch Vetere cherchaient les moindres traces de pas, tout en observant d'un œil inquiet le bout des pales de l'hélicoptère, qui approchait parfois dangereusement les parois de grès du canyon.

Terry sillonna le secteur pendant une heure jusqu'à la Green River. Greg et Mitch n'avaient rien vu. Ils savaient qu'ils ne pouvaient apercevoir qu'une personne à découvert ou en train de marcher. Il y avait trop de rochers, d'arbres et d'ombres pour repérer un blessé immobilisé ou incapable de faire un signe à l'hélicoptère.

À 14 h 50, Terry fit demi-tour vers l'entrée de piste. Il lui restait moins d'une demi-heure de carburant et il devait déposer les deux officiers avant de filer à Moab refaire le plein.

Terry avait fait tout ce qu'il pouvait.

15

Rendez-vous avec le Destin

C'était comme faire l'amour avec la mort.

Barry BLANCHARD lors de sa tentative d'ascension de la Rupal Face du Nanga Parbat au Pakistan

Jeudi 1er mai 2003. 11 h 34. Je pose mon couteau sur le dessus du rocher et j'emballe mon moignon dans le sac en plastique que j'avais calé entre mon bras et la paroi du canyon. J'enroule le sac et l'attache avec la sangle jaune qui pend autour de mon cou, puis je glisse le tout dans le petit sac à dos du Camelbak en passant les bretelles par-dessus ma tête, pour maintenir mon bras contre ma poitrine. Je ne pense pas à enlever mon short de cycliste afin de me munir d'un absorbant supplémentaire ; je ne pense qu'à une chose, filer au plus vite. Je prends deux mousquetons qui servaient à mon système de levage et les fixe à mon baudrier, puis j'entasse rapidement les articles indispensables dans mon sac – la gourde encore pleine d'urine, la poche souple du Camelbak, le Caméscope, mon précieux couteau. Je m'arrête pour souffler un peu avant de prendre deux photos de mon bras coupé avec mon appareil numérique. C'est une sorte d'adieu un peu clinique, comme pour conserver des preuves de ce cauchemar. Je replace le capuchon sur l'objectif et range l'appareil dans le sac que je ferme soigneusement avec la lanière. Après une inspection rapide des lieux pour m'assurer de ne rien laisser qui me ferait défaut par la suite, je ramasse le paquet de cordes posé sur le rocher et je pars.

Je titube en m'appuyant alternativement contre les parois du canyon, mais, au bout de cinquante mètres, je dois m'arrêter pour reprendre mon souffle. Mon rythme cardiaque est très rapide, alors que ma pression sanguine est anormalement basse. Je risque d'avoir un malaise.

Ne t'emballe pas, Aron. Ça n'est vraiment pas le moment de t'évanouir.

J'inspire profondément, je me ressaisis et je continue, traînant derrière moi mon paquet de cordes. Je mets vingt minutes pour parcourir cent cinquante mètres. La lumière qui baignait le fond du canyon il y a deux heures a disparu, mais je suis habitué à la pénombre et je n'allume même pas ma frontale. Le canyon serpente sans arrêt et sa largeur ne dépasse pas celle des épaules ; j'avance de biais pour ne pas cogner mon bras droit. Dix fois au moins, j'exécute des manœuvres techniques d'une seule main, jetant d'abord ma corde à travers les étroites sinuosités du canyon avant de me frayer un chemin. Je glisse sur les fesses dans une marmite où l'eau a creusé une sorte de trou rond à l'extrémité de deux courbes en S. Heureusement, il n'est pas profond. Un trou plus profond serait un obstacle insurmontable dans mon état et je m'en inquiète. Je suis extrêmement tendu ; j'essaie d'avancer aussi vite que possible, mais l'adrénaline et les endomorphines affectent mes capacités mentales. Plusieurs fois, je crois être au bout de mes peines avant de finalement arriver sur une plate-forme baignée de soleil, située à mi-hauteur d'un amphithéâtre de cinquante mètres de profondeur. J'évalue la situation. Heureusement, je suis préparé à ce type de problème : j'ai mon baudrier, mon système de rappel et une longueur de corde suffisante. À ma gauche, je repère deux chevilles vissées dans la roche, avec un anneau de sangle. Il retient un anneau de rappel, relié à un point situé à un mètre du rebord. Enfin ! Je suis arrivé au rappel du Big Drop.

Je suis debout en plein soleil pour la première fois depuis six jours et je ne sais plus trop qui je suis. Je m'approche en vacillant du bord de la plate-forme pour jeter un coup d'œil sur le fond du Big Drop. Là, au milieu du fond sableux, juste en dessous de l'emplacement où je me trouve, je distingue une flaque d'eau peu profonde. À la vue de l'eau, je craque. Je rêve de plonger, tête la première, dans le précipice. Mais je me retiens au dernier moment, avant de perdre l'équilibre.

Aron ! Du calme ! Pas de conneries cette fois.

Je m'arrime à l'ancrage avec ma daisy-chain et commence à démêler les cinquante mètres de corde que j'ai traînés jusqu'ici. Avec ma main gauche et serrant le filin dans ma bouche, je défais un à un les nœuds qui se sont formés lorsque j'enroulais la corde autour de mes jambes pour me tenir chaud. Petit à petit, l'un des bouts de la corde glisse par-dessus le rebord de la petite plate-forme. Bientôt, la masse déjà démêlée entraîne dangereusement le reste de la corde vers le bord. J'entends le claquement caractéristique de la corde qui file et la regarde dégringoler. D'instinct, je pose mon pied dessus pour l'arrêter. Si jamais je laisse tomber la corde, je suis foutu. Cette ligne de vie de dix millimètres de diamètre est vitale pour ma sortie du Blue John Canyon. Sans elle, je serais forcé de remonter en amont du canyon, une marche de quatre heures sans eau jusqu'au sentier du Maze. Théoriquement, je pourrais y trouver de l'assistance... À condition que je survive aussi longtemps, ce qui me paraît impossible. Si je lâche cette corde, donc, je peux tout aussi bien me jeter du haut de la plate-forme, pour plonger dans la petite flaque, vingt-deux mètres plus bas.

Ne lâche pas cette fichue corde, Aron. Finies les conneries.

Je fais un nœud en huit au milieu de ma corde et l'attache à l'ancrage. Deux fautes potentiellement mortelles en moins de cinq minutes ! Je me concentre sur l'installation du rappel afin de descendre jusqu'à cette flaque d'eau. Maintenant que je suis soumis à ce soleil direct, ma déshydratation s'accélère. Chaque fois que je mords la corde pleine de poussière, je sens mon palais et ma langue devenir plus rêches. Pour me débarrasser d'un nœud situé en plein milieu de la longueur de corde, je dois la retenir plus d'une trentaine de fois avec mes dents. Finalement, je trouve le truc : au lieu de faire défiler la corde, j'inverse la méthode et je tiens le nœud dans la bouche et fais passer la corde dans la boucle. C'est plus rapide, mais cela ne m'empêche pas de mordre dans la corde. Je suis de plus en plus déshydraté.

Je serre le cordage entre mes genoux pour l'empêcher de filer vers le fond du précipice, et j'enlève la bretelle gauche de mon sac à dos en prenant soin de ne pas trop bouger mon moignon en défaisant celle de droite. Du fond de mon sac, je sors ma bouteille aux trois quarts pleine de pisse. Alors que je ne buvais que des petites gorgées de mon urine décantée, j'en avale l'équivalent de plusieurs verres. J'ai un violent haut-le-cœur en sentant le goût répugnant du liquide. Mais je ne peux pas rester ici, sur cette plate-forme, à dépérir, il faut que je prépare la corde.

Au bout de quinze minutes, je tiens deux rouleaux de corde sans aucun nœud. Je vérifie l'attache sur le mousqueton accroché à la sangle de l'ancrage et jette les deux bouts de la corde pardessus le rebord de la plate-forme. En temps normal, j'aurais défait le nœud qui retient la corde en son milieu au mousqueton et j'aurais laissé pendre les deux extrémités librement, ce qui me permettrait de récupérer le filin, une fois en bas. Cette fois-ci, je ne vais pas me donner cette peine. Je n'en aurai plus besoin une fois le rappel passé et je ne me préoccupe pas de ce que je laisse derrière moi.

Selon la procédure normale, je devrais aussi doubler le mousqueton, mais je ne pense pas que celui-ci va s'ouvrir accidentellement. Rien ne risque de le gêner et il est assez résistant pour tirer un camion. Quant à la corde, elle est presque neuve et suffisamment solide. Le système peut aisément soutenir le poids de mon corps.

Je sors ensuite mon système d'assurage Air Traffic Controller (ATC) et passe chaque bout de corde dans l'une des doubles fentes du dispositif. Lorsque j'ai terminé, j'accroche mon mousqueton principal aux boucles de la corde. Après avoir serré le verrou au doigt du mousqueton, je suis prêt pour le rappel. Je détache ma daisy-chain de la sangle d'ancrage et recule jusqu'à ce que le poids de mon corps tende la corde et le système d'ancrage. Je vérifie mon baudrier et je constate que je n'ai pas doublé la ceinture autour de ma taille. Théoriquement, elle pourrait se desserrer et tout mon poids reposerait alors sur les cuisses. Si j'avais mes deux mains et ne commençais pas à me vider de mon sang, je procéderais au doublement de la sangle de ceinture, mais au point où j'en suis, à la pensée de toute cette eau qui m'attend en bas, je suis prêt à prendre ce risque.

En regardant mes pieds, je recule par à-coups, libérant quinze centimètres de corde à chaque mouvement. Une fois au bord, j'aperçois entre mes jambes le précipice haut de six étages. Je suis un peu inquiet d'effectuer un rappel de la seule main gauche. Si par malchance je lâche prise, je glisserai le long de la corde et m'écraserai à côté de la flaque, avec de fortes chances de me casser les deux jambes. Je procède lentement à la descente de la section à pic, et je m'encourage.

Laisse filer doucement. Un peu plus. Voilà, c'est parfait, Aron. Pose le pied sur ce bloc. Non, pied gauche en premier. Impeccable. Maintenant, le pied droit. Excellent. Appuie-toi sur la corde. Fais-lui confiance. Fesses en arrière ! Redresse les jambes. Maintenant, tu peux lâcher un peu plus de corde. Doucement. Très doucement ! Parfait. Maintenant, accroche-toi.

La corde est très plissée dans la partie supérieure du rappel. Comme son poids augmente la friction sur le dispositif de rappel, je tire pour forcer le filin – un effort important qui sape le reste de mes forces –, mais je dois prendre garde à ne pas glisser trop vite le long de ma corde et perdre l'équilibre. C'est comme si je conduisais une voiture dans les embouteillages en appuyant sur l'accélérateur tout en contrôlant la vitesse avec le frein à main. Je dois lâcher le frein pour avancer, mais il ne faut pas donner trop de mou et perdre le contrôle, ce serait dangereux. En plus, d'une seule main, je n'ai aucun moyen pour me stabiliser si je penche trop d'un côté ou de l'autre. J'ai très peur de lâcher trop de corde, ce qui me ferait perdre l'équilibre et risquerait de me cogner les épaules ou la tête, voire de lâcher totalement la corde. La chaleur étouffante n'arrange rien et je souffre en effectuant mes minutieux ajustements et les manœuvres délicates qui me permettront de passer sous la plate-forme. Finalement, je laisse filer. Mes pieds ne touchent plus la paroi, je suis suspendu par la corde, à vingt mètres au-dessus du sol. Pendant un instant, une sensation plaisante de vertige remplace mon anxiété. Je me retourne pour contempler le paysage, flottant confortablement, sans faire face à la roche. Je glisse doucement, et accélère à l'approche du sol. L'écho des deux cordes qui sifflent au fur et à mesure que je descends remplit l'espace.

Dès que je touche le sol, je dégage ce qui reste de corde et je me précipite vers la flaque d'eau. Je passe dans l'ombre, j'enlève mon sac à dos et sors ma gourde. Cette fois-ci, dès que je l'ouvre, je jette le contenu dans le sable et la plonge dans l'eau pour la remplir du précieux liquide ; je ramasse par la même occasion des feuilles et des insectes morts. Je suis tellement desséché que je perçois l'humidité tout autour de la flaque et elle stimule encore ma soif. Je secoue la bouteille pour la rincer et je me débarrasse une fois de plus de son contenu.

Enfin, il est temps de la remplir avec cette eau brunâtre. Je me demande si je dois boire doucement, par petites gorgées, ou si je peux avaler goulûment. Les premières gouttes tombent sur ma langue, c'est le paradis. L'eau est fraîche, mais, mieux encore, elle a un arrière-goût d'alcool fort, une peu comme un digestif. Je bois un litre entier en quatre fois, noyé par le plaisir. Et je me penche pour remplir à nouveau la gourde. Cette fois encore, je l'avale pratiquement d'un trait. Il faut refaire le plein de la bouteille. Je me demande si l'eau aurait ce même goût étrange pour une personne normalement hydratée. Pourquoi le goût de cette eau est-il si étrange ? Les feuilles mortes ? On dirait une sorte de thé exceptionnel du désert.

Assis au bord de la flaque d'eau, je profite de ce plaisir. Tout s'estompe, même la douleur lancinante de mon bras. Je rêve, les yeux ouverts, comme si je pique-niquais sans rien d'autre à faire que de regarder passer les nuages.

Pourtant, je sais que ce répit est de courte durée. Il me reste encore douze kilomètres de marche dans la poussière avant de rejoindre mon camion. Je remarque des empreintes de sabots dans le sable. Quelqu'un est venu à cheval dans ce canyon depuis les derniers orages. J'ai un sursaut d'émotion à l'idée qu'une bande de cavaliers surgisse, mais j'essaie de ne pas fonder trop d'espoirs sur ce rêve. Ces chevaux sont passés là il y a un bout de temps. Et les touristes à cheval ne s'arrêtent pas pour bivouaquer la nuit.

Je bois le troisième litre de façon plus mesurée et je pose ma gourde, devenue si importante, pour fouiller dans mon sac.

J'abandonne mon lecteur CD en panne, les disques, et décide de conserver tout le reste. Je prends une photo de la double corde pendant de la plate-forme du Big Drop, puis je fais encore un autoportrait avec, pour décor, la petite mare. Il est 12 h 16. Je suis au comble de l'allégresse : j'ai réussi à vaincre tous ces obstacles. Mais mon visage révèle mon état physique lamentable. Après avoir rangé Caméscope et appareil photo dans la pochette en filet de mon sac à dos, je visse la valve et le tube souple de mon Camelbak. Je le plonge dans la flaque d'eau sirupeuse pour le remplir.

J'avale encore quelques gorgées d'eau pendant que je sors les photocopies de mon guide pour évaluer mon chemin avant d'atteindre la première étape : la confluence entre le Blue John et le Horseshoe. En regardant la carte, j'estime avoir encore au moins trois kilomètres à parcourir. Ensuite, j'arriverai à la limite du Canyonlands National Park et, trois kilomètres plus loin, je tomberai sur la fameuse Great Gallery. Puis il me faudra marcher près d'un kilomètre pour arriver au drainage de la Barrier Creek. Avec un peu de chance, j'y trouverai de l'eau. Un minimum de deux heures de marche avant de remplir ma gourde. Et encore, tout dépendra des pluies qui sont tombées pendant la semaine précédant mon arrivée dans l'Utah.

Je suis prêt. En me levant, je sens l'eau qui gargouille dans mon estomac. Je préférerais rester ici et attendre que mon organisme soit bien réhydraté, mais mon sang coule et il me reste trois ou quatre heures de marche. J'ai décidé de mon sort il y a une heure et quarante-cinq minutes quand je me suis coupé le bras. Je dois maintenant assumer jusqu'au bout, c'est-à-dire, retrouver mon camion et conduire jusqu'à un hôpital ou, à défaut, un téléphone.

Douze kilomètres à parcourir en plein soleil dans la poussière du canyon ! La chaleur me tombe dessus et sape le peu de forces que j'ai récupérées. J'ai parcouru deux cents mètres et il me faut déjà de l'eau. Pour éviter de sortir constamment la gourde de mon sac, je l'accroche au dernier mousqueton de mon baudrier, que je fixe à la ceinture matelassée de mon sac à dos.

Très vite, je suis fatigué de marcher avec ce baudrier et tout l'attirail de sangles et d'anneaux qui va avec. Je passe mes jambes dans les boucles et laisse tomber le tout sur le sable. *Quelqu'un le récupérera, un sacré veinard*, me dis-je. Dès les premiers méandres du canyon, je traverse le lit, qui atteint maintenant cinquante mètres de large, pour profiter de l'ombre. Mais, dans mon état, même la marche est épuisante, et je dois me désaltérer au bout de quelques minutes. Je suis totalement desséché après moins de deux kilomètres et j'ai déjà consommé un litre d'eau, un tiers de ma réserve.

Quelques minutes après avoir quitté le point d'eau, mon ventre se réveille pour la première fois depuis samedi. Je sais ce qu'il annonce : je desserre la ceinture de mon short, juste à temps avant de marquer mon territoire sur la roche. L'eau que j'ai bue a inondé mes intestins.

Comme si je n'avais pas déjà assez de problèmes ! Je n'ai rien pour me nettoyer, bien sûr. Tant pis, pas la peine de s'étendre sur la question.

Juste avant que le canyon ne parte vers la droite, je bifurque vers la gauche dans une gorge annexe, pensant trouver le drainage. Il ne me faut pas plus de quelques pas pour me rendre compte de mon erreur. Je suis contraint de rebrousser chemin. Mon esprit ne fonctionne plus.

Pas d'erreur, cette fois, Aron. Fais bien attention. Tu le savais, ce n'était pas le Horseshoe Canyon. Suis bien la route avec ta carte.

Soudain, je sens de l'humidité dans le bas du dos. Mon Camelbak fuit. La valve est endommagée, mais, comme j'ai coupé le tuyau qui devrait la relier, je ne peux plus la réparer. Que faire ? Je décide de boire sur-le-champ le reste de l'eau du Camelbak et de préserver le contenu de la gourde.

En moins d'une heure, j'ai bu cinq litres d'eau et j'ai parcouru moins de deux kilomètres. Il me reste un litre d'eau, dix kilomètres de marche et la chaleur va monter, alors que je vais m'affaiblir. Je dois absolument surmonter ce problème, sinon, je serai mort avant même d'atteindre la Great Gallery. Un souvenir me revient à l'esprit, une histoire que j'ai lue dans un magazine, il y a quelques années, sur la tribu légendaire des Indiens Tarahumara, du Mexique. J'avais été impressionné non pas seulement par le fait que ces hommes pouvaient parcourir des distances de quatre-vingts kilomètres en une journée, souvent pieds nus, mais parce qu'ils entreprenaient de tels voyages sans aucun soutien logistique – ils n'emportaient même pas de nourriture et d'eau. Ils avaient un truc : ils prenaient une pleine gorgée d'eau au départ, mais ils ne l'avalaient pas ; ils la conservaient dans la bouche, laissant cette petite quantité de liquide humecter l'air qui pénétrait dans leurs poumons. Tant qu'ils gardaient la même allure, en prenant garde de rester en dessous du niveau de leur transpiration, ils ne perdaient que l'humidité qu'ils expiraient. Je décide d'essayer cette technique et j'ingurgite l'équivalent d'un verre d'eau, que je garde dans ma bouche pendant que je progresse, mètre par mètre, en direction de mon véhicule.

Je me rends compte immédiatement que le truc des Indiens fonctionne. Même si j'ai soif, je respire bien et je me sens beaucoup moins desséché que quand je m'arrêtais toutes les cinq minutes pour boire. Peut-être pourrai-je mieux gérer le reste de ma réserve d'eau.

Il est 13 h 09, j'ai parcouru trois kilomètres. J'arrive à la confluence du Blue John et du Horseshoe Canyon. Sans hésiter, je prends à gauche en direction de la Great Gallery. Cependant, au bout de cinq minutes, le sable s'accumule dans ma chaussure gauche et je dois m'arrêter pour l'enlever. Il me râpe la plante des pieds et je ne le supporte plus. Mon pied gauche souffre plus que l'autre parce que j'ai dû laisser les lambeaux de ma chaussette autour de mon marteau de fortune, sur le rocher. Pas de problème pour enlever la chaussure et vider le sable, mais je ne peux pas la relacer. Je tire sur le lacet et glisse les deux bouts dans ma chaussure, contre mon pied nu. C'est réglé. À partir de maintenant, je vais prendre soin d'éviter le sable, ce sera moins fatigant et j'éviterai de remplir ma chaussure.

Un kilomètre plus loin, je tombe sur une barrière en fil de fer barbelé ; c'est certainement la limite du Parc national. Me voilà désormais dans le district du Horseshoe Canyon, au cœur du Canyonlands National Park. Nouvel accès de contractions intestinales. Je cours dans un coin à l'ombre, me vider. La diarrhée n'est pas aussi grave que l'hémorragie, mais elle contribue à ma déshydratation. Étape d'urgence terminée, je me remets en route. Le truc de l'eau dans la bouche est décidément très efficace. J'avance à bon train sans augmenter ma consommation. J'avale une gorgée toutes les dix minutes et il me reste encore une bonne quantité dans ma bouteille.

Au sixième kilomètre, je passe devant une paroi de cent mètres de haut, sur laquelle figurent des dizaines de personnages peints dans des nuances brunes. Ce sont les célèbres peintures de la Great Gallery, que je ne vois maintenant que comme une étape dans ma longue marche. Un peu plus en aval du canyon, je tombe sur un petit îlot de végétation, dans lequel subsiste une petite mare. Génial ! Il est 13 h 55 quand je me penche sur ce filet boueux et que j'essaie tant bien que mal de remplir ma bouteille et mon réservoir souple. Ce n'est pas facile, mais cela vaut tous les efforts. Je construis un petit barrage de boue pour recueillir l'eau avec le réservoir de mon Camelbak. J'embarque même une paire de têtards dans ma gourde, mais quelle importance ? J'ai sûrement déjà avalé des milliers d'organismes aquatiques en buvant l'eau de la flaque !

L'hémorragie s'est aggravée, malgré le garrot et le pansement de fortune. Des gouttes rouges imbibent la boue sableuse pendant que je remplis mon Camelbak. La douleur devient plus insistante au niveau du garrot et elle commence à m'envahir l'esprit. J'ai l'impression qu'elle m'envoie constamment un message, toujours le même : « Ton bras est gravement blessé ; il faut le soigner. » La souffrance m'incite à m'asseoir un instant, pour reprendre des forces, mais ce n'est pas raisonnable, pas question de traîner. Au moins, j'ai récupéré de l'eau.

Je distingue des empreintes de pas sur le sol. Cet endroit est très fréquenté, à cause de la Great Gallery. Il y a peut-être du monde dans les parages. Pourtant, d'après mon expérience de ces derniers jours, je pense qu'il est inutile de crier pour me signaler : mieux vaut ne pas trop espérer.

Au kilomètre dix, je tourne à gauche, en direction d'une alcôve colossale. Soudain, une vision m'assaille. Un fusible a sauté dans ma tête. Là-bas, à soixante-dix mètres devant moi, trois randonneurs marchent côte à côte. Des gens ! J'ai peine à y croire.

J'avale l'eau que je gardais dans ma bouche et secoue la tête. Se dirigent-ils vers moi ou non ? Pendant un bref instant, je me demande si je ne suis pas victime d'une hallucination. Les randonneurs s'éloignent.

Vite, Aron ! Appelle-les ! Ils vont t'aider.

J'essaie de crier, mais ma voix ne sort pas. Ma gorge se serre, j'ai failli avaler de travers le peu d'eau que j'ai encore dans la bouche. Finalement, je réussis à pousser un « Au secours ! » faiblard. Je reprends ma respiration et je recommence :

– À L'AIDE !

Le groupe s'arrête. Ils se retournent. Je continue à marcher en hurlant à pleins poumons :

– À L'AIDE ! AU SECOURS !

Ils courent vers moi. J'ai l'impression que je vais craquer. Je ne suis plus seul. Enfin ! Je suis soulagé et, alors qu'il me reste encore un peu d'énergie, je reprends espoir. Je vais m'en sortir. Plus la peine de conduire. Ces gens ne me laisseront pas tomber.

Je suis sauvé !

Il semble que je sois en présence d'une famille : un homme et une femme, approchant de la quarantaine, et un garçon qui doit être leur fils. Ils sont en short, en T-shirt, avec des chapeaux, et des chaussures de randonnée. La femme porte une banane autour de la taille, avec deux bouteilles d'eau. L'homme est équipé d'un sac à dos qui semble léger.

Lorsqu'ils sont suffisamment à proximité, je raconte mon histoire d'une traite.

– Je m'appelle Aron Ralston. Samedi, je me suis retrouvé coincé par un rocher et je n'ai pas mangé ni bu depuis cinq jours. J'ai amputé mon bras ce matin pour me libérer et j'ai perdu beaucoup de sang. J'ai besoin de soins médicaux.

Je termine les présentations à quelques pas d'eux. Tout mon côté droit est couvert de sang, depuis mon col de chemise jusqu'au bout de ma chaussure. Je regarde le petit garçon – il ne doit pas avoir plus de dix ans – et je crois lui avoir fait la peur de sa vie.

L'homme me parle. Sa voix me parvient dans une sorte de brouillard mental. Je distingue un fort accent allemand. Je saisis quelques mots.

– Ils nous ont dit que vous étiez là.

Il me faut quelques secondes pour comprendre les implications de ce qu'il vient de dire. Je réagis brusquement en accélérant le pas et en prenant les commandes du groupe :

– Il faut qu'on avance. Nous parlerons en marchant. Vous me comprenez ?

Le papa acquiesce, mais il proteste :

– Vous devriez vous arrêter. Il vous faut du repos.

Je réitère mon ordre :

– Non. Il faut y aller.

Puis je commence à les mitrailler de questions.

– Qui sont « ils » ? Qui vous a dit que j'étais ici ? Avez-vous un téléphone portable ?

Ils trottent pour me rattraper et l'homme répond :

– C'est la police, au parking. Ils nous ont demandé de vous chercher. Nous leur avons dit que nous ferions attention.

– Vous avez un téléphone ?

Ils n'en ont pas. En revanche, le père dispose d'un GPS.

– Pouvez-vous me dire à quelle distance nous sommes du parking ?

– Trois kilomètres, répond-il après avoir consulté l'écran de son appareil.

Non ! Encore si loin ? Je vérifie ma carte et j'ai l'impression que c'est beaucoup plus près.

– Vous en êtes sûr ? dis-je.

Il me montre l'écran de son GPS : 2,91 kilomètres, avec une dénivellation de 220 mètres. Serai-je encore capable d'atteindre l'entrée de piste ? C'est peut-être parce que je sais maintenant que les sauveteurs sont là-bas. Mais je sens que mon organisme commence à défaillir. J'ai perdu trop de sang. Le moindre petit obstacle me coûte beaucoup d'énergie. Mon rythme cardiaque s'accélère.

Je réfléchis à une solution. Je demande leurs noms aux randonneurs.

– Moi, c'est Eric, et voici Monica et Andy. Nous sommes les Meitjer, de Hollande.

– Très bien, Eric. Vous êtes en meilleure condition physique que moi. Il faut que l'un de vous coure jusqu'au parking pour alerter la police. Qu'ils envoient une civière et une équipe pour me transporter. Je ne crois pas pouvoir marcher jusque là-bas.

– Monica peut courir. Elle est rapide.

Pendant que nous marchons, je regarde sa femme et elle acquiesce.

– Vous comprenez ce qu'il me faut ?

– Une civière et...

Je l'interromps.

– Attendez. Est-ce qu'ils ont des radios et des téléphones ?

Les deux adultes répondent par l'affirmative.

– Alors demandez-leur d'envoyer un hélicoptère.

Pourquoi n'y ai-je pas pensé plus tôt ? Je ne sais pas, la fatigue sûrement, mais un hélicoptère sera beaucoup plus rapide qu'une civière. Il nous suffit d'aller jusqu'à un endroit où l'appareil peut se poser et d'attendre. Je me tourne vers Monica.

– Faites vite, s'il vous plaît.

(Le passage suivant est extrait d'une lettre d'Eric Meitjer, décrivant sa rencontre inopinée.)

Jeudi 1er mai, ma famille et moi (ma femme Monica, notre fils Andy et moi-même, Eric Meitjer) avions projeté une randonnée dans le Horseshoe Canyon, un secteur éloigné du Canyonlands National Park, dans l'Utah. Au départ de piste, nous avons discuté avec un ranger qui nous a parlé d'un véhicule garé là depuis plusieurs jours. Le propriétaire du camion aurait disparu dans le canyon. Nous avons plaisanté en disant que nous garderions les yeux bien ouverts, dans l'espoir de le retrouver.

Après avoir marché six kilomètres jusqu'à la Great Gallery (pour les fresques indiennes), où nous avons pris des photos, nous étions sur le chemin du retour quand, soudain, nous avons entendu du bruit derrière nous. Ensuite, une voix a crié : « À l'aide ! Au secours ! »

Monica et moi avons tout de suite compris que ce devait être la personne portée disparue. Ce n'est pas nous qui l'avons trouvé, c'est lui qui est arrivé jusqu'à nous ! En équilibre instable, mais assez rapidement, il s'est approché et nous avons vu que tout son côté droit était couvert de sang.

Son bras, ou ce qu'il en restait, était en écharpe, tenu par un bandeau de fortune. Nous avons couru vers lui et il a parlé très clairement : « Bonjour, je suis Aron. Samedi, un rocher est tombé sur moi. Je suis resté coincé pendant cinq jours sans manger ni boire. Je me suis coupé le bras il y a quatre heures et j'ai besoin de soins médicaux. Il me faut un hélicoptère. »

Nous avons décidé que ma femme et mon fils essaieraient de sortir du canyon le plus vite possible pour chercher des secours, pendant que moi, je resterais avec Aron pour lui donner de quoi manger et boire et le soutenir moralement. Aron m'a demandé de porter son sac à dos et, en continuant à parler, j'ai essayé de l'aider. Il était important de le sortir le plus vite possible de la partie étroite du Horseshoe Canyon, vers une zone plus large, où un hélicoptère pourrait se poser.

Monica démarre au pas de course, Andy la suit. Je suis sur le point de demander que le petit reste ici, pour que Monica aille plus vite, mais j'ai surtout faim et je demande à Eric s'il a de quoi manger. Il réfléchit, rappelle Monica.

– Il nous reste quelques biscuits, mais c'est Monica qui les a, m'explique Eric.

Il lui demande de sortir les biscuits quand nous les rattrapons. Elle s'excuse de les avoir presque tous mangés avec Andy. Puis elle repart en courant avec le môme.

J'avale ces biscuits en deux bouchées. J'ouvre ma gourde aux têtards et j'avale un peu d'eau pour faire passer le solide. Eric me tend alors une bouteille d'un demi-litre d'eau de source. Elle n'a pas le goût délicieux de l'eau de la flaque du Big Drop, mais elle est meilleure que la boue visqueuse de ma gourde. Je remercie Eric et il se charge de mon sac à dos. Me voilà plus léger de quelques kilos.

Eric entretient la conversation et me demande ce qui s'est passé. J'essaie de marcher en gardant l'eau dans ma bouche, mais, chaque fois que je dois répondre à une de ses questions, j'avale. Quand j'ai fini de parler, prenant soin de donner de brèves explications, je reprends un peu d'eau et je continue d'appliquer la méthode indienne. Après quelques échanges, j'explique à Eric qu'il m'est difficile de parler.

Cinq minutes après le départ de Monica et d'Andy, nous rencontrons un autre randonneur qui marche dans la direction opposée, accompagné d'une femme plus âgée qui pourrait bien être sa mère, tant elle lui ressemble. Il demande si nous avons besoin d'aide et je lui demande tout de suite :

– Avez-vous un téléphone portable ?

Non, il n'en a pas, mais il nous apprend qu'il a une formation médicale. Je suis soulagé d'avoir un interlocuteur possédant plus de connaissances médicales que mon maigre bagage acquis par la fréquentation des secouristes en montagne. Je lui demande de nous accompagner. Il laisse la femme continuer sa balade et rebrousse chemin pour rester avec nous. Il s'appelle Wayne et je lui pose des questions pour vérifier que je fais tout ce qui est nécessaire. Je lui demande :

– Je peux manger ?

– Si ça ne vous fait pas vomir, pas de problème.

– Dois-je faire attention à ne pas boire trop d'eau ?

Même réponse.

Je suppose que Monica et Andy Meitjer sont toujours en train de courir, mais je ne les ai pas aperçus depuis dix minutes. Alors que nous traversons encore un passage sablonneux, je m'arrête pour vider ma chaussure gauche. La friction du sable sur la peau de ma plante de pied est tellement insupportable que la douleur de mon bras passe au second plan. Je trouve encore l'humour de trouver la situation absurde : ce pied qui m'irrite me fait oublier que je me suis coupé le bras. Et je trouve encore plus ironique le fait que, lorsque j'annonce à Eric que je vais m'arrêter, ce soit lui qui proteste :

– Non, non, vous devez continuer.

– Mais non, écoutez, je dois m'asseoir pour vider le sable qui remplit ma chaussure et, ensuite, vous allez m'aider à renouer mon lacet.

Je peux devenir très autoritaire et agressif quand je suis fatigué et que j'ai mal. Mais Eric le prend bien et, après avoir trouvé un tronc d'arbre pour que je m'assoie et débarrasse ma chaussure de tout ce sable, il me renoue mon lacet.

J'essayais d'imaginer ce qu'Aron avait pu endurer au cours de ces derniers jours. J'étais très impressionné par sa résistance physique et sa force de caractère. Il savait exactement ce qu'il faisait, ce qu'il voulait et où étaient ses limites, même après avoir traversé des épreuves aussi épouvantables.

Malgré l'hémorragie, il marchait encore vite, jusqu'au moment où le sable dans sa chaussure lui a trop irrité le pied. Il s'est arrêté à l'ombre, pour vider le sable avant de reprendre la marche. Il m'a demandé de lui nouer son lacet.

Nous en sommes au douzième kilomètre, il est un peu plus de 15 heures. Le soleil tape très fort sur le sable, au fond du Horseshoe Canyon, profond de 240 mètres. Eric, Wayne et moi venons de tourner pour arriver sur un large méandre du canyon et j'aperçois ce qui doit être le dernier segment de piste qui mène à l'aire de stationnement, en montant un flanc assez pentu, un peu plus loin à gauche. Quelque part sur le plateau, à 210 mètres au-dessus, les sauveteurs attendent. J'aimerais tellement être un corbeau qui déploierait ses ailes et, avec un croassement rauque, attraperait un courant ascendant. Je serais là-bas en quelques secondes.

Jamais je ne pourrai monter. J'ai perdu trop de sang ; je suis sur le point de crever. Je me tourne vers Eric, mais, avant même d'avoir commencé à parler, j'entends l'écho du bourdonnement caractéristique d'un rotor.

À deux cents mètres devant nous, le corps métallique d'un hélicoptère s'élève au-dessus du canyon.

À la vue de l'appareil, je m'arrête brutalement. Je n'en crois pas mes yeux. Comment Monica et Andy ont-ils pu aller aussi vite pour alerter un hélicoptère ? Mon étonnement est mêlé d'un immense sentiment de soulagement. Je suis immobilisé, debout sur le sable. Wayne et Eric, eux aussi, sont à l'arrêt. Ils agitent les bras pour signaler notre présence au pilote. Nous sommes au milieu du canyon, au milieu de ce banc de sable couvert çà et là de touffes d'herbe, et je ne suis pas certain que les occupants de l'appareil nous aient repérés. Finalement, l'hélicoptère vire à basse altitude et repasse au-dessus de nous. Je cherche tout de suite la meilleure zone d'atterrissage et je vois que ce sera dans le lit du canyon, juste devant nous. J'accélère le pas pour parcourir les derniers cinquante mètres pendant que l'hélicoptère effectue un demi-tour avant de se mettre en vol stationnaire à soixante mètres au-dessus de nous. Eric me rattrape et nous regardons l'appareil entamer sa descente. Je recule un peu et me retourne pour éviter de prendre en pleine figure le tourbillon de sable engendré par le rotor. Je rassemble mes dernières forces pour rester debout. Mes genoux sont faibles, et je n'ai qu'une envie, c'est de m'écrouler par terre et d'embrasser le sol en signe de remerciement. Mon cerveau est épuisé par sa lutte contre la douleur et l'exigence de discipline qu'il m'a imposée pour arriver jusqu'ici. Il implore qu'on le laisse en paix, mais je ne veux pas encore lâcher prise, je dois tenir jusqu'à mon arrivée à l'hôpital.

Le sifflement de la turbine diminue et le souffle du rotor devient supportable. Je me retourne et aperçois un passager un peu tendu qui saute maladroitement de l'appareil. Il s'approche de moi et crie :

– Êtes-vous Aron ?

J'acquiesce et lui demande à l'oreille :

– Vous pouvez m'emmener ?

Je me retourne et je vois un homme en uniforme, assis sur la banquette en cuir de l'hélicoptère. Il me regarde, sidéré. Pas d'infirmier ni de secouriste, aucune poche de perfusion ni de matériel médical. Je ne m'attendais pas à une ambulance volante, mais je n'imaginais pas non plus des sièges en cuir.

Je ne sais pas pourquoi, mais je veux que le pilote dispose une couverture pour protéger ses sièges. Je hurle, pour couvrir le bruit du moteur et des pales :

– Je saigne – je vais salir vos sièges arrière !

Une voix me répond :

– Grimpez !

Je monte dans la cabine encombrée de sacs à dos. Je crie à l'homme qui m'a aidé :

– S'il vous plaît, mon sac à dos !

Et j'indique Eric, tenant mon sac, à quelques mètres de l'appareil. Le sac ne contient que ma gourde et mon Camelbak, ma lampe frontale, mon Leatherman, mon Caméscope et mon appareil photo, à peine trois kilos. Et pourtant j'avais l'impression qu'il pesait cinq fois plus avant de tomber sur les Meitjer. *Après l'avoir porté si longtemps, ce serait idiot de le laisser*, me dis-je. Nous bouclons nos ceintures et le pilote met les gaz, dans un tourbillon de poussière.

Quelqu'un me passe un casque et un des policiers m'aide à le passer sur ma casquette. Le pilote me demande si je peux l'entendre. Je lui réponds par l'affirmative en me calant sur le siège en cuir et en soulevant mon bras blessé au-dessus de ma tête. Dans cette position, la douleur est un peu plus supportable. Je vois des petites gouttes de sang couler le long de la sangle, au niveau de mon coude. Les unes après les autres elle tombent sur ma chemise déjà trempée de sang.

Nous décollons et mon attention se porte sur le canyon. Nous montons de plus en plus et je suis presque en larmes, mais la déshydratation a bouché mes canaux lacrymaux. Bien que je sois calé entre deux personnes au milieu de la banquette, je vois parfaitement à travers les fenêtres de l'appareil. Devant moi, les deux silhouettes de Wayne et d'Eric s'amenuisent dans le décor rougeâtre du lit de la Barrier Creek, puis elles disparaissent quand l'appareil continue sa progression.

Quand nous atteignons la crête du canyon, mon esprit a du mal à s'adapter à la situation. L'horizon apparaît soudain dégagé. Depuis six jours, limité au fond du canyon, mon univers était confiné, et, tout d'un coup, ma vision s'étend sur des centaines de kilomètres, révélant le paysage magnifique du Canyonlands jusqu'à la brume qui entoure les La Sal Mountains, tout au fond, à l'est.

Les vibrations de l'hélicoptère sont à peine assourdies par les écouteurs.

– Dans combien de temps atteindrons-nous Green River ? demandé-je en forçant inutilement la voix.

Tiens le coup, Aron. Tu es presque arrivé. Sois courageux.

J'entends clairement la voix du pilote, malgré les grésillements de la radio :

– Nous allons directement à Moab. Nous y serons dans quinze minutes.

Génial !

– Avez-vous de l'eau ?

Les deux hommes en uniforme s'agitent, comme si ma demande les sortait de leur hébétude. Je ne peux pas les blâmer. Si un gars couvert de sang venait s'asseoir à côté de moi, il me faudrait quelques minutes avant de penser à lui offrir à boire. L'homme qui est à ma gauche me tend une bouteille d'eau minérale. Je la prends et la contemple, sans réaction. Il se rend alors compte que le bouchon est vissé et il l'ouvre. L'autre officier pose un vêtement sous mon bras pour absorber le sang qui n'arrête pas de couler.

En moins de deux minutes, j'aperçois une immense rivière en dessous de nous. D'après sa couleur et notre position, je suis sûr que c'est la Green River. Le pilote s'adresse à ses équipiers dans la cabine, par les écouteurs.

– Continuez à lui parler.

– Je suis en train de boire.

Je n'arrive pas à croire que mon estomac puisse encore ingurgiter de l'eau. Et pourtant j'ai encore soif. En comptant la bouteille que j'ai dans la main, j'ai dû boire près de dix litres d'eau au cours des trois dernières heures.

– Ne le laissez pas s'évanouir, dit le pilote.

Je ne vais pas m'évanouir, la douleur est trop forte, mais je veux être à l'hôpital le plus vite possible.

– Combien de temps, encore ? demandé-je.

J'ai l'impression d'être un gamin infernal en voiture, avec ses parents, qui veut absolument s'arrêter pour faire pipi.

– Encore douze minutes, répond le pilote.

Nous suivons la rivière vers le nord pendant une ou deux minutes sans échanger un mot. Je bois. Lorsque nous virons à droite, je distingue une piste sinueuse.

– Vous voyez ce chemin ?

L'homme à ma droite regarde par la fenêtre.

– Oui.

– C'est le début du White Rim, on l'appelle le Mineral Bottom. Il y a quelques années, j'ai suivi cette piste à vélo, avec des amis. La route fait plus de cent cinquante kilomètres.

L'officier semble perplexe, sidéré, même, que j'agrémente ce vol d'urgence de détails touristiques. Nous sommes au-dessus de l'Island, dans le Sky District du Canyonlands Park, et nous filons vers le nord-est. Je connais suffisamment bien ce secteur pour estimer notre progression.

– Allons-nous survoler le Monitor et le Merrimac ? demandé-je au pilote.

– Je ne sais pas de quoi vous parlez, me répond-il.

L'officier à ma droite me demande ce qui s'est passé et je commence à lui raconter ma semaine. Je m'agite pour sortir ma carte de ma poche gauche et je lui montre l'endroit où j'ai été coincé. Je lui narre l'accident, le rocher, la façon dont il m'a emprisonné le poignet. Je lui explique mes nuits glacées, la diminution de ma réserve d'eau et l'obligation de boire mon urine. Je lui détaille comment j'ai enfin trouvé le moyen de m'amputer. En racontant l'histoire, je me demande comment l'hélicoptère a pu arriver. Une heure plus tard, je serais mort. Ou encore, si j'avais trouvé comment me couper le poignet deux jours plus tôt, il n'y aurait pas eu d'hélicoptère et j'aurais perdu tout mon sang avant d'atteindre mon camion, que je n'aurais jamais pu conduire jusqu'à Green River. J'avais eu raison, samedi, lorsque j'avais déclaré à mon Caméscope que me couper le bras serait un suicide à retardement.

Après six minutes d'explications, j'aperçois deux fines colonnes de grès se profiler derrière le pare-brise. Ces formations de roche sculptées par l'érosion ressemblent à deux sous-marins engagés dans une bataille, et je déclare :

– Regardez, les voilà, le Monitor et le Merrimac.

Nous approchons, nous virons une fois de plus à droite, alors que je croyais que Moab était en face de nous.

– Encore combien de temps ? demandé-je une fois de plus.

– Moins de cinq minutes. Nous survolons cet escarpement et nous serons pile au-dessus de la ville.

Une question m'obsède.

– Comment avez-vous trouvé mon camion ? Il aurait pu se trouver n'importe où.

– Votre maman a parlé au ranger de permanence ce matin et nous a demandé de chercher à tous les départs de piste.

Quatre minutes plus tard, l'hélicoptère quitte le Canyonlands. Devant nous s'étend une vallée luxuriante, avec des prairies verdoyantes et une forêt entourant des centaines de bâtiments. Nous traversons le Colorado, puis nous ralentissons à l'approche du centre de Moab. Nous survolons des rangées de maisons, des terrains de jeux, des boutiques, des écoles, des aires de stationnement et des parcs.

L'hélicoptère tourne autour d'une grande pelouse sur laquelle il va certainement se poser. Au moment où le pilote touche le sol en douceur, je remarque que le bâtiment, à droite de la pelouse, est un hôpital.

Incroyable ! Tu t'en es sorti !

Un homme en uniforme du service des Parcs attend près de l'hélicoptère. Deux femmes en tenue blanche sont là, avec une civière. Au signal du pilote, le passager à ma droite ouvre la porte de l'appareil et saute en tenant la porte pour me laisser passer. Je déboucle ma ceinture et laisse les écouteurs glisser de ma tête, puis je saute sur la pelouse. Je me penche, comme pour me protéger du souffle des pales, et je m'approche du groupe. L'homme en uniforme ne semble pas surpris outre mesure de mon état et je lui annonce précipitamment, sans même me présenter :

– Je vous signale que j'ai perdu beaucoup de sang, que j'ai dû m'amputer le bras ce matin après avoir été immobilisé pendant six jours sans eau ni nourriture. Je me suis fabriqué un garrot dans cet emballage de fortune.

Impressionné par la description de mon état, il répond :

– On va vous prendre en charge.

Il se tourne vers les deux femmes, qui me présentent la civière. Je m'assois, puis je m'allonge sur le dos et relève mes jambes pour les poser sur le brancard. Enfin ! Je ne me suis pas couché depuis six jours. Si la douleur atroce du garrot ne m'en empêchait, je pourrais m'endormir sur-le-champ.

Les infirmières franchissent les portes automatiques du service des urgences. Il n'y a personne dans le hall d'entrée. Une femme transportant du matériel dans une des salles d'opération me regarde, l'air étonnée. Je commence à comprendre pourquoi cet hôpital semble vide. Ce n'est pas un grand centre médical, dans une importante zone urbaine, où des blessés graves surgissent toutes les cinq minutes ; nous sommes dans un petit hôpital de province. Ces trois femmes constituent probablement la plus grande partie du personnel. L'équipe médicale d'urgence est partie en mission ; mieux vaut espérer qu'elle n'est pas trop loin. Il semblerait que le personnel ait appris notre arrivée quelques minutes seulement avant l'atterrissage de l'hélicoptère. Une des infirmières indique à l'homme en uniforme de nous suivre dans la salle d'intervention. La civière est glissée à côté de la table d'opération, sous une grande lampe circulaire, au milieu de la pièce. L'infirmière me demande si je suis en mesure de m'allonger moi-même sur la table. Je m'installe en maintenant mon bras droit au-dessus de ma poitrine.

Tout le monde s'écarte, à part le garde du service des Parcs. L'une des femmes revient une minute plus tard pour informer les autres, qui viennent d'apporter du matériel.

– L'anesthésiste sera là dans cinq minutes.

Les infirmières enlèvent mes chaussures, ma chaussette droite, ma casquette, et me couvrent d'une chemise chirurgicale. Ensuite, l'homme s'adresse à moi :

– Aron, je suis Steve, ranger du service des Parcs. Puis-je vous aider en quoi que ce soit ?

Je pense tout de suite à ma mère.

– Prévenez ma mère et dites-lui que tout va bien.

– Oui. J'ai son numéro de téléphone. Je l'appelle dès que nous en avons fini.

– Merci. J'ai laissé pas mal de choses dans le canyon. Mes cordes, mon lecteur CD, mon baudrier, et quelques affaires encore. Pouvez-vous envoyer quelqu'un ramasser tout ça ?

– Pas de problème, répond Steve.

– Certaines choses se trouvent là où j'étais bloqué, d'autres sous le rappel. Mon vélo – je fais une pause pour fouiller dans ma poche –, il est posé contre un genièvre, à cent mètres, sur le côté est de la piste, à deux kilomètres du Burr Pass.

Je sors ma carte chiffonnée et je la tends à Steve. Puis je retrouve la clé de mon antivol, pendant que Steve se repère sur la carte toute tachée de sang.

– Tenez, voici les clés. J'ai bloqué la bicyclette, mais elle n'est pas attachée à l'arbre. Je voulais pouvoir la récupérer, même si je perdais la clé. Mais ce sera plus facile de la faire rouler jusqu'à la route.

– Pouvez-vous me montrer où elle se trouve exactement ? demande Steve en me montrant la carte.

– Oui, bien sûr. Ah non. La carte ne couvre pas l'endroit, mais elle est exactement là où je vous l'ai dit, le dernier arbre, à deux kilomètres au sud du Burr Pass.

– Pouvez-vous m'indiquer où vous étiez bloqué ?

– Oui, dans la seule section orientée est-ouest du canyon, juste en amont du rappel du Big Drop. Vous voyez ? Big Drop, 1550, Short Slot.

Je pointe l'emplacement sur la carte.

– D'accord. Autre chose ? demande Steve.

– Surveillez mon sac à dos. S'il vous plaît. C'est très important – il est encore à bord de l'hélicoptère –, et récupérez mon véhicule et tout ce qu'il y a dedans. Merci.

Je suis épuisé. Je voudrais fermer les yeux, mais je sais que je ne pourrai pas dormir. C'est alors qu'une anesthésiste en tenue blanche, portant un masque, entre dans la salle. Elle demande ce qui s'est passé. Je lui sers une version résumée et elle file par une autre porte, promettant de revenir tout de suite avec des médicaments.

Steve reprend la parole :

– Aron, j'ai besoin de toutes les informations possibles. Quelle était la taille du rocher ?

– Je crois qu'il devait peser dans les cent kilos.

– Et quand est-il tombé sur vous ?

– Samedi après-midi, vers 14 h 15.

– Que s'est-il passé, exactement ?

– Je l'ai délogé. Il était coincé – c'était un éboulis – et j'ai sauté dessus, puis je suis descendu vers le fond du canyon. Il a basculé, m'a heurté la main gauche, puis emprisonné la main droite. J'essayais de me dégager, en dessous du rocher, et ma main est restée coincée.

J'ai du mal à croire que je raconte cette histoire. Je suis encore sidéré d'être allongé là, sur cette table d'opération, étant donné le peu de chances de réchapper à six jours de déshydratation et d'hypothermie, puis de survivre après m'être coupé le bras, être descendu en rappel, et avoir parcouru onze kilomètres dans le désert. Quant à l'hélicoptère, c'était un vrai miracle.

Avant que Steve ne me pose une autre question, l'anesthésiste est de retour avec une seringue assez grosse pour endormir un cheval. Je sais ce qu'elle va me faire et je l'interromps immédiatement.

– Je dois vous prévenir. Parfois, je réagis mal aux piqûres. J'ai déjà eu des évanouissements après une prise de sang. Mon médecin m'a dit de le signaler avant toute piqûre. Dans l'état où je suis maintenant, je ne sais pas ce qui pourrait se passer. Je serai peut-être en état de choc.

Le médecin me fixe, éberlué. Je ne vois que ses yeux, ils sont grands ouverts, exprimant leur incrédulité.

– Vous voulez dire que vous n'êtes pas en état de choc ?

– Je ne sais pas. Sur le plan clinique, peut-être, mais...

Elle me coupe la parole et me pose une question directe.

– Bon, c'est de la morphine. Vous en voulez ou non ?

– Bien sûr que j'en veux ! Allez-y. Mais maintenez-moi sur la table, si je commence à gigoter, d'accord ?

Je regarde Steve, et le médecin plante l'aiguille. Une légère brûlure me traverse le bras au fur et à mesure que le produit pénètre dans mes veines, mais je ne perds pas conscience. Steve et moi continuons notre débriefing. Je lui décris l'itinéraire que j'avais prévu. En expliquant les dimensions de la section de la gorge où j'étais coincé, je lui redonne la taille du rocher et lui précise que j'étais emprisonné en position debout, mais que j'avais installé un ancrage pour soulager mes jambes du poids de mon corps. Je termine mon rapport du mieux que je peux avant de commencer à sentir les effets de la morphine. Je donne le moment exact où ma réserve d'eau s'est épuisée, quand je n'ai plus rien eu à manger et quand j'ai trouvé le moyen de briser mes os et de m'amputer le bras. Puis, au moment où j'entends une nouvelle voix, celle d'un homme, demandant le détail de ce qui recouvre mon bras, je sens quelqu'un tirer sur mon Camelbak et Steve préciser :

– Il a ficelé un ou deux garrots là-dedans. Le reste est une protection.

Le monde s'enfonce dans un tunnel, mais je réussis encore à marmonner :

– Un seul garrot, à mon avant-bras.

Ainsi se termine mon aventure de cent vingt-sept heures sans sommeil. Nous sommes le jeudi 1er mai 2003. Il est 16 h 45.

Le ranger Steve Swanke emporte ma carte et les notes de notre entretien. Après s'être remis de cette conversation surréaliste, il dégaine son téléphone portable et appelle ma mère. Elle répond tout de suite :

– Bonjour, Donna à l'appareil.

Sa voix est ferme et Steve sent qu'elle porte plus d'espoir que la première fois qu'il lui a parlé.

– Donna, bonjour. C'est Steve Swanke. J'ai une bonne et une mauvaise nouvelle. Nous avons retrouvé votre fils ; il est en vie et tout ira très bien.

Steve fait une pause pour annoncer la mauvaise nouvelle.

– Mais il a été forcé de s'amputer le bras pour se dégager. Il est en ce moment à l'hôpital de Moab, mais je pense qu'il sera transféré à Grand Junction dans peu de temps.

Ma mère soupire, comme si elle avait retenu son souffle depuis deux jours.

– Dieu merci !

Ses prières ont été exaucées.

Elle se tourne vers sa copine Sue :

– Ils l'ont retrouvé ! Il va s'en sortir.

Elle reprend la conversation avec le ranger Steve.

– Merci de nous l'avoir ramené. J'arrive tout de suite.

– Puis-je faire quelque chose d'autre ? demande Steve.

– Continuez de me tenir au courant.

– Bien entendu. Autre chose ?

Ma mère pense à un autre problème.

– Vous allez faire un rapport ou parler de l'accident d'Aron aux médias. S'il vous plaît, ne portez pas de jugement.

Steve prend quelques minutes pour relire ses notes et assimiler les faits. En tant que sportif expérimenté, il sait combien de fois il est lui-même parti seul en randonnée. Il réfléchit aux paroles de ma mère. *Je pratique moi-même des activités à risque sans en référer à chaque fois à ma femme. Cela se produit tous les jours. Aujourd'hui, dans le Canyonlands, beaucoup de gens prennent des risques. Ils sont seuls et personne ne sait où ils sont.* Il consulte la carte : le Blue John Canyon n'est pas un endroit difficile pour quelqu'un d'expérimenté comme moi. D'habitude, la gravité d'un accident est proportionnelle à la difficulté du terrain, mais, pour moi, c'est vraiment une catastrophe, compte tenu de la topographie. *C'est un canyon facile, il ne présente aucune difficulté. Moi aussi, je déplace des rochers quand je fais du canyoning. Je comprends ce qui lui est arrivé. On danse avec ces canyons en faisant très attention, on sait qu'on marche sur des œufs. C'est le lot de tous les amateurs de canyons. Nous sommes toujours conscients de ce problème : et celui-là, est-ce qu'il va bouger ?*

Steve regarde par la porte vitrée de la salle des urgences et contemple le ballet des infirmières et du médecin s'affairant autour de mon corps endormi. Il pense à l'importance des milliers de petites décisions que l'on prend quand on part en expédition. Laquelle fera la différence ? *La plupart du temps, on évalue avec justesse, et, parfois, on se trompe. La plupart du temps, les conséquences d'une erreur importent peu. Mais il suffit d'une fois. Il était au mauvais endroit au mauvais moment. C'est un coup de malchance.*

Après avoir parlé au capitaine Kyle Ekker au téléphone, mon amie Rachel Polver appelle Elliott. Elle est tout excitée.

– Ils ont retrouvé Aron ! Mais tu es bien assis ?

– Oui, répond Elliott, alors qu'il est debout dans le salon de la maison de Spruce Street.

– Il est en vie... mais il s'est coupé le bras lui-même.

Elliott est comme assommé.

– La vache ! Effectivement, j'aurais dû être assis !

Dehors, sur la pelouse, le pilote refait le plein de l'hélicoptère. Pendant ce temps, le ranger Steve Swanke demande à Greg Funk et à Mitch Vetere d'aller chercher un récipient réfrigérant à l'hôpital et de le remplir de glace.

Le médecin des urgences, le Dr Bobby Higgins, veut récupérer ma main et peut-être la recoudre. Greg et Mitch vont retourner au Blue John, trouver l'endroit de l'accident et ramasser ma main droite. Mais Mitch doit aussi récupérer son véhicule, garé à l'entrée de piste du Horseshoe Canyon.

Le pilote le dépose à 16 h 30, puis il redécolle pour le lieu de l'accident. Aidée de la carte que j'ai laissée à Steve, l'équipe se pose juste au-dessus de ma prison de pierre. Arrivés sur les lieux, ils estiment qu'à trois ils pourront faire rouler le rocher. Ils se glissent dans le goulot, passent les méandres étroits de la gorge et tombent sur un enchevêtrement de câbles.

Le trio se rend vite compte qu'il est impossible de bouger ce rocher sans engin de levage. Ils estiment qu'il pèse près d'une demi-tonne, beaucoup plus que ce que j'avais annoncé. Pour le moment, impossible d'accéder aux restes décomposés de ma main droite. Ils prennent quelques photos, puis ramassent mes affaires, la corde, les sangles et tout le reste, avant de regagner l'hélicoptère.

Après des heures d'inconscience, je reviens à moi. Je suis allongé dans une chambre d'hôpital sombre. La lumière fluorescente du poste des infirmières filtre à travers un rideau translucide tiré devant la vitre. Tout est flou, mais je me rends compte que je suis seul. Avant de sombrer à nouveau, j'ai le temps de prononcer une phrase :

– Je suis en vie.

Quelque temps plus tard, je me réveille à nouveau. Une infirmière entre dans la chambre et sa voix résonne gaiement.

– Je croyais avoir entendu quelques bruissements.

– Je suis en vie, dis-je en haletant.

Je le sais parce que j'ai mal partout. Mon bras droit me ferait hurler, mes jambes me font mal, ma main gauche... en fait, il n'y a pas un morceau de mon corps qui ne soit douloureux.

– Oui, vous êtes en vie. Votre maman sera contente de l'apprendre quand elle reviendra.

– Maman ?

J'ai envie de la voir, je fonds en larmes.

Ma mère.

Pleurer ne fait qu'aviver les douleurs, mais je ne me contrôle plus. Quand mes sanglots se calment, j'aperçois une pendule sur le mur, mais je ne peux pas lire l'heure. On m'a retiré mes lentilles de contact. Je fais un effort pour distinguer les aiguilles. Il serait un peu plus de 7 heures, ou 8 h 30, seulement quatre heures se sont écoulées depuis qu'on m'a retrouvé. Moab est à plus de sept heures de route de Denver. Malgré l'effet sédatif des médicaments, mon cerveau est suffisamment alerte pour comprendre que quelque chose ne va pas.

– Elle va revenir. Elle est arrivée hier soir, après votre opération. Elle doit être en train de prendre son petit déjeuner, elle sera là dans une demi-heure.

Hier soir ? Petit déjeuner ? Je n'y comprends plus rien. Je suis fatigué. Ce doit être le matin.

– Quel jour sommes-nous ?

– Vendredi matin, me répond l'infirmière pendant qu'elle vaque à ses occupations autour de moi.

Est-ce que ma mère est arrivée par avion ?

– Comment est-elle arrivée si vite ? demandé-je, la gorge sèche. Et d'où venait-elle ?

– De Denver. Ce n'est qu'à quatre heures et demie de route d'ici.

Quatre heures, cinq heures ? Impossible.

– Pour venir à Moab ?

– Oh ! mais vous n'êtes plus à Moab, vous êtes à Grand Junction. Ils vous ont transféré par hélicoptère hier soir.

Je ne me souviens pas d'un autre vol après cette extraordinaire balade en hélicoptère. Mais Grand Junction, oui, je comprends. Je suis dans le Colorado.

Je suis pétrifié de fatigue. Une bonne chose, étant donné que je ressemble à une pieuvre avec tous ces tuyaux, ces fils et ces tentacules bizarres qui partent de mes bras, de ma tête, dans toutes les directions. Avant d'avoir le temps d'explorer un peu plus ce qui m'entoure, je perds à nouveau connaissance.

Au réveil, Sue, l'amie de ma mère, est à mon chevet. Je suis content de la voir. Avec son accent chantant du Texas, elle me dit :

– Ta maman est juste dehors.

Et elle se lève pour aller la chercher.

Enfin ma mère entre dans la salle de réanimation. Je la vois à peine, elle est à contre-jour, mais elle s'approche. Je lève ma main gauche et elle la prend. Ses mains sont fraîches et tremblent légèrement. Elle se penche pour m'embrasser sur le front. À son expression, je vois bien les soucis que j'ai pu lui causer et, bien que je puisse à peine parler, je marmonne :

– Maman, je suis désolé de t'avoir fait peur. Je t'aime.

Elle secoue la tête et, avant de pouvoir prononcer un mot, elle craque. Nous fondons tous les deux en larmes.

Quand elle se ressaisit, elle me dit :

– Sue et moi nous plaisantions. Nous disions que si ce n'était pas une jambe cassée qui t'avait empêché de rentrer nous allions te passer un tel savon que tu aurais les deux jambes cassées quand nous en aurions terminé !

ÉPILOGUE

Dernière poignée de main

Tu dois aimer la vie que tu mènes et vivre la vie que tu as envie de vivre.

Jerry GARCIA, *Roadrunner*

Les semaines qui suivirent mon sauvetage furent extraordinaires. Avant même que mon père n'arrive à Grand Junction, mon histoire avait fait la une des journaux. J'avais perdu vingt kilos et un litre et demi de sang dans le canyon. Ma convalescence promettait d'être longue. J'en suivais l'évolution sur le bandeau de bas d'écran de CNN : « L'alpiniste du Colorado qui s'est amputé lui-même le bras est en soins intensifs. » Après trois interventions chirurgicales en cinq jours et mon incroyable fringale de crêpes, les fleurs envahissaient l'unité de soins intensifs de l'hôpital. Pendant les brèves périodes où j'étais conscient, mon père me lisait les innombrables lettres en provenance de mes amis ou d'inconnus du monde entier. Une femme de Salt Lake City avait envoyé une carte expliquant qu'elle avait jeté dans les toilettes le stock de somnifères de son mari. Elle écrivait : « Votre acte de courage m'a aidée à tenir le coup. Je m'étais promis de mettre fin à mes jours si j'étais toujours déprimée un an après la mort de mon mari. Je sais maintenant que le suicide n'est pas une solution. Vous m'avez aidée à garder courage et à lutter pour la vie. » Mes parents et moi avons pleuré à la lecture de ce courrier ; elle me rappelait, quand je passais des moments difficiles, l'effet positif qu'avaient eu sur les gens mon sauvetage et ma guérison.

Pendant toute cette semaine d'hôpital, mes parents furent pratiquement toujours à mes côtés. Grâce à leur amour et au courage que me donnaient des centaines de prières, les visites impromptues de nombreux amis et les soins prodigués par les médecins et les infirmières du service, je récupérai lentement ma mobilité. Le mercredi 7 mai, j'étais assez en forme pour mettre le nez dehors. Le personnel de l'hôpital était prêt à me conduire dans le parc, de l'autre côté de la rue, mais une armada de journalistes et de photographes montaient la garde vingt-quatre heures sur vingt-quatre devant les portes de l'hôpital. Nous dûmes nous contenter de la vue panoramique qu'offrait le toit du bâtiment, assis sur des chaises pliantes. L'air et les couleurs vibraient harmonieusement. Nous passâmes, mon père et moi, une agréable demi-heure à deviser sur nos aventures sportives dans la nature, et sur les derniers matches de base-ball. Ce fut un des meilleurs moments de ma vie passés avec mon père.

Cet après-midi-là, je reçus un paquet par la poste : un cadeau de mon pote Chris Shea, qui habite Portland. Quand j'ouvris la boîte, j'y trouvai un gâteau au chocolat recouvert de sucre glace. Il avait la forme d'une main droite. Un groupe de mes copains d'Aspen passa me rendre visite ce soir-là. Ils apportaient des tonnes de CD à écouter pendant ma convalescence. Ma mère découpa le gâteau et le servit avec des grands verres de lait de la cafétéria. Ce fut un moment à la fois bizarre et très gai. Tous mes amis riaient et plaisantaient : « Prenez-en et mangez-en tous, car ceci est ma main. » Nous baptisâmes cette soirée, la « Cène au dessert ».

Le lendemain, jeudi, je m'habillai pour la première fois depuis une semaine et j'empruntai l'appareil photo de ma mère pour un événement très spécial. Sonné par une bonne dose de sédatifs puissants, je fus conduit par un véhicule de l'hôpital dans une annexe où m'attendaient une bonne soixantaine de journalistes et d'équipes de télévision. Il fallait que je prenne quelques photos. Voilà comment je devenais tout à coup un personnage médiatique, et j'imagine que la première impression est essentielle. J'avais vingt minutes de conférence de presse pour me présenter sous mon meilleur jour et je dois dire que j'étais complètement défoncé par les médicaments. Lorsqu'un journaliste me demanda les trois choses que j'attendais avec impatience, je répondis :

– Rentrer chez mes parents, faire une promenade avec mes copains et déguster une margarita bien glacée.

C'était la vérité. J'avais rêvé, je ne sais combien de fois, d'une margarita quand j'étais emprisonné au fond du canyon – peut-être pas autant que j'avais pensé à ma famille et à mes amis, mais presque...

Dès la fin de la conférence de presse, je parlai à Dan Bayer, mon copain photographe. Il était venu faire un reportage sur moi à Grand Junction pour l'*Aspen Times*. Pendant la semaine, il était passé dans le Blue John Canyon. Il avait marché onze kilomètres jusqu'au rappel du Big Drop. En cours de chemin, il avait retrouvé mon baudrier et le dispositif de rappel que j'avais abandonné là. Il me les rapportait. Dan ajouta qu'il avait vu la flaque d'eau, au fond du rappel, celle dans laquelle j'avais bu, et il me demanda :

– Tu as vu le corbeau mort qui flottait dedans ?

Lorsque l'on cessa de m'administrer des sédatifs, je pus quitter l'hôpital. Mes parents m'emmenèrent avec eux à Denver, où de nombreux amis, venus de partout, m'attendaient pour une réception surprise. En un week-end, deux des choses « que j'attendais avec impatience » furent réalisées. Mais je devais encore attendre un peu avant de pouvoir avaler une margarita. J'étais sous traitement et j'absorbais dix-huit pilules par jour.

Le jeudi 15 mai, j'étais de retour dans un hôpital, cette fois le St Luke's Presbyterian de Denver. Deux jours plus tôt, les médecins avaient découvert une grave infection osseuse à mon bras droit. Le couteau non stérile qui m'avait sauvé la vie allait peut-être me tuer maintenant. Après une autre intervention chirurgicale, je fus mis sous perfusion d'antibiotiques. Puis je subis d'innombrables prises de sang (je détestais de plus en plus les aiguilles) pour vérifier que le médicament luttait efficacement contre l'infection. Le lendemain, le vendredi, devait avoir lieu la remise du diplôme de ma sœur, à la Texas Tech University. D'autres tests et une autre opération m'attendaient. Il était évident que je ne pourrais pas me rendre au Texas pour assister à la cérémonie. J'étais presque en larmes. Mais, vingt heures avant le grand moment à Lubbock, les médecins me permirent de quitter l'hôpital pour trois jours. Munis d'instructions médicales précises, mes parents m'emmenèrent en voiture pour le Texas. Dix heures de route. Pendant que mon père conduisait, ma mère surveillait les intraveineuses, à côté de moi, sur le siège arrière. La poche de perfusion était accrochée au porte-manteau, juste au-dessus de la portière arrière. La voiture ressemblait à une ambulance, encombrée des emballages de médicaments usagés. Mais nous arrivâmes à temps pour le banquet et Sonja fut félicitée comme la meilleure élève de l'année. Lorsque les festivités furent terminées, nous aidâmes ma sœur à faire ses bagages.

De retour à Denver, je passai à nouveau sur le billard, pour une opération très spéciale. On devait me faire une angiographie. L'intervention commença par l'arrivée d'une infirmière souriante qui me rasa la moitié droite de mes poils pubiens, puis inséra un cathéter dans mon artère fémorale jusqu'à ce qu'il remonte à ma poitrine. Il s'agissait de pomper un liquide sensible aux rayons X dans mon système circulatoire. Je pus voir sur un moniteur vidéo les veines de mon bras droit. Et tout cela n'était qu'un échauffement. Une fois obtenus les résultats de l'angiographie, le chirurgien décida sur laquelle de mes trois artères intervenir. Mon garrot de fortune en avait endommagé une, mais les autres n'étaient pas affectées. Ensuite, le chirurgien greffa un segment de muscle de dix centimètres prélevé sur ma cuisse gauche à mon moignon droit. Après avoir trouvé les artères, il les ponta au morceau de viande crue qu'il venait de coudre sur mon avant-bras. Pour la finition de cette retouche, il découpa un rectangle de peau sur ma cuisse droite et le cousit sur l'extrémité de mon moignon. On ne mentionna pas cette petite opération de dix heures sur CNN, la télévision étant monopolisée pour cause d'invasion de l'Irak.

Les heures qui suivirent mon réveil de l'anesthésie furent les plus pénibles de ma guérison ; cette nuit-là, j'eus l'impression d'être au trente-sixième dessous. J'avais sept tubes branchés sur mon corps, trois nouvelles sources de douleur dues aux prélèvements greffés sur mon bras et, enfin, j'avais une intense douleur au talon droit (la pression du poids de mon pied avait coincé un nerf pendant l'opération). Je ne pouvais pas dormir et je n'étais autorisé ni à manger ni à boire. Je ne cessais de me plaindre. Comment avais-je pu m'amputer le bras sans broncher, alors que maintenant je n'arrêtais pas de geindre ? Les infirmières augmentèrent les doses de sédatifs, mais sans résultat. À la fin, je ne pouvais même plus aligner trois mots. J'aurais voulu m'excuser de mon insupportable comportement auprès de mes pauvres parents, mais l'effort à fournir pour parler ne faisait qu'augmenter ma frustration et ma mauvaise humeur. Ma mère resta près de moi pendant six heures d'affilée pour tenter de me réconforter, mais la souffrance était intolérable malgré les médicaments.

Le 25 mai, j'avais passé, en tout, dix-sept jours à l'hôpital, et je rentrai enfin à la maison. J'étais réparé, j'avais presque récupéré mon poids et l'infection osseuse était jugulée. Mais j'étais encore sous traitement antibiotique par perfusion : toutes les huit heures, je devais m'allonger et recevoir ma dose pendant une demi-heure. J'en avais encore pour six semaines. Et, même quand il fallait procéder aux soins en pleine nuit, mon père ou ma mère étaient toujours là pour s'assurer que je recevais mes médicaments à l'heure requise. Je n'avais rien d'autre à faire que de rester tranquille, mais je détestais la perfusion et la dépendance qu'elle représentait et je n'arrêtais pas de râler à ce sujet.

Pour moi, la convalescence était pénible, sans parler des intraveineuses ; tout m'était insupportable. J'avais mal en permanence, de vraies douleurs, mais aussi des douleurs fantômes dans ma main disparue. Jamais je ne pus me reposer complètement. Je restais toute la nuit dans un état semi-comateux – ni vraiment éveillé ni vraiment endormi. L'abrutissement des sédatifs ne permet pas au mental de se reconstituer correctement. J'étais intoxiqué : à chaque dose, je tombais dans un état second. Mais, quand je sortais de cette torpeur, c'était que l'effet des drogues se dissipait et les angoisses commençaient. La frustration et les médicaments m'avaient rendu autoritaire et grincheux et j'en avais assez de m'entendre geindre.

Ma présence chez mes parents était difficile pour nous tous. Les soins dont j'avais besoin prenaient du temps et de l'énergie. Mes parents avaient chacun leurs occupations professionnelles, mais lorsqu'on y ajoutait mes rendez-vous médicaux, les traitements, les questions d'assurances à régler et, par-dessus le marché, les médias, nous étions totalement épuisés. Nous avons dû décrocher le téléphone pendant près de deux mois et même appeler les autorités locales pour faire interdire le stationnement des camionnettes de télévision qui encombraient notre rue.

Pendant les quatre premières semaines, je fus aussi dépendant qu'un enfant en bas âge. Le repos obligatoire, la rééducation, les traitements avaient remplacé le ski, l'alpinisme et les concerts. Tout prenait un temps fou ; un rendez-vous en clinique mobilisait ma mère toute une matinée en préparation, en transports. Et des rendez-vous, j'en avais des centaines, synchronisés avec mes horaires de traitement. Je n'étais pas sorti du Blue John Canyon pour passer ma vie, à moitié sonné en permanence, dans un cocon médicalisé, tourmenté par la douleur. Et, pourtant, telle était l'existence que je menais.

Le défi, dans le canyon, avait été terrible, mais franc. Maintenant que j'en étais sorti, les difficultés étaient moins évidentes, plus complexes et, au début, je n'étais pas préparé à m'adapter à cette nouvelle situation. Je voulais reprendre ma vie d'antan, mais j'allais devoir gérer mes frustrations et les tourner en motivations pour agir. D'abord, je devais me sevrer des sédatifs. En juin, une fois que les douleurs postopératoires commencèrent à diminuer, je réduisis la consommation d'anti-inflammatoires et de sédatifs. Je pus enfin élargir mon champ d'activités – conduire mon camion, courir avec des amis, déguster mes bonnes vieilles margaritas. Je regagnais de l'autonomie et j'avais l'impression de « grandir » et d'entrer dans une sorte de seconde adolescence. Ma mère ne voulait pas me lâcher et je ne pouvais le lui reprocher, mais il fallait que je retrouve mon indépendance, aussi bien pour moi que pour elle.

Une fois sevré des médicaments, les choses s'améliorèrent rapidement. J'appris à lacer mes chaussures d'une seule main – et même à faire, à l'occasion, un nœud de cravate. Les progrès étaient spectaculaires et je commençai à écrire de la main gauche (avant mon accident, j'étais droitier). Je tapais sur mon ordinateur avec seulement cinq doigts. Je dus réapprendre toutes les actions quotidiennes de la vie courante. Je trouvai un moyen de mettre ma montre et boutonner mes manchettes avec les dents. Mais il restait encore des choses pour lesquelles j'avais besoin d'aide. Parfois, mon goût prononcé pour l'indépendance me poussait à ne pas en demander. Je voulais me débrouiller tout seul. Un après-midi, dans la cuisine, je surpris ma sœur qui compatissait en me voyant peler une orange.

– Tu as besoin d'un coup de... ? Elle ne finit pas sa phrase.

– Ai-je besoin d'un coup de main ? Bien sûr, idiote ! Je n'en ai plus qu'une maintenant.

Je lui souris, et elle devint écarlate. Sortant mon couteau à levier, je coupai l'orange en quartiers. J'en mis un discrètement dans la bouche, devant mes dents, pour faire une grimace de singe et je commençai à sauter comme un gorille. Au moment où ma sœur allait vraiment croire que j'avais perdu la tête, j'ouvris la bouche, révélant le quartier d'orange. Elle était en train de boire une gorgée d'eau et faillit s'étrangler. Après, l'anecdote devint une plaisanterie entre nous deux ; elle me demandait si j'avais besoin d'un coup de... main, même quand je ne faisais rien du tout.

Mon commentaire sur la margarita devant les journalistes eut une conséquence : je reçus de nombreux cadeaux en rapport avec ce cocktail d'enfer : des billets de vingt dollars avec un post-it mentionnant « pour les margaritas », des bons pour des restaurants mexicains ayant la réputation de faire d'excellentes margaritas, et même des bouteilles de tequila. Un jour, je reçus un paquet dont le contenu me sidéra. J'appelai ma sœur dans la cuisine. À côté de la bouteille de tequila et de triple sec, il y avait un mixer à batteries rechargeables ! Avec ma sœur, nous imaginâmes toutes les possibilités les plus insensées – sortir le mixer en haut d'un sommet et confectionner la margarita non pas avec des glaçons, mais avec de la neige. Génial ! Hilare, je me préparai à toper dans les mains de ma sœur, jusqu'au moment où nous nous rendîmes compte du problème.

– Tu avais complètement oublié qu'il me manque une main, lui dis-je en éclatant de rire.

– Non, c'est toi qui as voulu le faire, toi aussi, tu avais oublié !

Elle avait raison, moi aussi, j'avais oublié. Nous en rions encore.

Les mois qui suivirent furent tellement extraordinaires que j'ai peine à croire que tous ces événements se sont produits. J'ai rencontré mes stars favorites du rock and roll. En juillet, un de mes groupes préférés, le String Cheese Incident, a même donné un concert de charité au bénéfice de mes sauveteurs. Kristi et Megan, les deux jeunes femmes de Moab que j'avais rencontrées au Blue John Canyon, sont venues au concert, de même que ma sœur, mes parents et une myriade de mes amis.

Je fis mon retour à la montagne en me rendant sur les lieux de l'avalanche de Resolution Mountain, et nous avons retrouvé les affaires que Chadwick, Mark et moi avions perdues lors de l'avalanche, y compris mon appareil photo numérique. Quand j'ai changé les piles, malgré le choc de l'avalanche et le fait qu'il était resté quatre mois exposé aux caprices de la nature, il a fonctionné tout de suite. Je m'en sers encore aujourd'hui.

En juillet, je suis passé plusieurs fois à la télévision, j'ai assisté à cinq concerts de rock avec mes copains et j'ai recommencé l'escalade avec ma nouvelle prothèse spéciale. J'ai grimpé cinq des « 4 000 » du Colorado central en trente heures. En août, j'ai continué l'alpinisme, j'ai participé à l'ultra-marathon du Leadville Trail 100 et j'ai survécu à deux jours de séances photos épuisantes pour *GQ* et *Vanity Fair*.

Le 31 août, j'ai pu prononcer mon petit discours au mariage de ma sœur. Elle était plus jolie que jamais.

Quatre jours après le mariage, j'ai escaladé le mont Moran, dans le Wyoming, avec huit de mes potes. Le plus intéressant, pour moi, fut de mener l'équipe lors des passages les plus délicats, muni de ma prothèse mise au point spécialement pour l'alpinisme. Deux semaines plus tard, je participais à la course de Minnesota's Adventure, finissant en milieu de peloton après avoir effectué vingt kilomètres en kayak, six kilomètres en canoë dans des rapides et encore vingt kilomètres de course à pied.

En septembre, ma mère et moi regardâmes la vidéo que j'avais tournée dans le canyon. Ce fut un moment pénible, et nous pleurâmes longtemps dans les bras l'un de l'autre.

Enfin, il y eut le retour au Blue John Canyon. Avec quatre de mes amis, Mark Van Eeckhout, Jason Halladay, Steve Patchett et Kristi More, ainsi qu'une équipe de tournage de la NBC, je me retrouvai sur les lieux où j'avais passé ces journées terribles d'avril. Quand tout le monde fut parti en aval du canyon, j'accomplis un acte solitaire, une petite cérémonie intime avec moi-même : je dispersai les cendres de ma main sur les lieux mêmes de l'accident et j'effaçai les marques restantes de l'inscription que j'avais gravée REP OCT 75 ARON AVR 03. Deux jours plus tard, je fêtai mes vingt-huit ans.

À la fin d'octobre, pour fêter Halloween à Aspen, j'arrivai en capitaine Crochet et je fus ravi de tomber sur un collègue alpiniste déguisé en « Aron Ralston après son auto-amputation ».

Au cours de l'hiver, j'ai recommencé à pratiquer mes sports favoris : l'escalade, le VTT, l'ascension sur glace, le ski de télémark dans l'arrière-pays, le ski de fond, et l'alpinisme d'hiver en solitaire. Les 17 et 18 mars 2004, j'ai vaincu les monts Wilson et El Diente, effectuant ma première ascension d'hiver en solitaire depuis mon accident. Mon projet avance : j'en suis maintenant à quarante-sept sommets de plus de « 4 000 » sur cinquante-neuf. J'ai l'intention de terminer le projet au cours des deux prochaines saisons d'hiver, devenant ainsi le premier alpiniste victorieux de tous les cinquante-neuf sommets de plus de « 4 000 » du Colorado. À la fin de l'hiver, mes performances étaient aussi bonnes, sinon meilleures qu'avant mon accident.

J'ai eu de la chance dans tout ce que j'ai entrepris au cours de ma vie. Je n'échangerais cela pour rien au monde, y compris ma main perdue. Mon accident et mon sauvetage dans le Blue John Canyon ont été les plus belles expériences spirituelles de ma vie. Si je devais remonter le temps, je dirais toujours « salut » à Megan et à Kristi et je repartirais dans la gorge en solitaire. Même si j'ai beaucoup appris de cet accident, je ne regrette pas mon choix. En vérité, il a confirmé ma conviction que notre but est de suivre nos penchants, de vivre nos passions et de mener notre existence pour que d'autres puissent s'en inspirer. Tout le reste est accessoire. Quand nous trouvons notre vocation, il faut la suivre, aussi bien pour nous-mêmes que pour la communauté des hommes. Au prix de choix difficiles, au prix de couper quelque chose et de l'abandonner au passé.

Dire au revoir est aussi un recommencement.

Composition PCA
44400 - Rezé

Impression réalisée par

BRODARD & TAUPIN

La Flèche

pour le compte des Éditions Michel Lafon
en janvier 2011

Imprimé en France
Dépôt légal : février 2011
ISBN : 978-2-7499-1372-8
N° d'impression : 62059
LAF 626